2024年度

問題と解答

JN071748

二月二日実施分

問　題

（七五分）

一

次の文章は宮沢賢治と石川啄木との比較から始まる評論の一節である。これを読んで、後の問に答えなさい。なお、文中で引用されている短歌中の「／」は、原歌ではそこで改行がなされていることを示す。

一方、宮沢賢治はどうか。

- 明治四十三年十二月一日　石川啄木『［Ｉ］』刊行。
- 明治四十四年　この年より短歌の創作がはじまったといわれる。

『石川啄木事典』と＊『校本全集』の年譜からである。「いわれる」とあるのは、賢治の短歌創作開始の時期を確定するデータが見つかっていないからである。ただ歌作の第一歩は四十四年、そこに啄木の影響を見る点では多くは一致している。

これらの見解の基礎になっているのは＊「歌稿Ｂ」の「明治四十四年一月より」という賢治自身による明示である。明治四十三年十二月一日と四十四年一月。反応が直截すぎるが、賢治直筆の「歌稿Ｂ」が多行表記を選んでいるところにも『［Ｉ］』の影響が窺える。

城址の／あれ草に来てこゝろむなし／のこぎりの音風にまじり来。　「歌稿Ｂ」

不来方のお城の草に寝ころびて／空に吸はれし／十五の心　『［Ⅰ］』

啄木摂取を思わせる設定だが、賢治の*完成形は二句目が「あれ草に卧て」でより啄木に近くなる。卧は臥の異字体で読みは「ふせて」だろう。作品として比較をすると、賢治の下の句はその場面に届いた音、手堅くまとめられた一首である。啄木はA無限に広がる心を示す「空に吸はれし」が素晴らしく、歌の出来には［Ⅱ］の差がある。

「明治四十四年一月より」にはB北原白秋を思わせる「邪教者の家夏なりき大なる／ガラスの盤に赤き魚居て。」などもあるが、次のような不思議な歌がまじる。

愚かなるその旅人は殺されぬ／はら一杯にもの［Ⅲ］しのち

泣きながら北に馳せ行く塔などの／あるべきそらのけはひならずや

腹一杯食べ、そして殺される旅人。なにか触発された事件があるのかないのか、少々特異な設定である。後者は［Ⅳ］奇想というべき二首から、私には啄木の「石破集」が重なる。Cタイトルそのものが奇想を示すこの一連は「明星」明治四十一年七月号に掲載され、「大海《だいかい》にうかべる白き水鳥の一羽は死なず幾億年も」「かぞへたる子なし一列驀地《ましぐら》に北に走れる電柱の数」といった歌が並ぶ。大海には億年を超えても死なない一羽がいて、おそろしい数の電柱は北に驀進《ばくしん》する。特に北に馳せる塔と北へ驀進する電柱には類似性が高い。「石破集」にはこうした誇張、奇想が次々と登場するが、『［Ⅰ］』には収録されておらず、賢治がその世界を読んでいたかどうかは確認できない。

屋根に来れば／そらも疾《や》みたり／うろこぐも／薄明穹《きゅう》の*発疹チブス　「大正三年四月」

歌稿ノートの中の賢治はこの時期、屋根に上って空を眺めることが多い。掲出歌の前後でも「そらしろし／屋根にきたりて／よごれたる柾をみつむるこの日ごろかも。」「風さむし／屋根をくだらん／うろこぐも／ひろがりてそらは／やがてよるなり。」と、屋根が歌の場面として選ばれている。

掲出歌は屋根に上って、遮るもののない視野の中で空と向き合っている。薄明だから夜明け前か日没後、どちらの可能性もあるが、ここでは後者の場面をイメージしておきたい。日没後のⓐヨコウで空はまだ明るさを保っており、夕焼けがうろこ雲にとどまっている。その姿を歌は発疹チフスの薄明穹と表現している。空の①禍々しさを含んだその美しさ。チフスはうろこ雲の赤さを指しているとも読めるが、発疹チフスに罹った空全体と読みたい。

苦しんだばかりの発疹チフス体験がここには作用しているが、一首はD来歴と切り離して読むことも求めている。壊れやすい美しさとして、空が独特の表情を獲得しているからである。病気体験が研ぎ澄まされた感受性として詩人の内部に根づき、薄明穹の独特の美しさを引き出した。そういう経緯を見ておくのがいい。

薄明穹という言葉を手に入れたとき、賢治はE独行的な空の歌人になった。短歌におけるその最初の一歩ともいうべき記念すべき作品が「薄明穹の発疹チブス」なのである。

歌人宮沢賢治の活動は「歌稿B」に従うと明治四十四年に始まり、大正三、五、六、七年と歌作は旺盛だが、八年にペースが落ち、十年の夏までに終わる。翌十一年に詩作を始め、大正十三年には『春と修羅』と『注文の多い料理店』を刊行し、「銀河鉄道の夜」の執筆開始と活動は多方面に広がってゆく。「歌稿B」でも大正六年以降には作品が平板になって行き、作歌意欲の低下が見える。

こうした流れからは、賢治にとって短歌は初期のものという世評には頷ける点があると言わざるを得ない。

では短歌は一過的な詩型だったのだろうか。そうではない。短歌は伏流水となって賢治の中に息づいている。二例挙げておこう。

一つは大正十年九月の「鹿《しし》踊りの始まり」である。主人公の嘉十が湯治に向かう山中に*栃《とち》の団子を残す。それを②賜として喜んだ六匹の鹿が輪になって踊り、感謝を捧げる。

（X）はんの木《ぎ》の／みどりみぢんの葉《は》の向《もご》さ／ぢやらんぢやららんの／お日《ひ》さん懸《か》がる。

最初の鹿のこの感謝、短歌形式である。自分たちに恵みをもたらした天地の今を描写することを通して感謝を表しているのである。三番目と六番目の鹿は次のように歌う。

（Y）お日《ひ》さんは／はんの木《ぎ》の向《もご》さ、降《お》りでても／すすぎ、ぎんがぎが／まぶしまんぶし。

（Z）ぎんがぎがの／すすぎの底《そこ》でそつこりと／咲ぐうめばぢの／愛《え》どしおえどし

鹿たちの踊りをすすきの陰から見ていた嘉十が興奮し、輪に加わろうと「ホウ、やれ、やれい。」と飛び出すと鹿たちは逃げて物語は終わる。

このとき賢治はなぜ短歌形式を選んだのだろうか。短歌形式を通すと鹿たちの感謝が一歩深くなり、印象的なものになる。そう考えたからではないか。

短歌の［V］へのこの信頼が、死の前日にみずからしたためた絶筆二首に繫がったと私は考える。

方十里稗貫《ひえぬき》のみかも／稲熟れてみ祭三日／そらはれわたる

病《いたつき》のゆゑにもくちん／いのちなり／みのりに棄てば／うれしからまし

ここ稗貫だけでなく広く稲が熟れて、収穫の秋祭も三日続きの青空だよ。一首目はそう喜んでいる。稗貫は*花巻地方の旧郡名。二首目は〈病に朽ちてゆく命ではあるが、この稔りの中で命を棄てることができるのはどんなにかうれしいことだろう〉と読んでおきたい。「棄てば」は不安定な表現で「棄てなば」がⓑジュントウだが、F推敲のできない命の水際の作歌という条件を考えたい。「みのり」は「稔り」と「み祈り」をかけているという読みがあるが、シンプルに受け取りたい。農業改革に力を尽くした晩年の賢治らしい③寿ぎであり、ラストメッセージである。

（三枝昻之「薄明穹のいのり」より）

（注）＊『校本全集』…『校本宮澤賢治全集』のこと。
＊「歌稿B」…『校本宮澤賢治全集』第一巻に収録された、賢治の短歌を整理した歌集のこと。
＊完成形…「城址の…」の歌が後に推敲されて変化した形。
＊発疹チブス…細菌感染症の一種。突然の発熱で発症、その後淡紅色の発疹が生じる。発疹チフスともいう。
＊栃の団子…トチノキの実を使って作った団子。
＊花巻…岩手県花巻市は賢治の故郷。彼は稗貫農学校（のち花巻農学校と改称）に教師として勤めた。

問一　空欄Ⅰに入る歌集名を次のイ～ホから一つ選び、その符号をマークしなさい。
イ　一握の砂　ロ　赤光　ハ　みだれ髪　ニ　あらたま　ホ　道程

問二　傍線部①～③の漢字の読みとして正しいものを次のイ～ホからそれぞれ一つずつ選び、その符号をマークしなさい。

① 禍々しさ
イ いまいましさ
ロ にぎにぎしさ
ハ よそよそしさ
ニ たけだけしさ
ホ まがまがしさ

② 賜
イ たまゆら
ロ ほまれ
ハ たまもの
ニ ほまち
ホ たまぐし

③ 寿ぎ
イ みじろぎ
ロ やすらぎ
ハ ことほぎ
ニ すめろぎ
ホ かむなぎ

問三 傍線部A「無限に広がる心」とあるが、この「心」の持ち主は誰か。その説明として最も適当なものを次のイ〜ホから一つ選び、その符号をマークしなさい。
イ 草むした城址でかつての栄華をしのぶ若き武将
ロ 大人になる前の茫漠とした感情に身を委ねた少年
ハ 自らの身を浮雲になぞらえて目を閉じる青年の旅人
ニ 啄木の歌の世界に憧れて城のほとりにやってきた思春期の読者
ホ この城下で百姓として生きることに満足している村童

問四 空欄Ⅱに入る言葉として最も適当なものを次のイ〜ホから一つ選び、その符号をマークしなさい。
イ 金泥　ロ 泥濘　ハ 拘泥　ニ 雲泥　ホ 泥土

問五 傍線部B「北原白秋」の作品の組み合わせとして正しいものを次のイ〜ホから一つ選び、その符号をマークしなさい。
イ　『邪宗門』と『桐の花』
ロ　『若菜集』と『家』
ハ　『虞美人草』と『門』
ニ　『刺青』と『異端者の悲しみ』
ホ　『土』と『田園の憂鬱』
問六　空欄Ⅲに入る言葉として最も適当なものを次のイ～ホから一つ選び、その符号をマークしなさい。
イ　やみ　　ロ　うみ　　ハ　かみ　　ニ　はみ　　ホ　いみ
問七　空欄Ⅳには「泣きながら」から始まる歌についての鑑賞文が入るが、その内容として最も適当なものを次のイ～ホから一つ選び、その符号をマークしなさい。
イ　山を越えて延びる送電線の塔がイメージされ、それ自体はよくある風景だが、泣きながら馳せるという捉え方が目を引き、それを抱きとめる空も不吉な気配を漂わせる。
ロ　上三句が漢字かな混じりの表現によって風景全体が動きつつあることを視覚化するのに対し、下二句はすべてひらがなを用いて、そこに生じる不安感を和らげようとしている。
ハ　はじめに塔を「泣き」、「馳せ行く」と擬人化しているが、終わりには「けはひならずや」の反語疑問形を置いて、悲しみに暮れているものが塔だけではないことを仄めかしている。
ニ　「泣きながら北に馳せ行く塔」という倒置表現によって、失意のどん底に突き落とされた人間が奮い立ち、その頭上に広がる無窮の空に飛翔していく様子を強調している。
ホ　泣きながら駆け出した自分の脇を矢のように通り過ぎていく数多の電柱を通して世界の揺らぎを、その上からずり落ちてきそうな空を通して世界の崩壊を告げてくる。

問八　傍線部C「タイトルそのものが奇想を示す」とあるが、なぜそう言えるのか。その理由の説明として最も適当なものを次のイ〜ホから一つ選び、その符号をマークしなさい。

イ　啄木の歌集のタイトルが賢治の出現をすでに予言しているから
ロ　石が破れるといった出来事は通常起りえないことだから
ハ　花鳥風月を題詠とする歌にとって石のイメージはふさわしくないから
ニ　「石」という語にこの歌集を編む啄木の堅固な「意志」が掛けられているから
ホ　非現実的な出来事であふれている歌集の表題として、自然界にある石はそぐわないから

問九　傍線部ⓐ「ヨコウ」、ⓑ「ジュントウ」について次の（1）・（2）の問に答えなさい。

（1）「ヨコウ」を漢字に直すとき、「ヨ」にあてはまるものを（ⅰ）のイ〜ホから、「コウ」にあてはまるものを（ⅱ）のイ〜ホからそれぞれ一つずつ選び、その符号をマークしなさい。

（ⅰ）ヨ
イ　ヨ沢にあずかる
ロ　ヨ断を許さない
ハ　ヨ迷言を口にする
ニ　ヨ太を飛ばす
ホ　毀ヨ褒貶に動じない

（ⅱ）コウ
イ　君主の威コウに従う
ロ　深く首コウする
ハ　コウ久平和の誓い
ニ　コウ蕪の土地
ホ　コウ後の活躍を期待する

（2）「ジュントウ」を漢字に直すとき、「ジュン」にあてはまるものを（ⅰ）のイ〜ホから、「トウ」にあてはまるものを（ⅱ）のイ〜ホからそれぞれ一つずつ選び、その符号をマークしなさい。

(i) ジュン
イ ジュン沢な予算
ロ 因ジュン姑息な様子
ハ ジュン視艇が航行する
ニ ジュン然たる芸術品
ホ 戦いに負けて帰ジュンする

(ii) トウ
イ トウ徹した考え
ロ 一騎トウ千の兵
ハ 武器を捨ててトウ降する
ニ トウ突の感を抱く
ホ 用意周トウにして事に臨む

問十 傍線部D「来歴」とは何を指しているか。その説明として最も適当なものを次のイ～ホから一つ選び、その符号をマークしなさい。
イ 賢治の持つ抜群の映像喚起力
ロ 日没後の明るさを保った空を目にした時の感動
ハ 啄木短歌からの教えと挑発
ニ 発疹チフスに罹患した個人的な体験
ホ 童話作家や詩人としての知名度

問十一 傍線部E「独行的」とあるが、それとほぼ同じ意味を持つ言葉を次のイ～ホから一つ選び、その符号をマークしなさい。
イ 独断専行　ロ 唯我独尊　ハ 不羈独立　ニ 猪突猛進　ホ 堅忍不抜

問十二 (X)・(Y)・(Z)の短歌形式の作品に用いられているオノマトペ(擬態語・擬音語)を次のイ～チから三つ選び、その符号をマークしなさい。
イ みどりみぢん　ロ ぢやらんぢやららん　ハ すすぎ
ニ ぎんがぎが　ホ まぶし　ヘ そつこり
ト うめばぢ　チ 愛《え》どし

問十三　空欄Ｖに入る言葉として最も適当なものを次のイ〜ホから一つ選び、その符号をマークしなさい。
イ　越境性　ロ　超俗性　ハ　様式性　ニ　牧歌性　ホ　両義性

問十四　傍線部Ｆ「推敲のできない命の水際の作歌」とあるが、これはどういうことを言おうとしているのか。その説明として最も適当なものを次のイ〜ホから一つ選び、その符号をマークしなさい。
イ　死を目前にしたときに自分の詩心が初心に帰って、感情が素直に表出されたこと
ロ　作歌生活の最後になって、それまでの停滞を乗り越えた才能が一気にあふれ出たこと
ハ　美しい秋の稲田の光景に心奪われ、自らの命が尽きかけているのを一瞬忘れてしまったこと
ニ　短歌の本質がどこにあるかを悟って、表現技法に腐心する状態を脱却したこと
ホ　死を前にして歌を作るのは力を尽くしたぎりぎりの営みであり、歌の出来栄えを検討する余地などないこと

問十五　問題文の内容と合致するものを次のイ〜ホから一つ選び、その符号をマークしなさい。
イ　歌人としての出発にあたって賢治は啄木と白秋の短歌を読み比べ、奇想を好む自身の感覚に近い作品を作った啄木から影響を受けた。
ロ　薄明穹という言葉が生み出されるにあたっては、賢治の実際の病気体験とともに、それによって育まれた感受性が大きな役割を果している。
ハ　薄明穹の発見は屋根に上って空を眺めることによってなされたが、賢治を空の歌人に導いたのは啄木短歌に頻出する空のイメージであった。
ニ　「鹿踊りの始まり」中に出てくる短歌形式の作品で方言が用いられているのは、その頃の賢治の作歌意欲の低下を防ぐためである。
ホ　死の前日に賢治が作った短歌は、彼の郷土の賛歌としての性格を持つことによって初期のものを超える出来栄えを示している。

二　次の文章を読んで、後の問に答えなさい。

ⓐ平中が色好みけるさかりに、市にいきけり。中ごろは、よき人々市にいきてなむ、色好むわざはしける。それにⓑ故后の宮の*御たち、市にいでたる日になむありける。平中色好みかかりて、になう懸想しけり。のちに文をなむAおこせたりける。女ども、「車①なりし人はおほかりしを、たれにある文にか」となむいひやりける。さりければ、男のもとより、

　ももしきの袂のかずは見しかどもわきて思ひの色ぞこひしき

といへりけるは、武蔵の守のむすめになむありける。それなむいとこきかいねり着たりける。②それをと思ふなりけり。さればそのⓒ武蔵なむ、のちは返りごとはして、いひつきにける。かたち清げに髪長くなどして、よき若人になむありける。いといたうⓓ人々懸想しけれど、思ひあがりて男などもせでなむありける。されど③せちによばひければあひにけり。その朝に文もおこせず。夜まで音もせず。心憂しと思ひあかして、またの日待てど文もおこせず。その夜した待ちけれど、朝に、ⓔつかふ人など、「いとBあだにものしたまふと聞きし人を、ありありてかくあひたてまつりたまひて、みづからこそいとまもさはりたまふこともありとも、御文をだに奉りたまはぬ、心憂きこと」などこれかれいふ。心地にも思ひゐたることを、人もいひければ、④心憂く、くやしと、思ひて泣きけり。その夜、もしやと、思ひて待てど、また来ず。またの日も文もおこせず。すべて音も［甲］五六日になりぬ。

　この女、音をのみ泣きて、物も食はず、つかふ人など、「おほかたはなおぼしそ。かくてのみやみたまふべき御身にもあらず。⑤人には知らせでやみたまひて、ことわざをもしたまうてむ」といひけり。ものもいはでこもりゐて、つかふ人にも見えで、いと長かりける髪をかい切りて、C手づから尼になりにけり。つかふ人集まりて泣きけれど、いふかひもなし。「いと心憂き身なれば、死なむと思ふにも死なれず。かくだになりて、D行ひをだにせむ。Eかしがましく、かくな人々いひさわぎそ」となむいひける。

[乙]、平中、そのあひけるつとめて、人おこせむと思ひけるに、*つかさのかみ、にはかにものへいますとて寄りいまして、寄りふしたりけるを、おひ起して、「いままで寝たりける」とて、逍遥しに遠き所へ率て⑥いまして、酒飲み、ののしりて、さらに返したまはず。からうじてかへるままに、亭子の帝の御ともに大井に率ておはしましぬ。そこにまたふた夜さぶらふに、いみじう酔ひにけり。夜ふけてかへりたまふに、この女のがりいかむとするに、[丙]ふたがりければ、おほかたみなたがふ[丙]へ、院の人々類して⑦いにけり。この女、いかにおぼつかなくあやしと思ふらむと、恋しきに、⑧今日だに日もとく暮れなむ、いきてありさまもみづからいはむ、かつ、文をやらむと、酔ひさめて思ひけるに、人なむ来てうちたたく。「たそ」と問へば、「なほ*尉の君にもの聞えむ」といふ。さしのぞきて見れば、この家の女なり。胸つぶれて、「こち、来」といひて、文をとりて見れば、いと香ばしき紙に、切れたる髪をすこし*かいわがねてつつみたり。いとあやしうおぼえて、書いたることを見れば、

　あまの川空なるものと聞きしかどわが目のまへの涙なりけり

と書きたり。尼になりたるなるべしと見るに、目もくれぬ。

（『大和物語』より）

（注）*御たち…上級の女房。
*つかさのかみ…平中の勤める役所の長官。
*尉の君…平中のこと。
*かいわがねて…輪のように曲げて丸くして。

問一　傍線部A～Eの語句の意味として最も適当なものを次のイ～ホからそれぞれ一つずつ選び、その符号をマークしなさい。

A「おこせたりける」
イ　用意した　ロ　送ってきた　ハ　貰った　ニ　交換した　ホ　始めた
B「あだに」
イ　浮気で　ロ　疎遠で　ハ　高貴で　ニ　容姿端麗で　ホ　如才なくて
C「手づから」
イ　すぐに　ロ　その場で　ハ　自分で　ニ　造作もなく　ホ　ためらわず
D「行ひ」
イ　知行　ロ　孝行　ハ　吉行　ニ　素行　ホ　勤行
E「かしがましく」
イ　おおげさに　ロ　あからさまに　ハ　うるさく　ニ　よそよそしく　ホ　おとなしく

問二　傍線部①「なり」と文法上の意味や用法が最も近いものを次のイ～ホから一つ選び、その符号をマークしなさい。
イ　いと恋しければ、行かまほしく思ふに、せうとなる人いだきて率て行きたり。（『更級日記』）
ロ　いみじく孝なる人にて、遠き所に住ませじ、一日に一度見ではえあるまじとて、（『枕草子』）
ハ　「あなや」といひけれど、神なるさわぎに、え聞かざりけり。（『伊勢物語』）
ニ　粟田山より駒牽《ひ》く、そのわたりなる人の家に引き入れて見るところあり。（『蜻蛉日記』）
ホ　日ごろも御文とりつぎて参らする右近の尉なる人を召して、（『和泉式部日記』）

問三　傍線部②「それを」の解釈として最も適当なものを次のイ～ホから一つ選び、その符号をマークしなさい。
イ　その女が武蔵の守の娘である
ロ　その歌に思いを託そう
ハ　その車に止まってもらおう

ニ　その人に手紙を読んで欲しい
ホ　その歌への返事を書こう

問四　傍線部③「せちによばひければ」は誰の行動か。最も適当なものを問題文の波線部ⓐ～ⓔから一つ選び、その符号をマークしなさい。

ⓐ　平中　ⓑ　故后の宮の御たち　ⓒ　武蔵
ⓓ　人々　ⓔ　つかふ人

問五　傍線部④「心憂く、くやしと、思ひて泣きけり」とあるが、その理由として最も適当なものを次のイ～ホから一つ選び、その符号をマークしなさい。

イ　薄情な態度をとる平中への恋心が冷めつつあることを、使用人が勝手に噂話の種にしてしまったから
ロ　平中の薄情さに我慢ができず、うっかり辛い本音を他人に漏らしてしまったから
ハ　手紙すらよこしてくれない平中に対して抱いていた不信感を、自分以外の者にはっきりと自覚させられてしまったから
ニ　使用人からの伝言によって、自分に対し平中が手紙を出すつもりがないことを知ってしまったから
ホ　自分の手紙を平中が受け取ってすらいないということを、他人に言い当てられてしまったから

問六　空欄甲に入る言葉として最も適当なものを次のイ～ホから一つ選び、その符号をマークしなさい。

イ　すれど　ロ　せで　ハ　せむに　ニ　せば　ホ　すとも

問七　傍線部⑤「人には知らせでやみたまひて、ことわざをもしたまうてむ」の解釈として最も適当なものを次のイ～ホから一つ選び、その符号をマークしなさい。

イ　きっと、密かにあなたさまとお会いになり、別の形で報いて下さるでしょう。
ロ　平中殿へはご離縁をお申し渡しになった上で、他の方をお探しになって下さい。

ハ　あなたさまには秘密でこのご縁をお切りになり、別の女性とお逢いになるつもりでしょう。
ニ　誰にも言わずにこの件は打ち切って、別のご縁をお求めになったらよいでしょう。
ホ　秘密のうちにお会いになって、他の方法をお試しになるおつもりでしょうか。

問八　空欄乙に入る言葉として最も適当なものを次のイ〜ホから一つ選び、その符号をマークしなさい。
イ　かからぬことだに　ロ　かかりけるのち　ハ　かかることを聞きて
ニ　かからましかば　ホ　かかりけるやうは

問九　傍線部⑥「いまし」は誰から誰への敬意を表しているか。最も適当なものを次のイ〜へから一つ選び、その符号をマークしなさい。
イ　語り手からつかさのかみへ　ロ　語り手から平中へ　ハ　平中からつかさのかみへ
ニ　つかさのかみから平中へ　ホ　平中から亭子の帝へ　へ　亭子の帝から平中へ

問十　傍線部⑦「いにけり」の文法的説明として最も適当なものを次のイ〜ホから一つ選び、その符号をマークしなさい。
イ　「いに」は上一段活用動詞である。
ロ　「いに」は上二段活用動詞である。
ハ　「いに」は四段活用動詞である。
ニ　「けり」は助動詞の連用形に接続している。
ホ　「けり」は動詞の連用形に接続している。

問十一　空欄丙（二箇所）に共通して入る語として最も適当なものを次のイ〜ホから一つ選び、その符号をマークしなさい。
イ　たより　ロ　方　ハ　際　ニ　行方　ホ　筋

問十二　傍線部⑧「今日だに日もとく暮れなむ」の現代語訳として最も適当なものを次のイ〜ホから一つ選び、その符号をマークしなさい。
イ 今日だけは、日は早く暮れるだろう
ロ 今日だけでも、日が早く暮れてほしい
ハ 今日はまだ、日が早く暮れてもらっては困る
ニ 今日ならば、日は早く暮れるにちがいない
ホ 今日に限って、日は早く暮れてしまうようだ

問十三 問題文の内容と合致するものを次のイ～トから二つ選び、その符号をマークしなさい。
イ 武蔵は気位が高く、平中に見初められるまで男を寄せ付けたことがなかった。
ロ 武蔵は、平中から手紙が来ないことの理由を自分の使用人に尋ねた。
ハ 武蔵は使用人たちの前で髪を切り落とし、尼になってしまった。
ニ ある晩、平中はつかさのかみと亭子の帝とともに三人で酒を飲み、酩酊した。
ホ 平中は武蔵の様子を聞いて、無沙汰を詫びようと考えた。
ヘ 平中は、武蔵から来た手紙に髪が入っているのを不思議に思った。
ト 武蔵が書いた和歌には、平中にも出家することを求める内容が記されていた。

問十四 『大和物語』は平安時代に成立した歌物語である。平安時代の文学作品についての記述として最も適当なものを次のイ～ホから一つ選び、その符号をマークしなさい。
イ 『古事記』『日本書紀』などの歴史書、『風土記』などの地誌が成立した。
ロ 鴨長明が各種の説話を集め『古今著聞集』を著した。
ハ 藤原氏を中心に宮廷の歴史を描く『大鏡』が成立した。
ニ 最後の勅撰和歌集である『千載和歌集』が撰進された。
ホ 藤原道綱母が継子虐めを題材に『狭衣物語』を著した。

二月二日実施分

解 答

一

出典 三枝昂之『跫音を聴く——近代短歌の水脈』〈薄明穹のいのり——宮沢賢治短歌の宇宙〉（六花書林）

解答

問一 イ
問二 ①—ホ ②—ハ ③—ハ

問三 ロ
問四 ニ
問五 イ
問六 ニ
問七 イ
問八 ロ
問九 (1)(i)—イ (ii)—イ (2)(i)—ホ (ii)—ロ
問十 ニ
問十一 ハ
問十二 ロ・ニ・ヘ
問十三 ハ
問十四 ホ

問十五　ロ

要旨

宮沢賢治の短歌創作は、明治四十四年一月より始まり、初期の頃は石川啄木と設定や発想が重なる作品がある。しかし、「大正三年四月」の作品で、うろこ雲が漂う空を「薄明穹の発疹チブス」と表現したときに、独行的な空の歌人となった。大正八年以降、作歌意欲の低下が見られるものの、大正十年の「鹿踊りの始まり」で鹿たちの感謝の心情を短歌で表現していること、自身の死の間際に秋の豊穣を寿ぐ歌を二首作歌していることから、短歌という表現様式への信頼は賢治の中で生涯にわたり息づいていたことがうかがえる。

解説

問一　石川啄木の歌集は『一握《いちあく》の砂』。『赤光《しゃっこう》』『あらたま』は斎藤茂吉、『みだれ髪』は与謝野晶子、『道程』は高村光太郎の歌集である。啄木の歌集にはそのほか『悲しき玩具』がある。

問三　啄木の歌の解釈を問う問題。「空に吸はれし／十五の心」（＝〝空に吸い込まれた十五歳の心〟）とあることから、大人になる前の不安定な少年の心を表現した歌だとする解釈が一般的である。したがって、ロが適当。

問四　ニの「雲泥」が入り、「雲泥の差」で〝大きな差〟という意味の慣用句となる。

問五　北原白秋の作品の組み合わせとして正しいのは、イの『邪宗門』と『桐の花』。ロの『若菜集』と『家』は島崎藤村、ハの『虞美人草』と『門』は夏目漱石、ニの『刺青』と『異端者の悲しみ』は谷崎潤一郎、ホの『土』は長塚節、『田園の憂鬱』は佐藤春夫の作品である。

問六　後に「腹一杯食べ」とあることから、〝食べる〟という意味の言葉が入るので、ニの「はみ」（「食む」）が適当。

問七　「泣きながら北に馳せ行く塔」は、啄木の「石破集」にある「北に走れる電柱の数」との類似性が指摘されているように、一列に並んでいる塔をイメージさせる。短歌全体では、〝泣きながら北に駆けて行く塔などがあるはずの空の気配ではなかろうか〟という意味になる。この歌意を基に選択肢を見ると、適当なのはイのみである。ロ〜ホはいずれも歌意から外れた、深読みしすぎで誤った解釈の鑑賞文になっている。

問八　傍線部Cは「タイトルそのものが奇想」になっているということだが、ここでいう「奇想」の具体例として、傍線部直後に啄木の歌が二首示されている。その二首の解釈が、「大海には億年を超えても死なない一羽がいて、おそろしい数の電柱は北に驀進する」とあるとおり、〝現実にはあり得ない出来事〟という意味で「奇想」という言葉を使っているのがわかる。したがって、「通常起りえないこと」とするロが適当。

問十　傍線部Dを含む一文は、「苦しんだばかりの発疹チフス体験がここには作用しているが、一首は来歴と切り離して読むことも求めている」とあり、直後には「壊れやすい美しさとして、空が独特の表情を獲得しているから」とある。つまり、「発疹チフス」に喩えられた空全体を表現しているという歌の解釈から、切り離して関係のないものとして考えられる「来歴」とは、賢治自身の「発疹チフス体験」を指している。したがって、ニが適当。

問十一　傍線部E「独行的」とは〝自分の信念に従い、独力で行う様子〟の意。これと同じ意味なのは、「不羈《ふき》独立《どくりつ》」である。「独断専行」は〝独断で、勝手に物事を進めること〟、「唯我独尊」は〝自分一人が特別優れているとうぬぼれること〟、「猪突猛進」は〝目標に対して向こう見ずに突き進むこと〟、「堅忍不抜」は〝何事にも動じないで、がまん強く耐え忍ぶこと〟の意である。

問十二　「オノマトペ」とは、擬態語（「にっこり笑う」の「にっこり」など）や擬音語（「しとしと雨が降る」の「しとしと」など）の総称である。(X)では、「お日さん」にかかる「ぢやらんぢやららん」（太陽の光が強い様子）が、(Y)と(Z)では、「すすぎ」（＝ススキ）の様子を表す「ぎんがぎが」（ススキが照り輝いている様子）が、また、(Z)の「うめばぢ」（＝ウメバチソウ）が咲く様子を表す「そつこり」（ウメバチソウがススキに隠れて咲いている様子）がオノマトペにあたる。

問十三　賢治が「信頼」していたのは、「短歌」のどのような点であったかを考える。空欄Vの直前に、「短歌形式を通すと鹿たちの感謝が一歩深くなり、印象的なものになる」とあるとおり、短歌という形式が持つ表現の力に対する信頼が賢治の中にあったと筆者は考えている。したがって、伝えたい内容の印象を深める力を持つ表現形態、ハの「様式性」を短歌が備えており、そのことへの信頼を賢治は持っていたとするのが妥当である。

問十四　傍線部Fは、賢治の歌の「棄てば」という「不安定な表現」についての言及。本来であれば、「棄てなば」になるはずだが、そのような文法的に不十分な表現になった理由として、「推敲のできない命の水際」（＝〝死の直前の極限状態〟）であったことを述べているのである。したがって、ホが適当。イは「自分の詩心が初心に帰って」が、ロは「停滞を乗り越えた才能が一気にあふれ出た」が、ハは「命が尽きかけているのを一瞬忘れてしまった」が、ニは「表現技法に腐心する状態を脱却した」が誤り。

問十五　傍線部Dを含む段落にある「病気体験が研ぎ澄まされた感受性として詩人の内部に根づき、薄明穹の独特の美しさを引き出した」にロが合致する。

イ、「賢治は啄木と白秋の短歌を読み比べ」とあるが、賢治が啄木と白秋の短歌を比べていたという内容はない。

ハ、「賢治を空の歌人に導いたのは啄木短歌に頻出する空のイメージであった」とあるが、「薄明穹の発疹チブス」は賢治自身が生み出した表現で、その結果、傍線部Eを含む「独行的な空の歌人になった」とあるのに矛盾する。

ニ、「方言が用いられているのは、……作歌意欲の低下を防ぐため」は本文に記述なし。

ホ、「初期のものを超える出来栄え」とあるが、筆者は作品の優劣を評価していない。

二

出典　『大和物語』〈百三段　天の川〉

解答

問一　**A**－ロ　**B**－イ　**C**－ハ　**D**－ホ　**E**－ハ

問二　ニ

問三　ニ

問四 ⓐ
問五 ハ
問六 ロ
問七 ニ
問八 ホ
問九 イ
問十 ホ
問十一 ロ
問十二 ロ
問十三 イ・ヘ
問十四 ハ

全訳

平中が恋愛が盛んである頃に、市に出かけた。その当時は、みやびな人たちは市に出かけて、恋をしていたのだった。その日は今は亡き后の宮（＝宇多天皇の皇后である藤原温子）に仕える女房たちが、市に出ていた日だった。平中は恋に夢中になって、非常に（ある女を）恋い慕った。その後で手紙を（女たちのもとへ）送ってきた。女たちは、「車にいた人は多かったが、誰に寄こした手紙でしょうか」と言いやった。そこで男のもとから、

たくさんの数の袂は見たが（＝その場に女性はたくさんいたが）、とりわけ緋の色が濃い衣を着ていた方への思いが募っています。

と詠んだのは、武蔵の守の娘に対してだった。彼女は大変濃い（色の）かいねり（＝砧《きぬた》で打ってやわらかくした絹織物）の着物を着ていた。その人を（＝その人に手紙を届けたい）と思うのだった。その結果その武蔵の守の娘も、後には返事

をして、（平中と）付き合うようになった。容姿はさっぱりと美しく髪は長く、よい若い女性だった。とても熱心に人々が言い寄ってきたけれど、気高くあって男を相手にしないでいたのだった。しかし（平中が）熱心に言い寄ったので会ったのだった。その朝（平中は）手紙も寄こさない。夜になっても音沙汰もない。（武蔵は）つらい気持ちで夜を明かして、また次の日に待つけれど手紙も送ってこない。その夜も心待ちにしていたが、翌朝になると、仕える者などが、「（平中は）とても浮気をしなさると聞いていた人なのに、（平中は）いろいろないきさつがあってこのように（武蔵に）お会いになっておきながら、ご自身に時間に支障があることが起こりなさったとしても、手紙さえお送りなさらないのは、やりきれないことです」などとあれこれと言う。（武蔵は）自分が心の中で思っていることを、人（＝〝周囲の人たち〟）も言ったので、不愉快で、悔しいと、思って泣くのだった。その夜、もしかしたら（平中が訪れるかもしれない）と、思って待つけれど、また来ない。次の日も手紙も寄こさない。まったく音沙汰もなく五、六日が経った。

この女は、声に出して泣くばかりで、食事もとらず、仕える人などは、「そんなに思い詰めないでください。このままで（＝平中に捨てられて）終わりなさるようなあなた様ではありません。誰にも知らせないで（平中との仲は）終わりにしなさって、別のご縁をお求めになったらよいでしょう」と言った。（武蔵は）ものも言わずに（部屋に）籠もっていて、仕える人にも姿を見せず、大変長かった髪を掻き切って、自ら尼になってしまった。仕える人は集まって泣いたが、どうしようもない。（武蔵は）「とてもつらい身の上なので、死のうとは思ったけれど死ぬことができない。せめてこのように（＝尼に）なって、せめて勤行に励みましょう。うるさく、そのように皆さん言い騒がないように」と言うのだった。

このようになったわけは、平中は、その（武蔵に）会った翌朝、人を寄こそうと思っていたが、役所の長官が、突然散策しなさると言って（平中のもとへ）立ち寄りいらっしゃり、物に寄りかかって寝ていたところを、たたき起こして、「いつまで寝ているんだ」と言って、散策しに遠い所まで（平中を）お連れになって、酒を飲み、騒いで、まったく家に帰しなさらない。なんとか帰るとすぐに、亭子の帝（＝宇多天皇）のお供として（帝は平中を）大井にお連れになった。そこでまた二晩お供をするうちに、ひどく酔ってしまった。夜も更けて帰りなさると、彼女のもとに行こうとするも、方角が塞がっていたので、だいたい皆（不吉な方角とは）違う方角へ、院の人々が連れだって行った。この女（＝武蔵）は、どれほど頼りなく不審だと思っているだろうと、（平中は）恋しさがつのるので、せめて今日だけでも早く日が暮れてほしい、行って事の次第を自ら伝えよう、それだけでなく、手紙も送ろうと、酔いも覚めて考えていたところ、人が来て門を叩く。「誰か」と問うと、「やはり尉の君（＝平中）に申し上げます」と言う。表を覗くと、この家（＝武蔵家）の侍女だった。胸がつぶれそうな思いで、「こちらに、来なさい」と言って、手紙をとって見ると、たいへん香りのよい紙に、切った髪の毛を軽く輪のように曲げて丸くして包んでいた。とても不思議に思われて、書いてあることを見ると、

天の川は空にあるものと聞いていましたが、私の目の前に流れる涙こそがそうだったのですね。（＝尼になるという現実も自分とは関係がない遠くのことだと思っていましたが、目の前にありました）

と書いていた。（武蔵が）尼になってしまったにちがいないと（平中は）わかると、目の前が真っ暗になった。

解説

問一 **A**、傍線部は、サ行下二段活用動詞「おこす」の連用形＋完了の助動詞「たり」の連用形＋過去の助動詞「けり」の連体形。「おこす」は〝寄こす、送ってくる〟の意。したがって、ロが適当。

B、「あだなり」は〝不誠実だ、浮気だ〟の意でイが適当。ここでは、平中が手紙を送ってこないことに対して言っている。

C、「手づから」は〝自分で〟の意でハが適当。武蔵が誰の手も借りずに、密かに尼になったことを表現している。

D、「行ひ」は〝仏道修行、勤行〟の意でホが適当。

E、「かしがまし」は〝うるさい、やかましい〟の意でハが適当。武蔵が尼になってしまったことに対する女房たちの反応を指す。

問二 体言に接続する「なり」は断定（〜である）か存在（〜にある、〜にいる）の助動詞。傍線部①は、「車なりし人」とあるので、断定の意味では通らず、存在の意味で〝車にいた人〟となる。イ〜ホはすべて体言に接続している「な

り」なので、断定か存在の意味の助動詞である。ニだけが、「そのわたりなる」とあるように、場所を示す体言に接続しているので、存在の意味だと判断する。残りの選択肢はすべて断定の意味である。したがって、ニが適当。

問三　傍線部①の後の「たれにある文にか」（＝〝誰に対しての手紙か〟）を受けて、平中は歌を詠んでいる。歌中の「思ひの色ぞこひしき」の「思ひ」は「思ひ」と「緋」の掛詞。緋色の衣を着ていた「武蔵の守のむすめ」が目当てだということが、傍線部②の直前に示される。したがって、「その人に手紙を届けたい」という言葉が省略されていると考えるのが文脈上合う。選択肢の中では、ニが適当。

問四　「せちに」は形容動詞「せちなり」の連用形で〝ひたすらに、しきりに〟の意。「よばひ」はハ行四段活用動詞「よばふ」の連用形で〝求婚する〟の意。傍線部は〝熱心に求婚したので〟の意味で、その主体は誰かを考える。前に武蔵が「男などもせで」（＝〝男も相手にしないで〟）いたと記述があり、「されど」（＝〝しかし〟）「せちによばひ」と続くので、武蔵に求婚した平中が主体だとわかる。ⓐが正解。

問五　傍線部④の前の女房の発言は、平中が「御文をだに奉りたまはぬ」（＝〝お手紙さえ武蔵にお送りなさらない〟）ことを嘆いたものである。これを聞いた武蔵は、「心地にも思ひゐたることを、人もいひければ」（＝〝自分の心にも思っていたことを、他人も言ったので〟）傍線部④〝辛く、悔しいと、思って泣いた〟となる。周囲の人に、自分が思っていたのと同じことを言われたという内容を踏まえているハが適当。

問六　直前の「音」とは〝便り、訪れ〟の意。平中からはずっと連絡が来ない状態であるので、空欄甲には否定の意味を持つ表現が入る。選択肢の中で、唯一否定の意味があるのがロであり、これが適当。「せで」はサ行変格動詞「す」の未然形に打消の接続助詞「で」がついたものである。

問七　「知らせで」は「知ら」（ラ行四段活用動詞「知る」未然形）＋「せ」（使役の助動詞「す」未然形）＋「で」（打消の接続助詞）であり、〝知らせないで〟と訳す。「やみたまひて」の「やむ」は〝終わる〟の意。「ことわざ」は「異業」で、〝ほかのこと〟の意。「したまうてむ」は、「し」（サ変動詞「す」連用形）＋「たまう」（尊敬の補助動詞「たまふ」

連用形のウ音便化）＋て（強意の助動詞「つ」未然形）＋「む」（適当・勧誘の助動詞「む」終止形）で、〝ほかのことをしなさるのがきっとよいでしょう〟の意。傍線部全体の逐語訳は、〝人には知らせないで終わりなさって、ほかのことをしなさるのがきっとよいでしょう〟となる。この場合は、「終わり」にするのは平中との恋で、「ほかのこと」とは別の人との恋であるので、ニが適当。

問八　空欄乙以下は、平中が武蔵に会いに行けなかった事情が記されている。したがって、ホの「かかりけるやうは」（＝〝このようになった理由は〟）が適当である。

問九　「いまし」は尊敬の動詞「います」の連用形。傍線部⑥は地の文であるので、作者から「います」の動作主への敬意を表している。寝ていた平中を「おひ起して」（＝〝たたき起こして〟）「遠き所へ率ていまし」（＝〝遠い所へお連れになり〟）という行為をしたのは「つかさのかみ」である。したがって、イが適当。

問十　「いにけり」は「いに」（ナ変動詞「いぬ」連用形）＋「けり」（過去の助動詞「けり」終止形）。したがって、正しいのはホである。

問十一　平中が女の元へ行けなかった理由に関わる出来事が入る。空欄丙はいわゆる「方ふたがり（方ふさがり）」のことである。「方ふたがり」とは、〝その方角の縁起が悪く塞がっていること〟で、これを避けるために迂回することを「方違《かたたが》へ」という。

問十二　「だに」は〝〜だけでも〟という最小限の意味を持つ副助詞であるが、願望や意志の意味を表す表現を伴って、〝せめて…だけでも〜してほしい・したい・しよう〟という意味になる。傍線部中の「暮れなむ」を①「暮れ」（ラ行下二段活用動詞「暮る」連用形）＋「な」（強意の助動詞「ぬ」未然形）＋「む」（推量の助動詞「む」終止形）として、「だに」を最小限の意味と考えてイの意味でとるか、②「暮れ」（ラ行下二段活用動詞「暮る」未然形）＋「なむ」（他への願望・誂えの終助詞）でロの意味でとるかが問題となる。直後に、平中は「いきてありさまもみづからいはむ」（＝〝武蔵の元へ行って事情を自分で言おう〟）と思っていることから、②で考え、早く武蔵に会える夜になってほしいととるほうが文脈上通るため、ロが適当。

問十三　イ、波線部ⓓを含む一文に、「思ひあがりて男などもせでなむありける」（＝〝気高くあって男を相手にしないでいたのだった〟）に合致する。

ロ、武蔵から尋ねる場面はない。

ハ、傍線部Cを含む文の「つかふ人にも見えで……尼になりにけり」（＝〝仕える人にも姿を見せず……尼になってしまった〟）に不一致。

ニ、空欄乙を含む段落で、平中がつかさのかみとの「逍遙」から「かへるままに」亭子の帝にお供しているため、三人一緒の場面はなく、本文に不一致。

ホ、平中が「無沙汰を詫びよう」という様子はない。武蔵のところに行こうと考えていたところに、武蔵が出家してしまったという知らせが来たのである。

へ、「あまの川……」の歌の直前に、武蔵の手紙に髪が入っているのを見て、「いとあやしうおぼえて」（＝〝とても不思議に思われて〟）とあるのに合致する。

ト、「平中にも出家することを求める」が和歌の内容と不一致。

問十四　イ、すべて奈良時代の作品。

ロ、『古今著聞集』は鎌倉時代に橘成季が編纂した説話集。

ハ、『大鏡』は藤原氏の栄華を描いた歴史物語で平安時代に成立しており、正しい。

ニ、勅撰和歌集は室町時代の『新続《しんしょく》古今和歌集』まで続く。

ホ、『狭衣物語』は平安中期に書かれた、狭衣大将の源氏の宮への恋愛生活を描いたもの。作者は禖子《ばいし》内親王宣旨《ないしんのうせんじ》とされる。藤原道綱母は『蜻蛉日記』の作者である。また継子虐めを題材として有名な平安中期の作品は『落窪物語』である。

二月六日実施分

問　題

（七五分）

一

次の文章は解剖学者三木成夫のエッセイ「植物的および動物的――アリストテレスに学ぶ」（一九六八年）の一節である。これを読んで、後の問に答えなさい。

人のからだに「植物的ないとなみ」と「動物的ないとなみ」が識別されることを、最初に述べたのは*アリストテレスであるという……。

二十世紀の今日では、しかし、このような見方は一般にあまり行われてはいない。というよりも、人びとはこのような見方に対して、盲目かさもなければ無関心か、そのどちらかであるように思われる。したがって、ひろく〝甲〟と A謳われているこの哲人の見解も、今日では、五千年の人類史の片隅に起こったささやかな出来事として、ただ一部の人たちの B回コの対象となっているに過ぎないのである。

ここではこの問題をあらためて取り上げてみようと思う。というのは、人のからだをそのように、いわば「植物と動物」に分かつという着想もさることながら、西洋史の①開巻劈頭に現れたそのような人間観が現代ではほとんど問題にされていない、ということのことの中に、ある②端倪すべからざる意味が込められているように思われてならないからである。西洋の古典に文字通り門外漢の筆者が、こうしていわば場ちがいの筆をとったというのも、われらがアリストテレスに惹かれて、というよりもむしろ、このことの持つのっぴきならない意味に迫られて、といった方が適切であろうか。

さて、周知のごとくアリストテレスは、いわゆる生物を植物・動物・人間の三群に大別し、植物には「栄養－生殖」という生物本来のいとなみが見られるが、動物にはこの上に「感覚－運動」という独自の動きが加わり、人間にはこの両者の上に「理解－意志」といういわゆる「理性」のはたらきがさらにつけ加わると説明している。これによれば、生物界は下から順に植物・動物・人間と積み上げられた三階建のピラミッドにたとえられることとなるが、実は、これがそのままわれわれ人間の側面像をも表すものともなる。すなわちそれは、最上層の「理性」がその下に位置する「動物性」をおさえ、さらにこの動物性がその下、すなわち最下層を占める「植物性」を支配する、という関係となるのであろう。

【イ】

こうしてアリストテレスは、③人のからだに〝植物的および動物的〟両側面が識別されることを明らかにしたのであるが、それ以後、このような見方がどのような道をC辿ってしだいに滅びていったか、ということがここでの問題となってくる。これは特に医学にたずさわるわれわれにとって、はなはだ興味深いことと思われるが、今日の科学史の成書はこの問題に対して極めて冷淡である。そこでは、近世解剖学の成果をもとに人体を植物性器官と動物性器官に分類した＊キュヴィエあるいは＊ビシャーの名前が掲げられるのみで、このような歴史はほとんど問題にされてはいないのであるから。したがって、ましてや、人体をこのように眺めた医学の教科書にいたっては、現在ほとんどこの地球上から姿を消した、といっても言い過ぎではないであろう。

【ロ】

一般に④自然科学は、自然のもろもろを個々の〝物体〟として捉え、これをより細かく分解しながら、各要素の繫がりを法則的に解明してゆくものである。したがって、この方法がひとたび生の諸現象に向けられた時、そこで何がなされるかは明らかであろう。すなわち、生物体は観察器具の発達と歩調を合わせながら、器官から組織、組織から細胞、細胞から分子へと、いわばズーム式に拡大される個々の視野の中で、文字通りの解剖がなされてゆくのである。現代における分子生物学のDコウ隆が、大戦後の電子工業の発達に負っているところを見ても明らかなように、自然科学は時の流れとともに加速度的に、生の諸現象をより細かく砕いてゆくのである。

【ハ】

ところで自然科学のこのような方法論は、実はいまに始まったものではない。すなわちその^E萌芽は、人体を「異質部」（器官）から「等質部」（組織）を経て「四元素」（分子）にまで分解することを考えた、この同じアリストテレスにおいてすでに見られるのであって、以来二千年のあいだ、これは陰に陽に人びとの頭を支配しながら、結局、今日の爆発的な流行にまで繋がるという関係になるのである。このようにして、人びとはその間、人体もまたある目的のために、何時でもそして誰にでも使用されるひとつの精密機械として考えることに馴れ、やがて、このような道具の〝しくみ〟を理解するため、例えば医学生たちは最初に解剖学で骨組みと細胞の構築を教わり、これをもって医学入門の⑤洗礼にかえられることとなる。二十世紀における自然［ Ⅰ ］学的人間観のひとつの象徴ともいうべきものであろう。

【ニ】

かくして、自然［ Ⅱ ］学は、はじめに述べた見方、すなわち人のからだの両側面を「植物と動物」に象って識別するという方法論を、根こそぎ奪い去ってしまったのであるが、われわれとしては、ここでもう一度それを振り返ってみる必要があるのではないかと思う。それは〝自然［ Ⅲ ］学的〟な見方に対して〝自然［ Ⅳ ］学的〟な見方といわれているものであるが、この見方を借りることによって、ここに、ある重大な知見がえられるように思われる。

【ホ】

それは、人間性をいわばその双極から支えている〝こころ〟と〝あたま〟つまり心臓と脳が、実は、われわれの植物面と動物面をみごとに象徴したものではないか、ということなのである。

このことは、植物性器官と動物性器官が「吸収・循環・排出」および「感覚・伝達・運動」のそれぞれ三層系に分化を遂げ、両者を支える「循環系」と「伝達系」の中心にそれぞれこの心臓と脳が形成される、というこれまでの所見からしても明らかなことであろうが、ここでさらに、古生代以来の動物分化の跡を辿ってみると、そこでは、前者すなわち植物性を象徴する心臓へ、後者すなわち動物性を象徴する脳がしだいに介入をしてゆくひとつの大きな流れにぶつかる。ここでこの経緯を述べる余地はないが、それは、もともと生の主役である植物機能がわき役の動物機能によって支えられない限りは生きてゆけない、というかれらの宿命を端的に表現したひとつの出来事と思われる。

五億年にわたる動物の歴史は、こうしてわれわれに⑥生の中心がしだいに心臓から脳へ移行してゆくさまを教えてくれるのであるが、なかでも二十世紀の今日、もはや心臓が〝たんなるポンプ〟として、いわば、人体の一部品にまでその価値が下落しつつある一部の世相は、そのような動物の運命を悲しいまでに見せつけてくれるものではなかろうか。「悲」しいとはこころがあたまによってふみにじられることの表現であろう。

さて、こころとあたまの問題が、こうしてアリストテレスの自然哲学の方法論によって、にわかに明るみに引き出されることとなったのであるが、このあたりでこのような興味深い見方がいかにして自然科学の考え方によって駆逐されたか、という当初の問題に再び眼を向けてみようと思う。

ここでわれわれは、*クラーゲスの所説——すなわち自然哲学の象徴的思考と自然科学の分析的思考が、実は〝こころの持つ植物性〟と〝あたまの持つ動物性〟にそれぞれ依存する——という考え方にゆきあたることとなろう。そして、やがてここから次のような悲劇的な結論が生まれてくることとなろう。それは、自然科学万能の今日の世相は、上述の心臓の転落と表裏の関係をなすもので、ともに生物の歴史から見れば、不可避の危険をはらんでいる、ということなのである。

われわれはしかし、ここで、古代の東洋人が「思」の象形文字をつくり、あたま（囟＝脳）の判断がこころ（心＝心臓）の声に聞き入る姿を表し、さらに感覚門の眼をかすかに閉じて栄養門の口もとに豊かなえみをたたえた仏像をつくることによって、いわば心の故郷にかえろうとした、これらの史実をあらためて振り返ってみなければならないであろう。すなわち、われわれの祖先たちは、脳のはたらきが一方において、高度の文明を約束するかたわら、実は他方において人間にF我執という際限のない煩悩をもたらし、ついにはかれを破滅の道にまで追いやるものであることを熟知していたのである。

いまこれをわれわれの言葉で表現するとすれば、自然科学のいかなる知識も、自然哲学の認識という〝後見〟に支えられない限り、すなわちあたまがこころの支えを欠く限り、そこには空虚な数の理論、したがって「我」の力学の諸定理しか残らない、ということになるのであろうか……。

ところでこの*『問題集』の中には、二種の設問様式〝wie〟(いかにして)と〝warum〟(なぜ)が混在しているように思われるが、それらはアリストテレスに見られたその二つの思考様式のいわば〝おもかげ〟をつたえたものとして眺めることができるであろう。われわれは、このようなところから⑦古代の人びとの体内にみごとに共存している〝植物的および動物的〟両側面をはっきりと読みとらなければならないのであろう。

(注) *アリストテレス…プラトンの弟子で、プラトンと並ぶ古代ギリシア最大の哲学者。
*キュヴィエ…フランスの動物学者(一七六九―一八三二)。
*ビシャー…フランスの解剖学・生理学者(一七七一―一八〇二)。
*クラーゲス…ドイツの哲学者、心理学者(一八七二―一九五六)。
*『問題集』…アリストテレス名義の著作のひとつ。

問一　傍線部A「謳われて」、C「辿って」、E「萌芽」、F「我執」の読みを、送り仮名も含めてすべてひらがなで記しなさい。

問二　傍線部B、Dのカタカナの部分を漢字で書いたとき、傍線部に同一の漢字を使うものを次のイ〜ホからそれぞれ一つずつ選び、その符号をマークしなさい。

B　回コ

イ　コ客名簿　ロ　コ色蒼然　ハ　コ用契約　ニ　物コ作家　ホ　コ視眈々

D　コウ隆

イ 趣味嗜コウ　ロ 晴コウ雨読　ハ 試コウ錯誤　ニ 治乱コウ亡　ホ コウ顔無恥

問三 次の一文が入るべき箇所として最も適当なものを問題文の【イ】〜【ホ】から一つ選び、その符号をマークしなさい。

この事実は、特にここ一世紀ほどのあいだに、いわゆる自然科学の考え方がいかに根強く人びとの頭にすみつき、このような見方をいかに徹底的に排除したか、ということを如実に物語っているものといえる。

問四 空欄甲に入る言葉として最も適当なものを次のイ〜ホから一つ選び、その符号をマークしなさい。

イ 百薬の長　ロ 発明の父　ハ 無頼の徒　ニ 苦学の人　ホ 万学の祖

問五 傍線部①「開巻劈頭」、②「端倪すべからざる」の意味として最も適当なものを次のイ〜ホからそれぞれ一つずつ選び、その符号をマークしなさい。

①「開巻劈頭」

イ 節目　ロ 最盛期　ハ 停滞期　ニ 幕あけ　ホ たけなわ

②「端倪すべからざる」

イ 如才無い　ロ 侮れない　ハ 計り知れない

ニ 分析できない　ホ 忌避できない

問六 傍線部③「人のからだに〝植物的および動物的〟両側面が識別される」とあるが、以下のⓐ〜ⓔを植物的な側面と動物的な側面とに分類したものとして最も適当なものを次のイ〜へから一つ選び、その符号をマークしなさい。

ⓐ 生殖　ⓑ 感覚　ⓒ 伝達　ⓓ こころ　ⓔ 循環系

イ〔ⓐ・ⓑ・ⓒ＝植物　ⓓ・ⓔ＝動物〕

ロ〔ⓐ・ⓒ・ⓔ＝植物　ⓑ・ⓓ＝動物〕

ハ〔ⓐ・ⓓ・ⓔ＝植物　ⓑ・ⓒ＝動物〕

ニ〔ⓐ・ⓔ＝植物　ⓑ・ⓒ・ⓓ＝動物〕

ホ 〔ⓐ・ⓒ＝動物 ⓑ・ⓓ・ⓔ＝植物〕
ヘ 〔ⓐ・ⓓ＝動物 ⓑ・ⓒ・ⓔ＝植物〕

問七 傍線部④「自然科学」とあるが、それについて述べたものとして最も適当なものを次のイ〜ホから一つ選び、その符号をマークしなさい。

イ 二十世紀の医学において主流となっている自然科学の考え方は、近代になってはじめて見出された画期的なものである。
ロ 動物の歴史は人間の生の中心が脳から心臓へ移り変わることを示しており、自然科学もその変化に寄与している。
ハ 人間の身体に「植物と動物」という二つの側面があるというアリストテレスによる見方を、自然科学は駆逐してしまった。
ニ 時代が下るにしたがって電子工業が発達し、用いる道具の性能が向上したため、自然科学は加速度的に人類を発展させた。
ホ 生の諸現象はすべて解剖と分析の対象となるため、自然科学によってのみ研究されうるものであり、他の諸学問では研究対象とすることが不可能である。

問八 傍線部⑤「洗礼」の言い換えとして最も適当なものを次のイ〜ホから一つ選び、その符号をマークしなさい。

イ 斎戒沐浴 ロ 武者修行 ハ 検定試験 ニ 艱難辛苦 ホ 通過儀礼

問九 傍線部⑥「生の中心がしだいに心臓から脳へ移行してゆくさま」とあるが、これを言い換えた言葉を問題文から五字で抜き出して記しなさい。

問十 空欄Ⅰ〜Ⅳに入る漢字一字の組み合わせとして最も適当なものを次のイ〜ヘから一つ選び、その符号をマークしなさい。

イ Ⅰ哲 ― Ⅱ科 ― Ⅲ哲 ― Ⅳ科

ロ　Ⅰ科－Ⅱ哲－Ⅲ哲－Ⅳ科
ハ　Ⅰ哲－Ⅱ哲－Ⅲ哲－Ⅳ科
ニ　Ⅰ科－Ⅱ科－Ⅲ科－Ⅳ哲
ホ　Ⅰ科－Ⅱ哲－Ⅲ科－Ⅳ哲
ヘ　Ⅰ科－Ⅱ哲－Ⅲ科－Ⅳ科

問十一　傍線部⑦「古代の人びとの体内にみごとに共存している〝植物的および動物的〟両側面」とあるが、「〝植物的および動物的〟両側面」の「共存」が象徴的に表現されたものの例を問題文から三十五字以内で探し、その始めと終わりをそれぞれ五字ずつ抜き出して記しなさい（句読点、記号等も字数に含むものとする）。

問十二　問題文の内容と合致するものを次のイ～トから二つ選び、その符号をマークしなさい。

イ　アリストテレスが生きた古代とは異なり、二十世紀以降の現代において、自然哲学は自然科学より有益であり、優先的に学ばれるべきである。
ロ　古代の哲学者アリストテレスは、現代で分類されるところの自然哲学および自然科学の両方の思考方法を持ち合わせていた。
ハ　人間の身体における植物的な側面は動物的な側面と比較して原始的であるために下位のものであって、重要性が低い。
ニ　心臓は感覚を、頭は伝達をそれぞれ司り、人体において中心的な役割を果たしており、そのおかげで人間が理性を保つことができる。
ホ　古代の人間はこころに身を任せると破滅に追い込まれかねないことを知っていたので、その危険を回避すべく努力していた。
ヘ　下から植物、動物、人間と積み上げられた生物界の階層構造が、人間の身体機能の中にも見出せるとアリストテレスは考えていた。

ト　生の主役は身体の動物機能であり、わき役である植物機能は生命を存続させるための身体の一部分にすぎない。

二

次の文章は、強盗であった小殿が検非違使（京都の治安維持活動を行う官）に出頭した後の出来事を描いたものである。これを読んで、後の問に答えなさい。

小殿がいふやう、「年来西国の方にて海賊をし、東国にては*山立《やまだち》をし、京都にては強盗をし、辺土にては引きはぎをして過ぎきつるなり。かかる重罪の身を受け候ひぬれば、この世にても安き心候はず。夜も①安くも寝ず、昼も心うちくつろぐ事なし。②世の恐ろしく、人のつつましき事、悲しき苦患にて候ふなり。さても③一期ことなくてあるべき身にても候はず。つひにはさだめてからめ出ださ[A]れて恥をさらし、悲しき目をこそ見候はんずれば、人手にかからんよりは、④心と参りて、かつは年来の罪をも報はんがために、首をのべて参りて候ふなん」といへば、*章久あはれに覚えて、⑤左右なくも受け取るべけれども、その儀なくして答へけるは、「今は*使庁の庁務停止したるなり。かつは聞きも及ぶらん。年来作りおけ[B]る牢どももみなうち破りて仏所に作りなどして、一向庁務をとどめて後世の事を営むなり。*徳大寺殿に祇候の源の判官康仲こそ当時ことに高名を立てんとする人なれ。かしこに行きてこの子細をいはば、さだめて喜び思はんずらん」といへば、「さ候はば、御文を賜り候ひて、源の判官殿へ参り候はん」といへば、「それは安き事なり」とて、文書き取らせければ、すなはち持ちて康仲がもとへ行きて、章久がもとにていひつるがごとくにいひて、「もし万が一、命を生けて、召しも使はれ候はば、別の奉公には、余党その数多く[C]候ふを、一々にからめさせ参らせん」といへば、康仲興ある事に思ひて、受け取りて使ひけり。給物三十石を取らせて朝夕召し使ふに、事おきて⑥かひがひしく、大切の事ども多かりければ、大納言家にこのやうを内々申し入れたりけるに、「いと興ある事にこそ。⑦さやうの者は、なかなかさる方もあるなり。我に得させよ。召し使はん」と仰せられければ、[D]参らせてけり。

ある時、とみの事ありて、宇治布十段いるべかりけるに、⑧ただ今は戌の刻ばかりなり、この用は明日巳の刻以前の事なり、沙汰し出だしがたかりけるを、「さるにても、宇治へ尋ねてこそ聞かめ」とて、*用途を持たせて遣はしけり。小殿を兵士のために添へて遣はしけるに、小殿*たかしこかき負ひて、真弓うちかたげて、平足駄さしはきて行きけり。用途持たる者は高名の早足の*力者を選び定められたりけるが、この小殿が歩むに、⑨いかに後れじと汗かきけれど、かなはず遅かりければ、七条河原にて小殿いふやう、「その歩みやうにては、⑩急ぎの御大事かけぬべし。その用途Eたべ。我一人持て行きて、布をば取りて持て参らん」といふを、⑪力者疑ひをなして、「御身は兵士のために添へられたるばかりなり。我こそF承りて侍る事なれば、手はなち侍らん事かなはじ」とて、取らせざりければ、小殿うち笑ひて、「疑ひをなしてかくはのたまふか。我その用途を取らんと思はば、⑫汝一人安穏にてあらせてんや。汝、我に立てあはん、⑬心をさなき事ないひそ。ただその用途おこせよ。とにもかくにも御事をかかじとて、かくはいふぞ」といへば、力者理に折れて用途を与へてけり。「汝はこれよりとく徳大寺殿へ参りて、このよしを申すべし」とてやりぬ。力者、七条河原より帰り参るに、子の始めばかりに参りつきて、このやう申せば、「いかに」とかたへは疑ひ思ひて、あさみ騒ぎなどしける折に、小殿布持ちて参りたり。⑭上下驚きあさむ事限りなし。

（『古今著聞集』より）

（注）
*山立…山賊。
*章久…検非違使庁の官人。このあとに登場する「源の判官康仲」も同じ官職の人物。
*使庁の庁務…検非違使の役所の業務。
*徳大寺殿…藤原実基。このとき大納言であった。
*用途…代金。
*たかしこ…矢を入れて持ち運ぶ竹製の容器。
*力者…力仕事にたずさわった従者。

問一　傍線部①「安くも寝ず」とあるが、これとは反対の意味の安眠を表す慣用句になるように、次の空欄Ⅰに入る言葉を記しなさい。

枕を［Ⅰ］する

問二　傍線部②「世の恐ろしく、人のつつましき事」とあるが、これはどのようなことを表しているか。その説明として最も適当なものを次のイ〜ホから一つ選び、その符号をマークしなさい。

イ　来世で受ける罪の報いが恐ろしくなるほど、自分が人でなしになり下がってしまったこと
ロ　世間の人々が自分を極悪人として恐れ、人間社会からはじき出していること
ハ　過酷な世の中で、自分が強盗をして飢えをしのぐほど貧しい境遇にいること
ニ　自分のような強盗が横行する物騒な世の中で、人々が目立たないように質素に暮らしていること
ホ　自分が人目を気にして、おびえながら隠れるように生きていかなければならないこと

問三　傍線部③「一期ことなくてあるべき身にても候はず」を現代語訳しなさい。

問四　傍線部Ａ「れ」、Ｂ「る」と文法上の意味や用法が最も近いものを次のイ〜ホの傍線部からそれぞれ一つずつ選び、その符号をマークしなさい（同じ符号を二回用いてもよい）。

イ　我が命、明日は必ず失はるべしと告げ知らせたらんに、今日の暮るる間、何事をか頼み、何事をか営まん。（『徒然草』）
ロ　手を取りかはして、炎の中をまぬがれ出づるほどの心地ども、夢とだに思ひもわかれず、いとあさまし。（『増鏡』）
ハ　入道の宮は春宮の御事をゆゆしうのみ思ししに、大将もかくさすらへ給ひぬるを、いみじう思しなげかる。（『源氏物語』）

ニ　明雲は法皇の御気色あしかりければ、印鑰《いんやく》を返し奉つて、座主を辞し申さる。

（『平家物語』）

ホ　引き倒されぬべきを、かまへて踏み直りて立てれば、強く引くともおろかなり。

（『宇治拾遺物語』）

問五　傍線部④・⑤・⑥の意味として最も適当なものを次のイ〜ホからそれぞれ一つずつ選び、その符号をマークしなさい。

④　心と
イ　諦めて
ロ　早く
ハ　自発的に
ニ　不本意ながら
ホ　真心をこめて

⑤　左右なくも
イ　ためらうことなく
ロ　半信半疑ながら
ハ　いたわりながら
ニ　周りには知らせず
ホ　前例がなくても

⑥　かひがひしく
イ　大胆で
ロ　堂々として
ハ　慎み深く
ニ　礼儀正しく
ホ　頼もしく

問六　傍線部C「候ふ」、D「参らせ」、E「たべ」、F「承り」についての説明として最も適当なものを次のイ〜ヘから一つ選び、その符号をマークしなさい。
イ　C「候ふ」は「成る」の謙譲表現である。
ロ　C「候ふ」は「あり」の丁寧表現である。

ハ　D「参らせ」は「遣《や》る」の尊敬表現である。
ニ　D「参らせ」は大納言への敬意を表す尊敬語である。
ホ　E「たべ」は力者への敬意を表す謙譲語である。
へ　F「承り」は小殿への敬意を表す謙譲語である。

問七　傍線部⑦「さやうの者は、なかなかさる方もあるなり」の解釈として最も適当なものを次のイ〜ホから一つ選び、その符号をマークしなさい。

イ　悪事に手を染めてきた者はかなり扱いづらいところもあるものだ。
ロ　苦労を重ねてきた者はずいぶん気が利くこともあるそうだ。
ハ　心を入れ替えた者はかえって実直に勤めることもあるものだ。
ニ　罪を償おうとする者のなかにはむしろ多くの仕事を求める人もいるそうだ。
ホ　俸給を当てにしている者は待遇が上がるといよいよ励みになることもあるものだ。

問八　傍線部⑧「ただ今は戌の刻ばかりなり、この用は明日巳の刻以前の事なり」とあるが、これに従えば、宇治布を調達するために使える時間はどれくらいだったか。最も適当なものを次のイ〜ホから一つ選び、その符号をマークしなさい。

イ　約四時間　ロ　約七時間　ハ　約九時間　ニ　約十四時間　ホ　約二十時間

問九　傍線部⑨「いかに後れじと汗かきけれど」とあるが、これはどのような様子を表しているか。最も適当なものを次のイ〜ホから一つ選び、その符号をマークしなさい。

イ　力者が予定時間よりどれほど遅れているのか分からず、不安を感じて脂汗を垂らす様子
ロ　力者が小殿に置いていかれないように、懸命に追いかけて汗だくになる様子
ハ　小殿が力者の早足についていけず、すっかり面目を失って冷や汗をかく様子

ニ　小殿が大納言と約束した時間に遅れるわけにはいかないと考えて焦る様子
ホ　大納言が力者と小殿の帰りを、手に汗を握るような思いで待ち望む様子

問十　傍線部⑩「急ぎの御大事かけぬべし」の解釈として最も適当なものを次のイ～ホから一つ選び、その符号をマークしなさい。

イ　緊急のご用事に駆けつけないつもりなのだな。
ロ　緊急のご用事のために命がけで走るべきだ。
ハ　緊急のご用事だとは思いもかけないようだ。
ニ　緊急のご用事に穴があいてしまうだろう。
ホ　緊急のご用事を果たすのを辞退するのがよい。

問十一　傍線部⑪「力者疑ひをなして」とあるが、力者はどのようなことを想像して疑ったのか。十五字以内で説明しなさい。

問十二　傍線部⑫「汝一人安穏にてあらせてんや」と置き換えることができる表現として最も適当なものを次のイ～ホから一つ選び、その符号をマークしなさい。

イ　汝つつがなかるべし
ロ　汝つつがなくあらざらまし
ハ　汝をつつがなくあらせまし
ニ　汝をつつがなくあらせまほし
ホ　汝をつつがなくあらせざらなむ

問十三　傍線部⑬「心をさなき事ないひそ」の現代語訳として最も適当なものを次のイ～ホから一つ選び、その符号をマークしなさい。

イ　浅はかなことを言ってはいけない。
ロ　失礼なことを言うな。
ハ　泣きごとを言わないでくれ。
ニ　冗談を言っているつもりはない。
ホ　意地の悪いことを言ってしまった。

問十四　傍線部⑭「上下驚きあさむ事限りなし」とあるが、このとき人々が驚いた最大の要因は何か。次のイ〜ホから一つ選び、その符号をマークしなさい。

イ　先に戻ってきた力者が嘘をついて責任逃れをするような卑怯な人間であったと判明したこと
ロ　信用していた小殿が力者を脅して仕事を横取りするような身勝手な人間であったと判明したこと
ハ　暗い夜道を走って宇治まで出かけてきた小殿の帰着時間が予想よりもずっと早かったこと
ニ　いまだかつて重要な仕事を任された経験のない小殿が独りで宇治布を買い付けてきたこと
ホ　希少品で入手困難だと思われていた宇治布の納品がやすやすと期限に間に合ったこと

解　答

二月六日実施分

一

出典　三木成夫『生命とリズム』〈Ⅲ　先人に学ぶ――人間論　植物的および動物的――アリストテレスに学ぶ〉（河出文庫）

解答

問一　**A**、うたわれて　**C**、たどって　**E**、ほうが　**F**、がしゅう

問二　**B**―イ　**D**―ニ

問三　ロ

問四　ホ

問五　①―ニ　②―ハ

問六　ハ

問七　ハ

問八　ホ

問九　心臓の転落

問十　ニ

問十一　感覚門の眼～たえた仏像

問十二　ロ・ヘ

要旨

アリストテレスは、人のからだには、〝植物的および動物的〟両側面が識別されるという自然哲学的な見方と、人のか

らだを細かく分解し理解するという自然科学的な見方の二つの方法論を採っていた。しかし現代では、後者が前者を駆逐し、動物が進化の過程で生の中心を心臓から脳へ移行させたのと並行する形で、人の植物面、つまり、こころの側面がないがしろにされ、人のからだの理解が空虚な数の理論になってしまっている。自然科学の知識は自然哲学の認識によって支えられるということをあらためて自覚し、人のからだの持つ植物性と動物性の二側面を読み取らなければならない。

解説

問三　脱文にある「この事実」と「このような見方」という二つの指示語が示す内容が直前にある箇所を探す。「この事実」とは、「自然科学の考え方がいかに根強く人びとの頭にすみつ」いているかを「如実に物語」るものであり、【ロ】の直前の「人体をこのように（＝アリストテレスのように）眺めた医学の教科書……姿を消した」ことか【ニ】の直前の「医学生たち」への教育のことかのいずれかがあてはまる。「この事実」が排除した「このような見方」とは、傍線部③の「人のからだに〝植物的および動物的〟両側面が識別される」という見方を指すため、【ロ】のほうが脱文が入るのに適当である。

問四　アリストテレスはあらゆる学問の基礎を築いたとされ、「万学の祖」と呼ばれる。「百薬の長」は酒のことを指す。「発明の父」はアメリカの発明家エジソンを指す。「無頼《ぶらい》の徒《と》」とは〝悪い行いをする輩〟という意味の言葉である。「苦学」とは〝苦労を重ねて学問をすること〟という意味の言葉である。

問五　①「開巻劈頭《かいかんへきとう》」とは〝物語のはじまり〟のこと。ニが適当。
②「端倪《たんげい》すべからざる」とは〝推測が及ばない、計り知れない〟という意味。ハが適当。

問六　ⓐ「生殖」とⓑ「感覚」については、【イ】の直前の段落に「栄養―生殖」は「植物」のいとなみであり、「感覚―運動」は「動物」独自の動きとある。ⓒ「伝達」とⓓ「こころ」とⓔ「循環系」については、【ホ】の直後の二段落に、「伝達系」の中心には「脳」があり、これは「動物性を象徴」し、「こころ」と「循環系」の中心には「心臓」があり、これは「植物性を象徴」するとある。ハが適当。

問七 傍線部④がある段落から【ホ】の直前の段落まで続く「自然科学」の説明に着目する。「自然科学」は、「自然のもろもろを個々の〝物体〟として捉え、これをより細かく分解」する方法論で、「今日の爆発的な流行」となっている。これは、空欄Ⅱを含む一文にあるように、「人のからだの両側面を『植物と動物』に象って識別するという方法論を、根こそぎ奪い去ってしまった」もの。これを踏まえると、適当なのはハである。

イ、「近代になってはじめて見出された」のではなく「アリストテレスにおいてすでに見られる」考えである。

ロ、傍線部⑥を含む一文に「心臓から脳へ」とあり、逆になっている。

ニ、「自然科学は……人類を発展させた」が記述なし。

ホ、本文に記述なし。

問八 「洗礼」とは、〝ある集団の一員になるために、避けては通れない試練〟という意味で、ホの「通過儀礼」が言い換えとして適当。

問九 傍線部⑥を含む文の「心臓が〝たんなるポンプ〟として、いわば、人体の一部品にまでその価値が下落しつつある」とあるのと同内容の表現を五字で探す。傍線部の二段落後の「ここでわれわれは、……」の段落最終文にある「心臓の転落」という表現が適当。この直前の「上述の」は傍線部を含む文を指す。

問十 それぞれの空欄が含まれる一文をヒントに考える。空欄Ⅰは、直前の医学生たちが人体を精密機械として考えるよう教えられることに関わるので、「自然科学的人間観」となる。空欄Ⅱは、人のからだを「植物と動物」に象って識別する方法を否定する見方なので、「自然科学」となる。空欄Ⅲ・Ⅳについては、筆者はⅣの見方を「もう一度それを振り返ってみる必要がある」と述べているので、Ⅳと対比されるⅢが「自然科学」、Ⅳが「自然哲学」となる。したがって、ニが適当。

問十一 「〝植物的および動物的〟両側面」つまり「こころとあたま」の「共存」が象徴的に表現されたものの例を三十五字以内で探す。まず、傍線部⑦の直前の『問題集』の中にある、「二種の設問様式……」が目につくが、字数制限を満たさないので不適。次に、傍線部Fを含む段落の一文目にある、「『思』の象形文字を……姿」と「感覚門の眼をかすかに……仏像」も例として適当であり、後者が字数制限も満たす。

問十二 イ、筆者は「自然哲学は自然科学より有益」と優劣をつけておらず、共存を目指しているため合致しない。
ロ、アリストテレスは「自然哲学」だけでなく、【ハ】の直後の段落にもあるように「自然科学」の方法論も持っていたため合致する。
ハ、「植物的な側面」の重要性を再確認すべきとする筆者の主張に矛盾。
ニ、傍線部⑥の前段落「植物性器官と……三層系に分化」に着目すると、「感覚・伝達」はどちらも「動物性器官」（＝脳）なので、「心臓は感覚を、頭は伝達を」は誤り。
ホ、傍線部Fを含む段落にある「古代の東洋人」が「心の故郷にかえろうとした」史実や傍線部⑦に矛盾。
ヘ、【イ】直前の段落の内容に合致する。
ト、傍線部⑦を含む文の「〝植物的および動物的〟両側面をはっきりと読みとらなければならない」に矛盾。

二

出典 橘成季『古今著聞集』〈巻第十二　偸盗　第十九　四四一段　強盗の棟梁大殿小殿が事〉

解答

問一 高く
問二 ホ
問三 一生無事に過ごすことができる身でもございません
問四 A―イ　B―ホ
問五 ④―ハ　⑤―イ　⑥―ホ
問六 ロ

問七　ハ
問八　ニ
問九　ロ
問十　ニ
問十一　小殿が代金を持って逃げること。（十五字以内）
問十二　ロ
問十三　イ
問十四　ハ

全訳

小殿が言うことには、「長年西国のほうで海賊をし、東国では山賊をし、都では強盗をし、辺境の地では追いはぎをして暮らしてきたのだ。このような重罪を負う身の上となりましたので、現世で安心して休まる心はございません。夜も安心して眠らず、昼も気持ちがくつろぐこともない。この世が恐ろしく、人目がはばかられることは、悲しい心の苦しみでございます。そうはいっても一生何事もなく（＝罪に問われず）平穏に過ごせる身でもございません。いずれはきっとつかまって引き出されて恥をさらし、悲しい目に遭うはずでしょうから、人の手にかかるよりは、自分から（自首しよう）と参って、一方で長年の罪に報いるために、首をさしのべて（＝相手に自分の命を任せて）参った次第です」と言うので、章久は殊勝な心がけだと感心し、ためらいなく（小殿の自首を）受け取るはずであるが、そうすることなく答えたことには、「現在私は検非違使庁の職務を休んでいるのだ。また（お前も）噂に聞いているだろう。かねてより作っていた牢屋をすべてとり壊して仏堂に作り変えて、一切業務を中止して後世のために勤行をしているのだ。徳大寺殿に仕えている源の判官康仲が現在とくに功をとり名をあげようとする人だ。そこに行ってこの事情を言えば、きっと喜ぶだろう（＝喜んでお前を逮捕するだろう）」と言ったところ、（小殿は）「そういうことでしたら、（事情を記した）お手紙を書いていただきまして、（それを持って）源の判官殿のもとへ参りましょう」と言うので、（章久は）「それはお安いご用だ」と言って、手紙を書き（小殿に）与えたところ、（小殿は）すぐにそれを持って康仲のもとに出向いて、章久に言ったのと同じように言って、「もし万が一、命を助けていただき、かつ家来にしていただけますならば、そのことに対する奉公として、強盗どもの残党が多くおりますのを、一人一人捕らえさせ申しましょう」と言うので、康仲は面白いことだと思って、（小殿の身を）引き受けて家来として使った。給料は三十石を取らせて毎日召し使うと、非常に頼もしく、大事な仕事も多くこなしたので、（康仲は）徳大寺殿にこのこと（＝小殿の様子）を内々に申し上げたところ、「とても面白いことだな。そのような者（＝悪事から足を洗った者）は、かえってそのような側面（＝しっかりと働く様子）もあるものだ。私に（小殿を）得させろ。使ってみよう」とおっしゃったので、（康仲は小殿を徳大寺殿のもとに）参らせたのだった。

あるとき、急用で、宇治布が十段必要になったが、それがわかった時刻が午後八時ごろで、この用事は翌朝十時までのことであり、処置するための指図を出すのが難しかったが、「ともかく、宇治へ訪ねて聞いてみよう」と、家来に布の代金を持たせて遣わせた。小殿を護衛のために付けて行かせたが、小殿はたかしこを背負って、真弓をかかげて、下駄を履いて行った。代金を持った家来は俊足で有名な力者（＝力仕事にたずさわった従者）を選定しなさったのだが、この小殿が進むのに、（力者は）どうにか遅れまいと汗をかいたが、（小殿の速さに）かなわず遅れたので、七条河原の辺りに来たとき小殿が言うには、「そんな歩みようでは、緊急のご用事に穴があいてしまうだろう。その布の代金をくだされ。私が一人で（代金を）持って行って、布を取って参ろう」と言うと、力者は疑って、「あなたは私の護衛につけられただけだ。私が承った用事ですから、手放すことはできません」と言って、（小殿に代金を）取らせなかったので、小殿は笑って、「（私を）疑ってそのようにおっしゃるのか。私がその代金を取ろうと思うならば、お前一人など平穏にいさせるものか（＝お前を殺して奪うだろう）。（お前の身が無事であることこそ、私が代金を取るつもりがない証拠なのだから）お前は、私にたてつこうとして、浅はかなことを言うな。ただその代金をよこせ。とにかくご用事に穴をあけまいと思って、このように言うのだ」と言うので、力者はその理屈に従い代金を与えた。（小殿は）「お前はここからすぐに徳大寺殿へ帰参して、この旨を申してくれ」と言って（力者を）行かせた。力者は、七条河原から帰り参ると、午前○時になったばかりのころに到着して、事の次第を申すと、「どうして（小殿に代金を預けたのか、大丈夫なのか）」と傍らの人たちは疑って、驚き大騒ぎしていたところに、小殿が布を持って参った。位が上の者から下の者までみんな驚きあきれること限りない。

解説

問一 〝よく寝ることができる〟状態を示す慣用句は「枕を高くする」である。

問二 小殿が自分の罪を告白した理由となる心境が述べられている場面である。「つつまし」は〝気が引ける、遠慮される〟の意であるから、「世」は〝世間〟の意ととり、傍線部は〝世間の目が恐ろしく、他人の目が遠慮される〟ということである。したがって、ホが適当。

問三 傍線部③は小殿が自分の身について述べる一文。「一期」は〝一生〟、「ことなし」は〝平穏無事である〟の意。ここでは罪に問われることがない、捕まらずにすむということであろう。ここの「ある」は、「ことなくて」を受けており、自分の身について語るという文脈上、〝過ごす〟ととるのがよい。助動詞「べき」（終止形「べし」）の意味は、最後に打消の助動詞「ず」があるので、可能で解釈する。「にても」は、断定の助動詞「なり」の連用形＋接続助詞「て」＋係助詞「も」で、〝～でも〟と訳す。「候ふ」は「あり」の丁寧語である。したがって、〝（自分の身は）一生無事に過ごすことができる身でもございません〟となる。

問四 **A**は「出ださ」（サ行四段活用動詞「出だす」未然形）に接続しているので、受身・尊敬・自発・可能の助動詞「る」の連用形である。ここでは受身の意味でとって、〝他人に捕らえられる〟ということ。選択肢を見ると、四段活用動詞の未然形に接続しているイ～ニがAと同様に受身・尊敬・自発・可能の「る」となるので、それぞれの意味を考える。イは〝命が……失われる〟という意味なので、受身の意味とわかり、これがAと同じである。ロは直後に打消があるので、可能ととる。ハは「なげく」に接続するので、自発の意。ニは明雲に対する尊敬の意。

Bは「作りおけ」（カ行四段活用動詞「作りおく」已然形または命令形）に接続しているので、存続の助動詞「り」

の連体形。選択肢を見ると、ホのみが已然形に接続しているので、これが答えである。

問五　④「心と」は〝自分から〟という意の副詞。直前の「人手にかからんよりは」（＝〝人の手にかかるよりは〟）もヒントとなる。ハが適当。

⑤「左右《さう》なし」は〝あれこれと考えない、言うまでもない〟の意。この場合は、章久が小殿の申し出をためらわずに受けることを示す。イが適当。

⑥「かひがひし」は〝効果がある、頼もしい〟の意。小殿の働きぶりがきっちりしている様子で、ホが適当。

問六　傍線部C「候ふ」は「あり」の丁寧語で、康仲への敬意を表す。したがって、ロが適当。傍線部D「参らせ」は「遣る」の謙譲語で大納言への敬意を表す。傍線部E「たべ」は「たぶ」の命令形である。「たぶ」は「与ふ」の尊敬語で力者への敬意を表す。傍線部F「承り」は「受く」の謙譲語「承る」の連用形。この場合、「承る」相手は大納言であるので、敬意の対象は大納言。

問七　「さやうの者」「さる方」の二つの指示語が指す内容を考える。「なかなか」が〝かえって〟の意の副詞であることも手がかりとなる。「さる方」は、傍線部⑥にあるように小殿の働きぶりがよいことを指す。「さやうの者」がどのような者のことを言っているのかは推測するしかないが、小殿がかつて悪事を働いていたが改心して自首したという内容と、康仲が大納言家に伝えた小殿の働きぶりを踏まえると、ハが適当である。

問八　戌の刻は午後八時、巳の刻は午前十時なのでニが正しい。十二支で時刻を数えるとき、子を午前〇時として、丑が午前二時、寅が午前四時、卯が午前六時……と間が二時間おきとなる。

問九　「いかに」は下に打消意志の助動詞「じ」を伴って、〝なんとかして〜まい〟の意ととる。傍線部⑨の直後に、「かなはず遅かりければ」（＝〝（そのように）できず遅れたので〟）とあることから、傍線部は、小殿が歩くのが速すぎて、それに〝なんとかして遅れまい〟として汗をかく力者の様子を指す。したがって、ロが適当。

問十　「ぬべし」は強意の助動詞「ぬ」の終止形＋推量（当然）の助動詞「べし」の終止形。これに接続する動詞「かく」

の意味を考える。直前の「その歩みやうにては」は、力者の歩みが遅いことを指している。〝そんなに遅い進みようでは〟という内容が傍線部⑩にかかるので、「御大事かく」は〝ご用事を欠く〟という意味であることがわかる。つまり、〝そんな遅い歩みでは、緊急のご用事がきっと欠けてしまうだろう〟という意味であり、ニが適当。

問十一　直前の小殿の発言を力者が疑っている。小殿は、「その用途たべ。我一人持て行きて、布をば取りて持て参らん」（＝〝布の代金をくだされ。私が一人で（代金を）持って行って、布を取って参ろう〟）と言っている。小殿がかつて悪人だったことも踏まえると、小殿が自分をだまして、金を盗もうとしているのではないかと力者は疑っているのである。

問十二　「あらせてんや」の解釈が問題となる。品詞分解すると、ラ変動詞「あり」の未然形＋使役の助動詞「す」の連用形＋強意の助動詞「つ」の未然形＋意志の助動詞「む（ん）」の終止形＋反語の係助詞「や」（終助詞的用法）となる。傍線部⑫を直訳すると〝お前一人を平穏にいさせようか、いや、いさせるものか〟という反語の意味になる。反語ということは「安穏」を否定するということである。選択肢を見ると「安穏なり」の言い換えに「つつがなし」を用いている。「つつがなし」に打消の意を伴わせる必要があるが、ロとホが打消の助動詞「ず」を伴っている。ロの「まし」は推量や意志を表す助動詞であり、文法的に成立する。ホの「なむ」は他への願望の意を表す終助詞で、この場合「他」が存在しないため文法的に成立しない。ロが適当。

問十三　副詞「な」は後に「そ」を伴い〝〜するな〟という意味。「心をさなき事」の意味が問題となるが、具体的には力者が小殿を疑って布の代金を渡すまいとしている様子や発言を指す。したがって、イの「浅はかなこと」が文脈上合い、「言ってはいけない」も「な〜そ」の訳として適当。

問十四　そもそも宇治に布をもらいに行くという用事自体が時間的に厳しいものであった中、小殿に代金を託して宇治に行かせて力者一人で帰ってきたという状況である。屋敷に残っていた者が「いかに」（＝〝どうして〟）と疑問に思う中、まだ子の刻（＝午前〇時）なのに小殿が布を持って帰ってきたので、みな驚いたのである。これらを踏まえているハが適当。ホは、「希少品で入手困難」の記述が本文にはないため、誤りと判断する。

二月七日実施分

問題

（七五分）

一　次の【甲】【乙】【丙】【丁】の文章は、小田実の短篇小説「「アボジ」を踏む」から物語の展開順に抜き出した四つの場面である。これらを読んで、後の問に答えなさい。

【甲】　小説の冒頭場面

「ぼくは(あ)生まで帰る」と、*「アボジ」は私に言った。まだ、元気なころのことだ。そのことばで決意表明したのか、よろしく手配してくれと頼んでいたのか、そのどちらでもあったにちがいない。

死んだあと、棺ごと飛行機に載せて運ぶ。「アボジ」によると、日本の航空会社はやってくれないが、韓国の飛行機は運んでくれる。「アボジ」の同郷の友人知己も何人かそのかたちで「(い)生まで帰った。」彼らの場合も、「アボジ」の場合も「(う)生まで帰る」先は済州島。そこは土葬だ。土葬されて、先祖代々の墓地に眠る。

【乙】　朝鮮の済州島から六十数年前に日本に移民してきた「アボジ」が、自分の末娘と結婚した「私」（＝「オダ君」）を前にして、自分の日本での生活を振り返る場面

「アボジ」は独特の日本語をしゃべった。*「オモニ」のことばも独特のものだったが、こちらのほうは日本語、*朝鮮

語――それも済州島の島ことばが混在したもので「オモニ語」としか言いようのないものである。「机と椅子」を「机」は朝鮮語、いや、済州島の島ことば、済州島語、「椅子」は日本語で言うのだ。日本人の私としゃべっているときには当人はもちろん日本語で話しているつもりなのに、半分は朝鮮語――済州島語になっている。韓国人としゃべっているときには「オモニ」は朝鮮語を使っているつもりで半分は日本語――日本語と韓国語は［ I ］が同じなのでこうした「オモニ語」の形成もなされ得るのだが、「アボジ」の場合はちがっていて、それは「……いちばんサイソ（最初）に来たのはねェ、いもうとの主人の紹介で着物のノリをつくっとる工場に来たんだがねェ、オダ君、売りに歩いとるんだョ。一日売った分の一割をもろうとるんだョ。（一日）一円売れたときもあったんだが、だいたいはあかなんだ。アッハッハッ。……それからアブラ工場で仕事したんだがねェ。オダ君、えらい仕事で百三十キロかついで三階まで上り下りしとったんだョ。それから足が弱いんだョ」というような彼が数多くの肉体労働現場で自分のものにして来た、その意味でまさにからだでおぼえた日本語だった。ただ面白いのは、そのあいまに「オダ君」という私に対する呼びかけが入ることと、自分のことを「ぼく」というおよそ肉体労働者らしからぬ言い方で言っていたことだ。

二つともに聞いていて私がいつも何かしらなつかしくなったのは、ずい分以前に亡くなった私の親父が自分のことをよく「ぼく」と言い、他人を指して「××君」と呼んでいたからだ。外国人は自分がやって来たときのその国、社会のもろもろをあとあとまでもちつづけるものだが、「アボジ」が*「クンデワン」に乗って日本にはじめてやって来た一九三〇年代には、「ぼく」も「××君」もよく使われた言い方であったにちがいない。それは年輩の在日朝鮮人に今もってその言い方をする人がときにいたりすることで判るが、「アボジ」のその「ぼく」と「オダ君」というインテリめいた言い方と[A]労働現場たたき上げの日本語の結合には[B]迫力があった。ことにその迫力を感じさせたのは、彼が戦中①キンセイのアメをつくって売りに歩いて警察につかまってさんざんいじめられたときの話を彼がしたときだ。無口な上に彼の*「ゲーリー・クーパー」の立派な風貌が祟ったのか、ただの闇屋のアメ売りが独立運動の大闘士に見たてられて、三月《みつき》、留置場にとめおかれた上に拷問を連日受けた。「オダ君、ぼくはもうとつかれて、とつかれてな。ヒザの上に棒入れられて、ひっくりかえされたり何して、いまだに、オダ君、ぼくはここが痛いんだョ。」彼はそう言いながらヒザをなでた。べつに悲壮な言い方をしていたのではない。彼はてんたんとしゃべったが、(C)かえって迫力があった。

【丙】 晩年にガンを患っていた「アボジ」が大地震に遭って、神戸の長田にあった我が家を失い、避難所暮らしを始めた場面

　点滴と酸素吸入でようやく生命をつないで来ていた「アボジ」にとって、小学校の校舎のコンクリートの床の上での、一日にやっとバナナひと切れ、パン一個があればましの避難所の「棄民」ぐらしがいかに辛いものであったかは容易に想像がつく。長い人生のあいだ、グチも言わず弱音もめったに吐かなかった老人が「わしは土方も②ニヤクの人夫も闇市のかつぎ屋もやったし、警察の留置場にも入れられたけど、このくらしはひどい」と言い出した。避難所に来てからそれまで何日も黙っていたのが突然言い出したそうだが、べつに彼は悲憤コーガイして声をはり上げたのではなかった。いつものようにてんたんと言ったそうだが、それだけことばに迫力があったとは、そばにいた娘のひとりがあとで私に言った。そのとき私がそこにいたら、「アボジ」は「オダ君、この国のやっとることはぼくはひどいと考えるんだョ」と、朝鮮人として日本から最後の最後に至るまで何《な》んの恩恵を受けることもなかった過去の重みをかけて言ったかも知れない。日本の朝鮮支配が始まったのが「オモニ」の生まれた年、「アボジ」が生まれたのはその次の年だった。

【丁】 済州島に戻って五日後に亡くなった「アボジ」を、「私」をはじめとする肉親や親類縁者が墓地に葬る、小説の最終場面

「アボジ」の墓地は済州島の名山ハルラ山のふもとに広大にひろがる、二月の吹き下[ⓐ]の寒風吹き[ⓑ]ぶ原野のなかにあった。土まんじゅうと石組みの墓があちこちに立つ文字通りの原野の墓地だ。土まんじゅうも石組みの墓も、「アボジ」の先祖の土葬の墓だが、その石組みの墓のひとつに「(え)生まで帰った」「アボジ」は入った。

儀式があった。葬儀の最後の段階になるのか、それともそこからはみ出しているのか、お寺の坊主は来ない式だ。お経も読んではいたが、儀式の主要な要素は女たちの「哀号《アイゴー》」の号泣。涙が涸れ果てると、彼女たちはたちまち陽気にしゃべり、笑う。そしてまた、号泣。「哀号《アイゴー》」の叫びは原野に重く、また、激しくひびきわたる。私がしきりに日本の古来の「Ⅱの送り」を思ったのは、仏教なり何んなりがもっともらしい葬礼の儀式をつくり出すまえの、そしてそれが日本という辺境の地に持ち込まれるまえの、どの民族のどの文化にあってもとり行われる人を葬る儀式の原始の率直がそこにあったからだ。D「万葉の時代の「Ⅱの送り」にその率直と荘厳があったとすれば、「アボジ」を送るこの「Ⅱの送り」にもそれはまちがいなくあった。そしてまた、私が万葉の時代の「Ⅱの送り」とともにしきりに思っていたのは*ホメロスの世界であった。「イーリアス」「オデュセイア」にあっても、英雄たちは肉親、親友の死にあって傍若無人に歎き、号泣し、涙涸れ果てたあとは、傍若無人に飲み、食らう。「アボジ」の「Ⅱの送り」にもそれがあった。棺とともに野外の宴のための大釜も原野の墓地のつい外側に持ち込まれて来ていたのだ。すべてが終ったあと、E「哀号《アイゴー》」女英雄たちをふくめて人びとは傍若無人に飲み、食らった。もちろん、私も飲み、食らった。

棺は麻の装束を着た肉親の男がかついで運ぶ。私もかついだ。そして、新しい石組みのなかに掘られた深い穴の底にみんなして置いた。それからは、まず肉親、ついで親類縁者、あるいはウゾウムゾウ、こぞって土を入れ、土が石組みの上にまでうずたかくなったところで、みんながその上にのぼった。私ものぼり、「アボジ」の末娘、私の*「人生の同行者」ものぼり、私の娘、小学校三年生で地震を体験した、「アボジ」にとっての孫娘ものぼった。男どもとともに「哀号」女英雄たちももちろんのぼった。朝がた、日本語で泣きじゃくった「アボジ」の長女ものぼった。「アボジ」の魂が石組みの墓の穴の底から外へ出て、あてもなくさまよい歩かせないがために土をみんなで踏んで堅く固める——その作業のためだ。

やがて、Fその土踏みの作業は誰言うともなく始まっていた。私も踏んだ。「人生の同行者」も踏んだ。私の娘、「アボジ」の孫も踏んだ。彼女はときどき跳び上っては全身の重みをその跳躍にかけるようにして懸命に踏んだ。しかし、私は彼女に言った。「もっと強く踏め。」私にも同じことばを私は言った。私は強く踏んだ。娘もさらに大きく跳び上った。「オダ君、そんなに強う踏むな(G)。ぼくは痛いんだョ。ぼくはもうどこにも行かん。ぼくの長田の家はもうつぶれてないョ。」私の足の下で「アボジ」が言った。

（注）＊「アボジ」…朝鮮語で父親の意。
＊「オモニ」…朝鮮語で母親の意。
＊「クンデワン」…済州島と大阪とを結んでいた連絡船「君が代丸」を朝鮮語で発音したことば。
＊「ゲーリー・クーパー」…アメリカ出身の映画俳優。二枚目スターとして有名。
＊ホメロス…古代ギリシアの吟遊詩人。西洋叙事詩文学最初期の作品「イーリアス」「オデュセイア」の作者。
＊「人生の同行者」…「私」は自分と結婚した「アボジ」の末娘のことをこう呼んでいる。

問一 空欄Ｉに入る言葉として最も適当なものを次のイ～ホから一つ選び、その符号をマークしなさい。

イ 発音記号　ロ 文法体系　ハ 音韻単位　ニ 表音文字　ホ 発話機能

問二 傍線部Ａ「労働現場たたき上げの」と同じ意味内容を伝える表現を問題文から十字以内で抜き出して記しなさい。

問三 傍線部Ｂ「迫力があった」とあるが、その理由の説明として最も適当なものを次のイ～ホから一つ選び、その符号をマークしなさい。

イ 亡くなった「私」の親父が日頃よく使っていた言葉を、そうとは知らずに口にする「アボジ」の存在が、肉親に接するような親近感を覚えさせたから

ロ 済州島の島ことばを忘れられないでいる「オモニ」とは違って、日本語に対して「アボジ」が強い愛着を抱いていることが伝わってくるから

ハ 自分のことを肉体労働者らしからぬ「ぼく」という言い方で呼ぶことに、「アボジ」の上昇志向の強さがにじみ出

してくるから

ニ　「アボジ」が自分とは階層の違う人が使う言葉をも話すのは、彼がそれだけ広い世界と渡り合って来たことの証左となるから

ホ　「アボジ」が口にする「ぼく」や「××君」という言葉は、一九三〇年代に日本にやってきた年輩の在日朝鮮人通有のものであるから

問四　傍線部①「キンセイ」、②「ニヤク」をそれぞれ漢字で記しなさい。

問五　傍線部C「かえって迫力があった」とあるが、「私」がそのように述べるのはなぜか。その説明として最も適当なものを次のイ〜ホから一つ選び、その符号をマークしなさい。

イ　気持ちを抑えて話そうとしても、自分をひどい目に遭わせた警察に対する憤りが、「アボジ」の言葉の端々に現れてくるから

ロ　落ち着いて他人事のようにかつての自分の体験を語ることによって、「アボジ」の体験の壮絶さがきわだってくるから

ハ　自分が虐待されたことを淡々と語ることのうちに、それを乗り越えてきた「アボジ」の生きざまがにじみ出ているから

ニ　「アボジ」が、自分の末娘と結婚して家族の一員となった「私」に心を許して、途切れ途切れの言葉によって「私」の理解と共感を求めようとしているから

ホ　「アボジ」の持っている二枚目スター顔負けの風貌と、彼が闇屋のアメ売りだったこととの間に、イメージの落差が生じてくるから

問六　空欄ⓐ・ⓑに入るひらがな二字をそれぞれ記しなさい。

問七　波線部㋐〜㋓について、次の（1）〜（3）の問に答えなさい。

（1）㋐〜㋓のいずれにも出てくる漢字「生」の読みをひらがなで記しなさい。
（2）㋐〜㋓における「生ま」が指す内容の同異を表わす組み合わせとして、最も適当なものを次のイ〜ホから一つ選び、その符号をマークしなさい。
イ　㋐・㋑・㋒が同じで㋓のみが異なる
ロ　㋐・㋑・㋓が同じで㋒のみが異なる
ハ　㋐・㋒・㋓が同じで㋑のみが異なる
ニ　㋐・㋑が同じで㋒と㋓はそれぞれ異なる
ホ　㋐・㋓が同じで㋑と㋒はそれぞれ異なる
（3）「生まで帰る」という言葉を口にする時に「アボジ」が大切にしようとしていたもの（こと）は何か。最も適当なものを次のイ〜ホから一つ選び、その符号をマークしなさい。
イ　長い苦難の人生を歩んできた自分にとって、最後の住居となった長田の家の思い出
ロ　「クンデワン」に乗って日本に来る前に、故郷のハルラ山の麓で過ごした幼い日の思い出
ハ　済州島出身者の証しとして、死んだら故郷でその土地の習慣に従って葬られること
ニ　日本で死んで火葬されたとしても、自分の魂だけは波濤を越えて故郷への帰還を果たすこと
ホ　六十数年に及ぶ日本での独立独歩の生活の中で身につけた、普通に話しても迫力のある日本語

問八　空欄Ⅱに入る言葉として最も適当なものを次のイ〜ホから一つ選び、その符号をマークしなさい。
イ　野辺　ロ　異土　ハ　永劫　ニ　墓所　ホ　境界

問九　傍線部Ｄ「万葉の時代」とあるが、『万葉集』が編まれた時期として最も適当なものを次のイ〜ホから一つ選び、その符号をマークしなさい。
イ　六世紀　ロ　八世紀　ハ　十世紀　ニ　十一世紀　ホ　十二世紀

問十　傍線部E「「哀号《アイゴー》」女英雄たち」とあるが、なぜ「英雄」という呼び方をするのか。その理由の説明として最も適当なものを次のイ～ホから一つ選び、その符号をマークしなさい。

イ　激しく泣き叫んだその次には陽気に喋りあい飲み食らう女たちの、率直かつ荘厳に見える振る舞いが、叙事詩の英雄さながらのものであるから

ロ　涙涸れ果てたあとは盛んに飲み、食らう女たちの様子に、同席している男たち以上の雄々しさが感じられるから

ハ　傍若無人に嘆くかと思えば、傍若無人に飲み、食らう女たちの振る舞いが、どの宗教も持ち得なかった死者に対する根源的な哀悼のかたちを表しているから

ニ　「哀号」と叫んで悲嘆にくれる女たちの様子は、彼女らが属する民族が持つ固有の生活意識を、何よりもまして鮮やかに示しているから

ホ　「哀号」の嘆きとその後での饗宴を繰り返す女たちの様子が、肉親の死に遭った悲しみを素朴に表出するだけであった過去の葬礼よりも心の籠ったものに見えてくるから

問十一　傍線部F「その土踏みの作業は……「アボジ」の孫も踏んだ」とあるが、この人たちの土を踏む様子を表わす言葉として最も適当なものを次のイ～ホから一つ選び、その符号をマークしなさい。

イ　右往左往　　ロ　一念発起　　ハ　一心不乱　　ニ　一蓮托生　　ホ　左顧右眄

問十二　傍線部G「踏む」はどのようなことを暗示しているか。その説明として最も適当なものを次のイ～ホから一つ選び、その符号をマークしなさい。

イ　「アボジ」が「オモニ」とともに、自分たちの人生を揺らがないように踏み固めてきたこと

ロ　アブラ工場で百三十キロの重荷を三階に運ぼうとして、肉体労働者の「アボジ」が足を踏ん張ったこと

ハ　「アボジ」の葬儀の最後の段階に至ると、彼の親族だけでなく、同じ村の人々も彼の墓を訪れて、そこにある土を踏むこと

ニ　「アボジ」が日本で根を張って生きていこうとしていた時、大地を揺るがす地震に蹂躙されて、自分の持つすべてのものを奪い去られたこと

ホ　警察で拷問を受けた際の痛みがその後もずっと残り続けたように、「アボジ」の人生は朝鮮を支配してきた日本によって踏みつけられ続けたこと

二

次の文章は『夢の通ひ路物語』の一節で、三条中納言が、父を亡くした妻（三条の君）を慰め、さらに妻の実家である京極家の人々を見舞う場面である。これを読んで、後の問に答えなさい。

中納言参り給ひて、よろづA懐かしう物語など聞こえ給へど、気色もの憂く、慰めかねて、「*若君、こなたに①ものせさせよ。いかに、かうやうなるつれづれにも、御覧じ忘るべき気色を」とて、人召して渡し参らせ給へば、何心なくうち笑み給ふ御顔、もの忘れしぬべき稚児の御かたちなり。衣に押しくくみて、御しとねの内に入れ給へば、Bおよすげてよにうつくしげに、髪は露草にて色とりたらん様して、見上げ給ふ御眼《まなこ》居《ゐ》も賢げなるを御覧ずるにつけても、亡き御影の［甲］、いかばかりもてかしづき給はんにと、過ぎ来し方までおぼし寄るにも、いとどもの悲しけれ。*ここもかしこも力なく、はかなげなるを、見譲るべきたけき人もなければ、中納言のみ頼もし人にて、②身を分けつべくおぼす。

*入道の宮も例ならず心地煩ひ給へば、Cいぶかしくて、夕暮れのたどたどしきころおはしぬ。③門《かど》引き入るるより、あはれげなる様、見る度に思ひ嘆かれて、入り給ふ。*少将も出で給ひ、もろともに南のⓐ廂におましよそひなどして入れ給うて、御物語むつましう聞こえ出で給ひては、④あはれなる筋の御物語には、「よにいかばかりかはおぼし乱るらめ」とさしぐまれつつ、たけくのたまひながらも、折々は鼻うちかみなどしつつ、聞こえ交はし給ふ。*宮のおましも、*ただこの一重そなたの⑤御帳台に伏し給ふ。内へは、小侍従して御言伝てなど聞こえ奉りて、御法、御加持のことも、*そこそこに御心を付けさせ給ひ、Dまめやかにのたまふ。少将の君も、さることの暇なげにて⑥かけり給へば、（中納言は）そ

の暇にかしこの曹司に添へたる几帳のほころびよりのぞき給へば、宮はこなた枕に伏し給ふとおぼしくて、屏風などしげく立て続けて、人みな寄りゐたり。少し屏風を引き寄せて、おましよそひたる方なん、*姫君ならんと、見え分かね⑦ば、目をしつと付けて見給へば、宮の御手を取りて、何やらんのたまひたる気配、似る人もなくⓑ貴やかなり。まだ幼げにて、かたちなどもいとささやかに、御髪は顔の色に背けて、いともいとも黒うつやつやとうち乱れたるに、顔を衣の内に押し入れて、涙を紛らはし給ふ傍ら目、まことに、樺桜のつぼみがちにて、霞の間よりほの見ゆるこずゑを、春雨のうちそそきつる心地して、気配しめやかに、⑧あいぎやうは我が顔にも映り来ぬべき様して、目もあやに立ち去りがたき気色なれど、いと念じ返して、こはなぞやと何心なきうちとけ姿を見奉りつつ、いかばかりかはいとほしく、*御遺言を強うおぼし出でて、まめやかに御後ろ見すべき業と、おぼし直し給ふも、⑨まことに実法《じほふ》なる御心なりけりや。

夜更くるほどに、*請《しやう》じ下ろし給ふ験者《げんざ》なども多く参り集ひ、居代はり、声たふとく陀羅尼E読み困じにけり。*宰相の乳母も参りけり。とどめ置きて、中納言殿は帰り給ひけり。正身《さうじみ》はものをおぼして、まだき大殿籠りもし給はず。はかなき仮寝に伏し給ふ所へおはしたれば、いかにとおぼしながらまどろみ給へば、ふと起き給ふ。

（注）＊若君…三条中納言の子。
＊ここもかしこも…三条家も京極家も。
＊入道の宮…三条の君の母。
＊少将…三条の君の弟。
＊宮のおまし…入道の宮のいらっしゃる場所。
＊ただこの一重そなた…中納言と少将から見て、几帳一枚を隔てた向こう側。
＊そこそこに…あちらこちらの寺に。
＊姫君…三条の君の妹。
＊御遺言…三条の君の父から受けた遺言。三条中納言は姫君の世話を頼まれていた。
＊請じ下ろし給ふ…修行中の山寺から招きなさった。

＊宰相の乳母…三条家に仕える女房。

問一　傍線部Ａ～Ｅの語句の意味として最も適当なものを次のイ～ホからそれぞれ一つずつ選び、その符号をマークしなさい。

Ａ「懐かしう」
イ　分かりやすく　ロ　それとなく　ハ　睦まじげに
ニ　久しぶりに　ホ　安らかに

Ｂ「およすげて」
イ　成長して　ロ　幼くて　ハ　かわいらしくて
ニ　目を覚まして　ホ　寝入って

Ｃ「いぶかしくて」
イ　いたたまれなくて　ロ　不思議で　ハ　寂しくて
ニ　気の毒で　ホ　気がかりで

Ｄ「まめやかに」
イ　ひそかに　ロ　真摯に　ハ　穏やかに　ニ　上品に　ホ　慎重に

Ｅ「読み困じにけり」
イ　読み疲れてしまった
ロ　読み間違えてしまった
ハ　読めなくなってしまった
ニ　読むのに難渋してしまった

ホ　読むのを止めてしまった

問二　傍線部①「ものせさせよ」を現代語訳しなさい。

問三　空欄甲に入る最も適当な言葉を次のイ～ホから一つ選び、その符号をマークしなさい。

イ　おはしぬれば　ロ　おはすれば　ハ　おはせねば

ニ　おはしなば　ホ　おはせずは

問四　傍線部②「身を分けつべくおぼす」とは誰がどのように思っているのか。最も適当なものを次のイ～ホから一つ選び、その符号をマークしなさい。

イ　三条の君が、自身の先が長くないことを悟り、財産を夫と子供に分与しようと思っている。

ロ　中納言が、後ろ盾の無い妻の心細さを我が身のことのように思っている。

ハ　三条の君が、頼みにしていた父を失ったことで、身を引き裂かれるような思いでいる。

ニ　中納言が、忙しさのあまり自分の身が二つあれば良いのにと思っている。

ホ　三条の君が、夫を頼るのにも限度があると気付き、自身の分を弁えようと思っている。

問五　傍線部③「門引き入るるより」の現代語訳として最も適当なものを次のイ～ホから一つ選び、その符号をマークしなさい。

イ　門の中に中納言を招き入れてから

ロ　取っ手を引いて門を閉じることによって

ハ　門の中へ身を引っ込めるよりも

ニ　門に入り込んだあたりから見ると

ホ　車を門の中に引き入れるとすぐに

問六　傍線部④「あはれなる筋の御物語」とは誰についての話か。最も適当なものを次のイ～ホから一つ選び、その符号をマークしなさい。

イ　少将の父　ロ　三条の君　ハ　少将　ニ　三条中納言　ホ　若君

問七　傍線部⑤「御帳台」を表す図として最も適当なものを次のイ～ホから一つ選び、その符号をマークしなさい。

イ

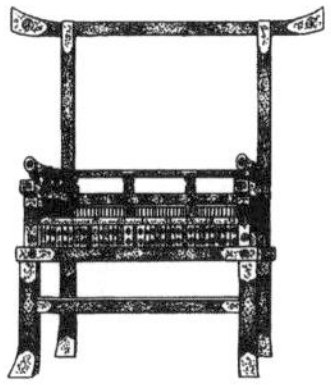

ロ

ハ

ニ

ホ

出典追記：『日本国語大辞典　第二版』小学館|小学館

問八　傍線部⑥「かけり」の文法的説明として最も適当なものを次のイ～ホから一つ選び、その符号をマークしなさい。

イ　四段活用動詞「かく」の連用形
ロ　四段活用動詞「かける」の連用形
ハ　下二段活用動詞「かく」の連用形
ニ　下一段活用動詞「かく」の連用形

ホ　下二段活用動詞「かける」の連用形

問九　傍線部⑦「ば」と文法的に同じ働きをしているものを次のイ〜ホから一つ選び、その符号をマークしなさい。

イ　われならぬ人なりせば、いかにののしりてとおぼゆ。（『蜻蛉日記』）

ロ　それがにくからずおぼえばこそあらめ。（『枕草子』）

ハ　梅の花それとも見えず久方の天霧る雪のなべて降れれば（『古今和歌集』）

ニ　このをのこ罪し、れうぜられば、われはいかであれと。（『更級日記』）

ホ　ここになど渡してば心やすくはべりなむ。（『源氏物語』）

問十　波線部ⓐ「廂」、ⓑ「貴やかなり」の読みを、送り仮名も含めてそれぞれひらがなで記しなさい。

問十一　傍線部⑧「あいぎやう」の漢字表記として最も適当なものを次のイ〜ホから一つ選び、その符号をマークしなさい。

イ　合興　　ロ　相胸　　ハ　相行　　ニ　愛敬　　ホ　会形

問十二　傍線部⑨「まことに実法なる御心なりけりや」とあるが、これはどういうことを言おうとしているのか。最も適当なものを次のイ〜ホから一つ選び、その符号をマークしなさい。

イ　中納言が姫君の美貌に見とれる気持ちを抑え込み、妻の父の遺言に従おうと考えたのはたいそう律儀な心遣いだ、ということ

ロ　中納言が、病床に就く母の前で気丈にふるまう姫君を見て、その気立てに心を打たれたのは実にもっともなことだ、ということ

ハ　中納言が一時は関わりを断とうと思った姫君を、後見人として支えようと考え直したのは、とても実直な態度だ、ということ

ニ　中納言が妻の父の遺言を思い出し、立派に成長した姫君への求婚を思いとどまったのは、本当に真面目なことだ、

ということ

ホ　中納言が、妻の父の遺言通り姫君の後見人となり、姫君への恋情を成就させようと思ったのは、全く正直な態度だ、ということ

問十三　問題文の内容と合致するものを次のイ～トから二つ選び、その符号をマークしなさい。

イ　三条の君は、若君の笑顔を見ることで父を失った悲しみを紛らわすことができた。

ロ　京極家に着いた中納言はまず入道の宮を見舞い、その後で少将にも会った。

ハ　小侍従は中納言の言葉を預かって、几帳の奥で横たわる入道の宮にその内容を伝えた。

ニ　夫を亡くした入道の宮のそばには、姫君と他の人々が寄り添って座っていた。

ホ　まだ幼い姫君は入道の宮に何も声をかけることができず、ただ泣いてばかりいた。

ヘ　姫君は、中納言が垣間見していることに気づき、顔を隠して涙を紛らわした。

ト　中納言は帰宅後も入道の宮の身を案じ、すぐには就寝できずにいた。

問十四　『夢の通ひ路物語』は南北朝時代に成立したと考えられている。南北朝時代の文学作品についての記述として最も適当なものを次のイ～ホから一つ選び、その符号をマークしなさい。

イ　『今昔物語集』や『宇治拾遺物語』などの説話集が成立した。

ロ　源平の争乱を主に描く『太平記』が成立した。

ハ　藤原定家らが『新古今和歌集』を編纂した。

ニ　井原西鶴が『好色一代男』などの浮世草子を著した。

ホ　鎌倉時代の歴史を主に描く『増鏡』が成立した。

解答

二月七日実施分

一

出典　小田実『「アボジ」を踏む――小田実短篇集』〈「アボジ」を踏む〉（講談社文芸文庫）

解答

問一　ロ
問二　からだでおぼえた
問三　ニ
問四　①禁制　②荷役
問五　ハ
問六　ⓐろし　ⓑすさ
問七　(1)な　(2)―イ　(3)―ハ
問八　イ
問九　ロ
問十　イ
問十一　ハ
問十二　ホ

要旨

済州島から六十数年前に移民してきた「アボジ」の娘婿である「私」は、「アボジ」の言葉を通してその生き様を実感していく。「アボジ」は自らが望んだ「生まで帰る」という言葉を実現し、故郷の済州島で亡くなる。肉親や親類縁者で「アボジ」の土葬を行うが、儀式の主要な要素は女たちの「哀号《アイゴー》」と魂がさまよい歩かせないようにする「土踏みの作業」であった。

解説

問一　「オモニ」の話すことばが、日本語の文の中に韓国語が現れるといった、半分日本語、半分韓国語で形成しうる理由を問うもの。空欄Ⅰには、ロの「文法体系」が入る。主語や目的語や述語の語順が日本語と韓国語で同じなので、目的語だけ韓国語にしたりできるのである。

問二　「労働現場たたき上げの」の言い換えにあたる表現を探す。【乙】の文章の第一段落の最後から二文目に「肉体労働現場で自分のものにして来た、その意味でまさにからだでおぼえた日本語」とあり、字数条件に合致するのは「からだでおぼえた」である。

問三　「アボジ」が使う「ぼく」や「オダ君」といった言葉と「労働現場たたき上げの日本語の結合」に「迫力が」ある理由を問う問題。これは「肉体労働者らしからぬ言い方」であり、「インテリめいた言い方」である。「肉体労働者」であった「アボジ」がこのような言い方をするのは、移民してきた当時にそのような言葉を使う階層の人たちとも幅広く接してきたからである。また、「アボジ」が肉体労働者であったときの話や警察にいじめられたときの話に「私」が「迫力」を感じるのは、それだけ広い世界を生き延びてきたのが感じられるからである。したがって、ニが適当。

イ、「親近感を覚えさせた」は「迫力」の理由にはならない。

ロ、「日本語に対して……愛着」が誤り。

ハ、「上昇志向の強さ」が誤り。

ホ、本文の内容に合致するが、これは「迫力」の理由にはならない。

問五　「てんたんとしゃべった」様子に「かえって迫力があった」のはなぜかを問う問題。「アボジ」の話は、警察に拷問を連日受けた話であり、悲惨で残虐な話である。これを淡々と話すからこそかえって「アボジ」の壮絶な人生がうかがえるため、「迫力があった」のである。問三とも内容がかぶるが、「『アボジ』の生きざまがにじみ出ている」とするハが適当である。

イ、「警察に対する憤り」は確かにありうるが、そこに「迫力」を感じていたとは本文から読めない。

ロ、「他人事のように」は本文から読めない。

ニ、「理解と共感を求めよう」が誤り。

ホ、「イメージの落差が生じてくる」が誤り。

問六 ハルラ山から来る寒さ厳しい冬の風であるので、「吹き下ろしの寒風吹きすさぶ」が適当。

問七 **(1)** 「ありのままで」という意味で「なまで帰る」と読む。「生《な》ま」は標準的な送りがなではないが、【丙】の文章の最後から二文目に「何《な》んの」とあり、これと同類の語法だと考えられる。

(2) 波線部ⓐは「アボジ」の言葉である。この段落では何を「決意表明」あるいは「手配してくれと頼ん」だのかは不明だが、その直後に済州島の土葬に関わる話題が出てくることから波線部ⓐ～ⓤは、「火葬されない遺体で帰る」という意味だと考えられる。波線部ⓔは、【丁】の説明に「済州島に戻って五日後に亡くなった」とあることから、死ぬ前に済州島に帰った「アボジ」を指すので、「生きて帰る」という意味である。【甲】の文章の段階では、「アボジ」は「死んだあと」に故郷に帰るつもりだったが、大地震で家を失って辛い避難所暮らしをしたことがきっかけで、【丙】と【丁】の文章の間で生きているうちに帰ったと推測できる。したがって、イが適当。

(3) 済州島に「帰る」のが望みであるから、イやホは誤り。ロはありうるが、本文中に「幼い日の思い出」について描かれている場面がないし、「アボジ」は幼い日に「帰る」ことを望んでいたとは読めないため不適。ニは、「アボジ」は故郷で土葬されることを望んでいたため不適。

問八 『万葉集』の時代からある人を葬る儀式としては「野辺の送り」がある。葬儀のあとに葬列を組んで、棺に入れた遺体を埋葬場所まで見送る風習を指す。『万葉集』の死者を悼む歌である「挽歌《ばんか》」は、この棺を運ぶときに歌われたとされる。

問九　『万葉集』は八世紀に編纂された日本最古の歌集である。

問十　「哀号」する女たちをなぜ「英雄」と呼ぶのかを問う問題。女たちは、傍線部Eを含む段落の前半にあるように、「『哀号』の号泣」をし、「涙が涸れ果てると、……たちまち陽気にしゃべり、笑う。そしてまた、号泣」する。さらに、傍線部Eを含む一文にあるように、「すべてが終ったあと、……傍若無人に飲み、食らった」とある。この様子に「私」は、傍線部Dを含む一文にあるように、「率直と荘厳」を感じ、「ホメロスの世界」の「英雄たち」と重ねる。これらの内容を踏まえて、イが適当。ロは「男たち以上の雄々しさ」、ハは「どの宗教も持ち得なかった」、ニは「民族が持つ固有の生活意識」、ホは「過去の葬礼よりも心の籠った」がそれぞれ誤り。

問十一　傍線部Fやその後では、「アボジ」の親族がみな夢中になって、土踏みをしている様子を描写している。したがって、〝一つのことに集中する様子〟を意味するハの「一心不乱」が適当。イの「右往左往」は〝あれこれと混乱するさま〟の意。ロの「一念発起」は〝あることを成し遂げようと決意する〟の意。ニの「一蓮托生」は〝結果のよしあしに関わらず行動や運命を共にする〟の意。ホの「左顧右眄《さこうべん》」は〝ためらい迷う〟の意（「右顧左眄《うこさべん》」とも言う）。

問十二　土を「踏む」ことの象徴性を問う問題。「私」が感じた「アボジ」の声は、「オダ君、そんなに強う踏むな。ぼくは痛いんだョ」である。「踏むな」「痛い」とあるので、「アボジ」にとって「私」に踏まれることは好ましくないことである。「痛い」という発言は、【乙】の文章の後半にある「アボジ」が日本の警察に拷問を受けたことを語る部分にある。また、【丙】の文章では被災した「アボジ」の弱音を伝聞し、「私」は「朝鮮人として日本から最後の最後に至るまで何んの恩恵を受けることもなかった」「アボジ」の過去を実感する。このことを踏まえて、「アボジ」が「踏むな」と言っているのは、「踏む」主体である「私」が日本人であるからで、日本によって踏みつけられることを象徴するからである。ホが適当。

二

出典　『夢の通ひ路物語』〈巻二〉

解答

問一　A―ハ　B―イ　C―ホ　D―ロ　E―イ
問二　来させなさい
問三　ニ
問四　ニ
問五　ホ
問六　イ
問七　ロ
問八　ロ
問九　ハ
問十　ⓐひさし　ⓑあてやかなり
問十一　ニ
問十二　イ
問十三　ハ・ニ
問十四　ホ

全訳

中納言は（三条の君の元へ）参りなさって、万事につけて親しく雑談など申し上げなさるが、（三条の君の）様子は辛そうで、（中納言は）慰めきれずに、「若君を、こちらに来させなさい。実に、こんなふうに物寂しい折でも、（その辛さを）ご覧になって忘れることができる（若君の）様子だよ」と言って、人を召して（若君を）移動させ申し上げなさると、無邪気に笑いなさる（若君の）お顔は、（辛い）現実を今にも忘れてしまうことができそうな赤子のお顔立ちである。（若君を）衣に押しくるんで、（三条の君の）しとねの中に入れなさると、成長して本当に可愛らしく、髪は露草で彩っている様子で、見上げなさるまなざしも賢そうでいらっしゃる様子を（三条の君が）ご覧になるにつけても、亡きお父様が生きていらっしゃったならば、どれほども大切に育てなさっただろうにと、これまでの過去を思い出しなさるにつけても、いっそう悲しいことである。三条家も京極家もどうしようもなく、頼りなさそうであって、（若君の）世話を任せることができる勢いがある人もいないので、中納言だけが頼りになる人であって、（中納言は）身を二つに引き裂くのがきっとよい（＝忙しさのあまり二つ身がほしい）とお思いになる。

入道の宮も並一通りでなく体調が悪くなっていらっしゃるので、（中納言は）気がかりに思って、夕暮れの足下がおぼつかないころに（京極家に）いらっしゃった。（中納言が）門に（車を）引き入れるとすぐに、（京極家は）しみじみと悲しい様子で、その様子を見るたびに辛い気持ちになってしまって、（部屋に）入りなさる。少将も（中納言を迎えに）出なさり、（中納言と）ともに南の廂に御座所の準備などをして（中納言を）入れなさって、世間話などを親しく申し上げなさるが、しみじみと偲ばれる方（＝亡き父のこと）のお話の際には、「（少将は）本当にどれほど思い詰めていらっしゃるだろうか」と（中納言は少将の気持ちを思いやって）涙ぐみながら、気丈におっしゃるけれども、時々鼻かみなどをしつつ、お互いに話を申し上げなさる。入道の宮がいらっしゃる場所も、几帳ただ一枚を隔てた向こう側にあり、御帳台で（入道の宮は）伏せっていらっしゃる。（中納言は）内（＝入道の宮）へは、小侍従にお言づてを申させて、（入道の宮の回復のための）読経や加持の手はずもあちらこちらの寺に配慮なさり、真摯におっしゃる（＝手配なさる）。少将の君も、当然暇もなさそうに駆け回りなさるので、（中納言は）その暇にあちらの部屋に添えている几帳の切れ目からのぞきなさると、宮はこちらを枕にして伏せなさっていると思われ、屏風などをたくさん立て続けて、人がみな寄って（宮の周りに）座っている。少し屏風を引き寄せて、御座所を整えなさっている方こそ、姫君だろうと（思うが）、はっきりとわからないので、（中納言は）じっと目をつけて見なさると、（その女性が）宮のお手を取って、何かおっしゃっている様子が、似る人もなく上品である。まだ幼そうで、お姿などもとても小柄で、髪は顔の色に反して、とてもとても黒くつやつやと乱れていて、顔を衣の内側に押し入れて、涙を拭いなさっている横顔は、本当に、カバザクラのつぼみが多くあって、霞のあいだからほんのり見える梢を、春雨がふりかかったような様子であって、（姫君の）雰囲気がしとやかで、その魅力が自分の顔にも映ってしまうようで、（中納言は）正視できないほどすばらしくて立ち去りがたい気分であるが、非常に我慢し直して、これはどういうことかと無邪気にくつろいでいる（姫君の）姿を拝見しながら、どれほどにも愛らしく思い、（三条の君の父の）ご遺言（＝中納言に姫君の世話を頼んだ）を強く思い出しなさって、真摯にご支援しなければならないことだと、お考え直しなさるのも、本当に実直なお心映えなことだよ。

夜が更けるころに、修行中の山寺から招きなさった修験者たちも多く参集し、立ち替わり（読経し）、声もすばらしく陀羅尼を読み疲れてしまった（＝それほど真剣に読経した）。宰相の乳母も参った。（宰相の乳母を京極家に）とどめておいて（＝交代して）、中納言は（三条家に）帰りなさった。（三条の君）ご本人はもの思いにふけりなさって、まだお休みにもなっていらっしゃらない。（三条の君が）短い仮寝のために伏せなさっているところへ（中納言が）いらっしゃったので、（入道の宮の様子が）どうであったかと（三条の君は）思いなさりながらまどろみなさっていたが、さっと起きなさる。

解説

問一 **A**、「懐かし」は〝心ひかれる、したわしい〟などの意味を持つ。この場合は、中納言が三条の君を慰めようと世間話をする場面なので、ハの「睦まじげに」（＝〝したわしく〟）が適当。

B、「およすぐ」は〝成長する、大人びる〟の意。若君の様子を指す。

C、「いぶかし」は、〝気がかりだ〟の意。中納言が入道の宮を気にかけている様子を指す。

D、「まめやかなり」は〝まじめだ、誠実だ〟の意。ロの「真摯に」が適当。中納言が体調の悪い入道の宮のことを気遣い、真摯に寺に読経や加持を依頼している。

E、「困ず（こうず）」は〝困る、疲れる〟の意。修験者たちが読経に疲れてしまった様子をいう。

問二 「ものせさせよ」は、「ものせ」（サ変動詞「ものす」未然形）＋「させよ」（使役の助動詞「さす」命令形）である。「ものす」は、他の何らかの動詞の代わりに使われる動詞であり、具体的な意味は文脈による。この場合は、若君をこちらに呼び寄せる場面なので、「ものす」は「来る」の意味でとり、〝来させなさい〟と訳す。

問三 空欄の直前に「亡き御影の」とあるので、主語は三条の君の亡き父である。直後には、「いかばかりもてかしづき給はんに」とある。「もてかしづく」は、〝大切に育てる〟の意で、この場合は若君を育てることを意味する。さらに、推量の助動詞「ん（む）」があることから、空欄には「もし生きていらっしゃったら」という仮定の意味が入ると推測できる。選択肢を見ると、ハとホは打消の助動詞がついており、「生きていらっしゃらない」の意になるので不適。イ・ロは已然形＋「ば」で確定条件。仮定の意味が出ているのはニであり、これが正解である。ニはサ変動詞「おはす」の連用形に完了の助動詞「ぬ」の未然形＋「ば」で仮定条件である。

問四 傍線部②の直前にある「見譲るべきたけき人もなければ、中納言のみ頼もし人にて」は、若君の将来を心配したものので、〝（三条家にも京極家にも）（若君の）世話を任せることができる勢いがある人もいないので、中納言だけが頼りになる人であって〟という意味である。三条の君の父が亡き今、三条家も京極家も中納言しか頼りにできないという状況を踏まえると、文脈上ニが適当である。

問五 中納言が京極家を訪れる場面。傍線部③の直後に、「あはれげなる様」（＝〝しみじみと悲しい様子〟）と京極家の様子が描かれている。「門引き入るる」がどういう状況か解釈が難しいが、「より」は中納言が門の内に入ると〝すぐに〟という意味でとるのが文脈上合う。「引き入る」は下二段活用動詞で他動詞であり、その対象を考えると、中納言などの貴人は車で出かけるのが通例であるから、ホの「車を……引き入れる」の解釈は矛盾しない。したがって、ホが適当である。イ〜ハは「より」の解釈が文脈上合わない。ニは、「引き入る」が他動詞であることを無視している。

問六 中納言と少将が京極家で話している場面。傍線部④の直後に、「おぼし乱るらめ」とあり、「らめ」は現在推量の助動詞で、中納言が「本当にどれほど思い詰めていらっしゃるだろうか」と少将の心境を推測し、涙ぐんでいることがヒントとなる。「あはれなり」は〝しみじみと悲しい、辛い〟という意味で捉え、亡くなった少将の父を指すと考えるのが適当。

問七 「御帳台《みちょうだい》」は〝貴人の寝所〟であり、ロにあたる。イは「倚子《いし》」で〝天皇や公卿が儀式の際に座る腰掛け〟である。ハは「台盤」で〝食器類を載せる足つきの台〟である。ニは「高御座《たかみくら》」で〝儀式での天皇の玉座〟である。ホは「蓮華座」で〝仏像の台座〟である。

問八 「かけり」は「給へ」に接続しているので動詞の連用形であるが、活用語尾に「り」がきている。連用形の語尾にイ段がくるのは、選択肢の中では四段活用のみであるので、イかロになる。イは「かく」の連用形だとすると「かき」になるので誤り。ロは「かける」の連用形は「かけり」になるので、これが適当である。〝駆け回る〟という意味の動詞である。

問九 傍線部⑦を含む分節は「見え分かねば」である。「見え分か」はカ行四段活用動詞「見え分く」の未然形で「ね」は打消の助動詞「ず」の已然形であり、「ば」は已然形に接続していて、この後、中納言は姫君だと思われる女性を見つめているので、ここでは「ば」は接続助詞で原因・理由の意味であると考える。已然形に接続している「ば」は、ハのみで存続の助動詞「り」の已然形に接続しており、これが適当。イ・ロ・ニは未然形に接続する「ば」で、仮定条件を表す接続助詞。ホは係助詞「は」が濁音化したものである。

問十 ⓐ「ひさし」と読み、〝母屋の外側に位置する細長い部屋〟を指す。
ⓑ「あてやかなり」と読み、〝上品だ〟の意味。

問十一 「愛敬」と書き、〝可愛らしさ、魅力〟の意味。

問十二 「実法なり」は〝誠実だ〟の意味。傍線部⑧を含む一文にある「（姫君の）気配しめやかに、あいぎやうは……目もあやに立ち去りがたき気色なれど」は、中納言が姫君の様子に見とれていることを示すが、中納言は「いと念じ返して……御遺言を強うおぼし出でて、まめやかに御後ろ見すべき業」と三条の君の父の遺言にしたがって、姫君の世話をしようと考え直している。この様子が「誠実」なのである。イが適当。

ロ、遺言にしたがうことに言及していないので不適。

ハ、「一時は関わりを断とうと思った」が誤り。

ニ、「立派に成長した姫君」は本文の姫君の「まだ幼げにて、かたちなどもいとささやかに」に矛盾。

ホ、「姫君への恋情を成就させよう」が誤り。

問十三　イ、問三で見たように、三条の君は若君の顔を見ても悲しみを紛らわすことができていないので合致しない。

ロ、中納言はまずは少将に会っているので合致しない。

ハ、傍線部Dを含む一文に「内へは、小侍従して御言伝てなど聞こえ奉りて」とあるのに合致。

ニ、傍線部⑥を含む一文に「宮はこなた枕に……人みな寄りゐたり」とあるのに合致。

ホ、傍線部⑦を含む一文に「宮の御手を取りて、何やらんのたまひたる」とあるのに矛盾。

へ、姫君が垣間見されたことに気づく場面はない。

ト、中納言が「帰宅後も入道の宮の身を案じ」ていたという内容はない。眠れていないのは妻の三条の君である。

問十四　南北朝時代に成立した作品として正しいのは、ホの『増鏡』である。

イ、『今昔物語集』は平安時代末期に成立している。『宇治拾遺物語』は一三世紀前半に成立したと考えられている。

ロ、『太平記』は南北朝の争乱を描いた軍記物語で室町時代に成立した。

ハ、『新古今和歌集』は鎌倉時代前期に成立した八番目の勅撰和歌集である。

ニ、井原西鶴の『好色一代男』などの浮世草子は江戸時代前期に成立したものである。

・memo・

· memo ·

・memo・

2023年度

問題と解答

二月二日実施分

問　題

（七五分）

一　次に挙げるのは、【甲】石牟礼道子の『椿の海の記』の一節と、【乙】その作品世界を評した池澤夏樹の文章の一節である。それぞれを読んで、後の問に答えなさい。

【甲】

この世の成り立ちを紡いでいるものの気配を、春になるといつもわたしは感じていた。

すこし成長してから、それは造物主とか、神とか天帝とか、妖精のようなものとか、いろいろ自分の感じているものに近い言葉のあることを知ったが、そのころ感じていた気配は、非常に年をとってはいるが、生《な》ま生《な》ましい楽天的なおじいさんの妖精のようなもので、自分といのちの切れていないなにものかだった。

おかっぱの首すじのうしろから風が和んできて、ふっと衿足に吹き入れられることがある。するとうしろの方に A［ a ］足［ b ］足近寄っていたものが、振り返ってみた木蓮の大樹のかげにかくれている気配がある。高い梢に眩しく浮上している半咲きの、白い花と花の間の空に、いのちの精のようなものを見たような気がして、わたしはそこらの茱《ぐ》萸《み》の木、櫨《はぜ》の木、椿の木などのめぐりを歩いてみるのである。B それは一種の隠れんぼだった。

この世の種々相はもう子どもなりにいろいろ感得されて、たのしいことばかりではない。頭で整理してみるということをまだ全然知らないこのような童女期に、お日さまお月さまの出はいりなさるかなたが見透せるわけではないけれど、この世とは、まず人の世が成り立つもっと以前から、あったのではないかという感じがあって、山野の霧の中にいるような、晴れやらぬとまどいにおちいっていた。

(イ)ものをいいえぬ赤んぼの世界は、自分自身の形成がまだととのわぬゆえ、かえって世界というものの整わぬずうっと前の、ほのぐらい生命界と吸引しあっているのかもしれなかった。ものごころつくということは、そういう五官のはたらきが、外界に向いて開いてゆく過程をもいうのだろうけれども、人間というものになりつつある自分を意識するころになると、きっともうそういう根源の深い世界から、はなれ落ちつつあるのにちがいなかった。

人の言葉を幾重につないだところで、人間同士の言葉でしかないという最初の認識が来た。草木やけものたちにはそれはおそらく通じない。無花果《いちじく》の実が熟れて地に落ちるさえ、熟しかたに微妙なちがいがあるように、あの深い未分化の世界と呼吸しあったまんま、しつらえられた時間の緯度をすこしずつふみはずし、人間はたったひとりでこの世に生まれ落ちて来て、大人になるほどにC泣いたり舞うたりする。そのようなものたちをつくり出してくる生命界のみなもとを思っただけでも、言葉でこの世をあらわすことは、千年たっても万年たっても出来そうになかった。

えたいの知れぬ恍惚がしばしば訪れ出していた。季節変りの風が光るとき、山嵐の音がごうと空を渡るとき、秋の山野の花穂の靄につつまれるとき、梅雨どきの大濁流をみつめているときなどに。もう赤んぼではなくなって、わたしは山のそこかしこに自分の世界を持っていた。萩も芒《すすき》もかるかやも、桔梗《ききょう》も、みんな(ロ)わたしの背より高かった。

そのような時期の山野は、土も草もほどよく乾いて、茸《きのこ》くさい香気が漂いのぼるのである。かたわらで*春乃や隣りの小母さんが、藷《いも》の蔓などをひきはがしながら話をかわしている声が、なんだかひどく耳ざわりにきこえるのは、五官のすみずみを照らし出そうとしている、情緒のくるめきのせいかもしれなかった。情緒などというような意味の言葉はまだ知らなかったが、網膜のうちに昼の虹がD彩なして浮かびつづけ、自分はどこから来たのか、なぜここにこうしているのか。自分はだれか。父と母がいて弟がいて、祖母がいて、*権妻殿《ごんさいどん》がいて、近所の人がいて、町があって野道があって、空があるゆえ、なお自分はだれであるかわからなかった。山の畠につれられて来て、秋の山野の草の中をさまよっていることはわかっていても、E不思議な、処理しようのない自他の存在感がなやましかった。自分はどこへゆくのか、五官のすべてを総動員して、わたしは知りたがり、ほとんどやつれてくらしていた。草とか水とか、麦とか雪とかになり替ってみることは、むしろ安息でもあったのだ。ことにあの、*「末広」のうしろにひろがる田んぼの畦の上や、野中の道から続く*大廻《うまわ》りの塘《とも》の芝の根元に見つけ出す碧《あお》い「竜の珠《み》」に、じいっとなり替っているときには、とてもこころが和んでいた。なぜあんな草の実を㋩童女たちが「竜の珠」と称《よ》んでいたのか。いまになって思いついて、保育社の「原色日本植物図鑑」というものを買って探してみたら、草本編、単子葉類とある中に、とおいむかしの「竜の珠」がちゃんと色彩つきで出ていてとてもうれしかった。

ここに誌されている球形で碧色とある草の実の本名は、「じゃのひげ」というのであった。この碧い水晶の珠《たま》のような実のことを、名前にしないのであったなら、たしかに、その葉は「じゃのひげ」というにふさわしく、地上十センチほどにもなるやならぬ葉っぱたちは、その根元から出るときすでに、㋥蛇《じゃ》のおじいさんのひげのようなぐあいになりながら生えていた。根元にその葉先を反《そ》らしながら、めったにならせぬちいさい青い粒を、自分の葉でふっくりと幾重にもかこいこみ、地を這いながら群生しているのだった。春すぎにこの草の原の上に腹這って、しげった根元を指先でそろそろと丹念にかきほどいてゆくと、はっとちいさく身じろいだような光を見たと思うのだったが、生まれたての青水晶のような、半透明の珠《たま》が二つぶ三つぶ、腺毛のような葉の中に大切に包まれて、おかれてあるのだった。たぶんこのようなものに出逢う瞬間をこそ、Fジョウフクというべきだったろう。

その碧いちいさな粒は、この世の成り立ちとしっくり調和しておかれていた。ことばを持っている世界を本能的にわたしはGキヒしていた。

このようになつかしいものと自分とを、同時に造り給うたものをH怨じてみたりするうちに、ふと、切実に望めばそのごほうびに、いまこの可憐な珠に化身できるのではあるまいか、いやもう化身しつつあるのではないかと思われてくる。

なにかのおぼしめしによって、つかのま、人間であったのかもしれないのだ。朱色の空がぐるりとまわり出すような時間が過ぎて行って、碧い草の珠《み》と童女の姿でこうして並んでいるのは、かの生命をつくり給うものの、たのしみのためなのだと思われてくる。そのような入れ替わりの刻がくるのを待って、目をつぶると［　あ　］に、超時間の波長のようなものがひらひらと輝きながら重なって来て、虹がかかる。虹はまた解体しながら幾重にもひろがってゆき、さまざまの幾何学形や、光彩のような雲が流れた。

　人間である感じから云えば、竜の珠《み》の心でいた方が、どんなにやすらかなことであったろう。広い土の平のところどころに、隠してあるように結実している野草の実は、造物主のひそかな思惟を、完璧に表現していた。碧くて透きとおっていてちいさくて、なんともかわゆく、きれいな珠だったのだ。身近なまわりに聞いてみると、㋭昭和の二十年代ぐらいの子どもたちまでには、この「竜の珠《み》」を探すあそびは伝わっていたという。

　Iゆく春のゆうぐれどきの、ものがなしい陽の下に腹這っていて、静かに結実している草の珠《み》の気持になっていると、耳の下に、こちらの方の動きにも耳をつけている、あのものの息づかいをきくことができた。それは、㋬年寄りたちがいう、〝山のあのひとたち〟のひいひいじいさまのようでもある。いったいいくつになったやら、自分にもひとにもわからなくて、それで永遠の年齢というものを与えられているひょうきんもののおじいさんは、いつもはA［　a　］足［　b　］足おどってゆくような気配であるけれども、わたしが耳をつけてきいているときは、むこうもほそぼそとまなこをほそめ、J互いに耳をつけあっているように感ぜられるのだった。

【乙】

著作権の都合上、省略。

著作権の都合上、省略。

（注）＊春乃…「わたし」の母親の名前。
＊権妻殿《ごんさいどん》…「わたし」の祖父が、自家に住まわせるようにした女性。
＊「末広」…「わたし」が暮らしていた町にあった女郎屋。
＊大廻《うまわ》りの塘《とも》…「わたし」の住む町の近くにある磯の呼称。
＊とんとん村…「いまのわたし」が住んでいる村の別称。

＊みっちん…【甲】に登場する「わたし」の愛称。

問一　傍線部A（二箇所）が慣用句になるには、空欄a・bにはどういう言葉が入るか。その組み合わせとして最も適当なものを次のイ～ヘから一つ選び、その符号をマークしなさい。
イ　a　摺り　b　抜き
ロ　a　抜き　b　摺り
ハ　a　差し　b　抜き
ニ　a　抜き　b　差し
ホ　a　差し　b　摺り
ヘ　a　摺り　b　差し

問二　傍線部B「それは一種のかくれんぼだった」とあるが、その相手としてふさわしくないものを次のイ～ホから一つ選び、その符号をマークしなさい。
イ　この世の成り立ちを紡いでいるもの
ロ　世界というものが整わぬ前からあるほのぐらい生命界の住人
ハ　生《な》ま生《な》ましい楽天的なおじいさんの妖精のようなもの
ニ　造物主や天帝とかいう言葉をやがて知ってゆくわたし
ホ　木蓮の白い花と花の間の空に見えたようないのちの精のようなもの

問三　傍線部C「泣いたり舞うたりする」とあるが、これは大人になった人間のどういった状態を意味しているか。その説明として最も適当なものを次のイ～ホから一つ選び、その符号をマークしなさい。
イ　幼く無垢であった時代が再び訪れることを待ち望んでいる状態

ロ　外界からも、根源の深い世界からも切り離されてしまって、孤独感に押しひしがれた状態
ハ　無花果の実が熟れていくのと同じく、深い未分化の世界と呼吸しあっている状態
ニ　万に一つの可能性であっても、自分の言葉を通して生命界のみなもとに近づこうとしている状態
ホ　草木やけものたちには通じない言葉を身に着け、人の世に組み込まれていく状態

問四　傍線部D「彩なして」の意味として最も適当なものを次のイ～ホから一つ選び、その符号をマークしなさい。
イ　ぼんやりにじんで
ロ　えたいの知れぬ形となって
ハ　美しい色や模様を作り出して
ニ　かすかな影を引きずって
ホ　まばゆい光を放射して

問五　傍線部E「不思議な、処理しようのない自他の存在感」とはどういうことか。その説明として最も適当なものを次のイ～ホから一つ選び、その符号をマークしなさい。
イ　自分以外の物や人はみな調和に満ちた世界の中に存在しているのに、自分だけがそこからは脱落してしまっていること
ロ　自分と自分以外の物や人がこの世に存在していることは同じでも、後者の存在感は次第に大きくなっていくのに対して、自分の方は卑小な存在に成り下がっていくこと
ハ　自分が自分以外の物や人になり替っていく状態と、そこから再び自分自身に戻ってくる状態が交互に訪れてくること
ニ　自分と自分以外の物や人がともにこの世にあっても、その期間はつかのまのものにすぎないので、両者のつながりは最初から断たれていること

ホ　自分と自分以外の人や物とのつながりが見えてきつつありながら、彼らとは異なる世界にいる自分への違和感が消えないこと

問六　傍線部F「ジョウフク」、G「キヒ」について次の（1）・（2）の問に答えなさい。

（1）「ジョウフク」を漢字に直すとき、「ジョウ」にあてはまるものを（ⅰ）のイ～ホから、「フク」にあてはまるものを（ⅱ）のイ～ホからそれぞれ一つずつ選び、その符号をマークしなさい。

（ⅰ）ジョウ
イ　謙ジョウな態度
ロ　燃ゆるジョウ念
ハ　ジョウ財を募る
ニ　成功は必ジョウだ
ホ　行ジョウが一向に改まらない

（ⅱ）フク
イ　フク務規程に従う
ロ　私フクを肥やす
ハ　雌フク十年の時を過ごす
ニ　フク命書を提出する
ホ　禍フクを占う

（2）「キヒ」を漢字に直すとき、「キ」にあてはまるものを（ⅰ）のイ～ホから、「ヒ」にあてはまるものを（ⅱ）のイ～ホからそれぞれ一つずつ選び、その符号をマークしなさい。

（ⅰ）キ
イ　キ先を制する
ロ　太宰治の命日は桜桃キという
ハ　皆キ月食
ニ　キ面人をおどかす
ホ　キ韻生動の感を与える山水画

（ⅱ）ヒ
イ　ヒ耳長目
ロ　ヒ雷針を設置する
ハ　条約のヒ准をはかる
ニ　その役職をヒ免する
ホ　ヒ歌慷慨する

問七　傍線部H「怨じてみたりする」とあるが、そういう思いに「わたし」が駆られるのはなぜか。その理由の説明として最も適当なものを次のイ～ホから一つ選び、その符号をマークしなさい。

イ　「じゃのひげ」が青水晶のような可憐な珠を実らせる機会は、そう頻繁には訪れてこないから

ロ　自分が碧い草の珠ほど、ただそこにあるがままに根源の深い世界と親密な関係を結んでいるとは思えないから
ハ　「じゃのひげ」の半透明な粒は蛇のおじいさんのひげのような葉っぱたちの間に隠れていて、幼い自分にとってはすぐに見出すことができないから
ニ　自分と碧いきれいな珠とが入れ替わるその時、この世の成り立ちを理解する上で必要な、言葉で満たされた世界が自分からは遠ざかってしまうことを予感したから
ホ　「なにかのおぼしめし」は自分に可憐で美しい草の珠を宝物のようにもたらしてくれても、それよりもさらに感動を誘うものまでは与えてくれないから

問八　空欄㋐に入る語として最も適当なものを次のイ～ホから一つ選び、その符号をマークしなさい。
イ　まなうら　　ロ　おとがい　　ハ　ぼんのくぼ　　ニ　みずおち　　ホ　こめかみ

問九　傍線部Ⅰ「ゆく春のゆうぐれどきの、ものがなしい陽」という叙述から連想できる短歌として、「春の鳥な鳴きそ鳴きそあかあかと外《と》の面《も》の草に日の入る夕《ゆふべ》」がある。これについて次の（1）・（2）の問に答えなさい。
（1）この作品は一九一三（大正二）年に刊行された歌集『桐の花』に収録されたが、その作者名を次のイ～ホから一つ選び、その符号をマークしなさい。なお、この人物は詩集『邪宗門』も刊行している。
イ　正岡子規　　ロ　与謝野晶子　　ハ　北原白秋
ニ　石川啄木　　ホ　斎藤茂吉
（2）この歌は「春の鳥」に対してどのような呼びかけをしているか。その説明として最も適当なものを次のイ～ホから一つ選び、その符号をマークしなさい。
イ　この夕暮れ時のお前たちの囀りでわたしの心をこれ以上悲しませせないように、もう鳴くのはやめにしておくれ。
ロ　あかあかとした夕日を浴びて一心に囀るお前たちの鳴き声は、わたしの心をなんとまあしみじみとした境地に誘ってくれることであろうか。

ハ　生きとし生けるものすべてがそうであるように、やがてお前たちの生の饗宴にも終わりの時がくるはず、それまでは精一杯歌い続けていておくれ。

ニ　夕暮れが近づいてくる気配を察して、お前たちの鳴き声も途絶えがちになってきたね。どうかそのまま静かにおやすみ。

ホ　お前たちの鳴き声は私の心さながらに行く春の悲しみに泣き暮れているようだ。どうか、わたしになりかわって鳴き続けておくれ。

問十　傍線部Ｊ「互いに耳をつけあっている」とあるが、ここからは「わたし」と「ひょうきんもののおじいさん」とのどういった関わり合いが想像できるか。その説明として最も適当なものを次のイ～ホから一つ選び、その符号をマークしなさい。

イ　両者が一体化して、現在の自分がそうである形を超えて、ともに草の珠に変身しようとしている。

ロ　「ひょうきんもののおじいさん」が、童女としての若さを自分から盗み取ろうとする気配を察して、「わたし」が警戒心を強めている。

ハ　住む世界がちがっていても、いまだけはもとの生命のありかを知るもの同士として、ひそやかな交感を楽しもうとしている。

ニ　両者の感覚が研ぎ澄まされていった結果、永遠の年齢といった観念の世界に対して、互いに理屈をもって迫ろうとしている。

ホ　「わたし」が持っている「人間である感じ」と、「ひょうきんもののおじいさん」が持っている「草の珠の気持」とを、交換しようとしている。

問十一　空欄㋑に入る語として最も適当なものを次のイ～ホから一つ選び、その符号をマークしなさい。

イ　揚棄　　ロ　反転　　ハ　隠蔽　　ニ　詐術　　ホ　管理

問十二　傍線部K「「三千世界」や「千年も万年も」という誇張の言い回し」とあるが、このうち「三千世界」が「誇張の言い回し」となるのはなぜか。その理由の説明として最も適当なものを次のイ～ホから一つ選び、その符号をマークしなさい。

イ　「三千」と同じ発音をもつ言葉に、星や宝石が美しく輝くさまを強調するときに用いる「燦然」があるから

ロ　「三千世界」の後に置かれた「千年も万年も」の「千」「万」と同様に、「三千」もまた多数の意を持つ数詞だから

ハ　「三千」という数字が、「みっちん」のこれからの成長を支える、ヴァーチュアルな思考の始まりを告げるのにうってつけのものだから

ニ　「三千」という数の概念は、まだ幼児である「みっちん」にとっては、その実在を実感できる最大限のものだから

ホ　「みっちん」にとって「三千世界」という言葉は、「山の神さん」が住む世界と抽象的な場としての都会とをつないでいく、おまじないの意味をもっていたから

問十三　傍線部L「精霊たち、「あのひとたち」」と同じ範疇に入るものを、問題文の傍線㋑～㋬から二つ選び、その符号をマークしなさい。

問十四　傍線部M「「だまって存在しあっている……ありがたいことにこの本は書かれた」とあるが、【乙】の筆者はこの『椿の海の記』をどのような作品としてとらえているか。最も適当なものを次のイ～ホから一つ選び、その符号をマークしなさい。

イ　近代化によって歴史から姿を消していった精霊たちの住まう世界を、科学的な論拠に基づいて復活させようという逆説的な意図による作品

ロ　もともと文字にならないはずの失われた世界がこの上もない幸せな感じに満ちていることを、あえて文字で表そうという挑戦的な作品

ハ　作者の少女時代のなつかしい思い出を大らかに語ることによって、いのちの根源から切り離されてしまった喪失感

を忘れさせてくれる作品

ニ　言葉で説明できない未分化の世界と、言葉によって細分化された世界の狭間に立たされて、行き場を失った現代人の苦悩を伝えてくる作品

ホ　この世を成り立たせている根源的なものとの出会いに陶酔するよりも、その実態を直観的に捉えていこうとする知性による作品

二

次の文章を読んで、後の問に答えなさい。

（病床にある紫の上のもとへ、明石の中宮や、夫の光源氏、幼い三の宮らが見舞いに訪れる。）

夏になりては、例の暑さにさへ、いとど消え入りたまひ［ I ］べきをりをり多かり。そのことと、おどろおどろしからぬ御心地なれど、ただいと弱きさまになりたまへば、むつかしげにところⓐせくなやみたまふこともなし。さぶらふ人々も、いかにおはしまさむとするにかと思ひよるにも、まづかきくらし、ⓑあたらしう悲しき御ありさまと見たてまつる。

①かくのみおはすれば、*中宮この院にまかでさせたまふ。東の対におはしますべければ、こなたに、はた、待ちきこえたまふ。儀式など例に変らねど、②この世のありさまを見はてずなりぬるなどのみ思せば、よろづにつけてものあはれなり。*名対面《なだいめん》を聞きたまふにも、その人かの人など、耳とどめて聞かれたまふ。上達部などいと多く仕うまつりたまへり。

久しき御対面のとだえをめづらしく思して、御物語こまやかに聞こえたまふ。*院入りたまひて、「今宵は巣離れたる

心地して、無徳なりや。まかりてやすみはべらむ」とて渡りたまひ［Ⅱ］。起きゐ③たまへるをいとうれしと思したるも、いとはかなきほどの御慰めなり。「方々におはしましては、*あなたに渡らせたまはんもかたじけなし。参らむこと、はた、わりなくなりにてはべれば」とて、しばしはこなたにおはすれば、*明石の御方も渡りたまひて、心深げに静まりたる御物語ども聞こえかはしたまふ。

*上は、御心の中に思しめぐらすこと多かれど、さかしげに、亡からむ後などのたまひ出づることもなし。ただなべての世の常なきありさまを、㋐おほどかに言少ななるものから、あさはかにはあらずのたまひなしたるけはひなどぞ、［Ⅲ］に出でたらむよりもあはれに、もの心細き御気色は㋑しるう見えける。*宮たちを見④たてまつりたまうても、「⑤おのおのの御行く末を㋒ゆかしく思ひきこえけるこそ、かくはかなかりける身を惜しむ心のまじりけるにや」とて涙ぐみたまへる、御顔のにほひ、いみじうをかしげなり。などかうのみ思したらんと思すに、⑥中宮うち泣きたまひぬ。ゆゆしげになどは聞こえなしたまはず、もののついでなどにぞ、年ごろ仕うまつり馴れたる人々の、ことなる寄るべなういとほしげなるこの人かの人、「⑦はべらずなりなん後に、御心とどめて尋ね思ほせ」などばかり聞こえたまひける。御読経などによりてぞ、例のわが御方に渡りたまふ。

*三の宮は、あまたの御中に、いとをかしげにて歩きたまふを、御心地の隙《ひま》には前にⓒすゑたてまつりたまひて、人の聞かぬ間に、「⑧まろがはべらざらむに、思し出でなんや」と聞こえたまへば、「いと［Ⅳ］なむ。⑨まろは、内裏の上よりも宮よりも、*母をこそまさりて思ひきこゆれば、⑩おはせずは心地むつかしかりなむ」とて、目おしすりて紛らはしたまへるさまをかしければ、ほほ笑みながら涙は落ちぬ。「大人になりたまひ［Ⅴ］ば、ここに住みたまひて、この対の前なる紅梅と桜とは、花のをりをりに心とどめてもて遊びたまへ。さるべからむをりは、仏にも奉りたまへ」と⑪聞こえたまへば、うちうなづきて、御顔をまもりて、涙の落つべかめれば立ちておはしぬ。とりわきて生ほしたてたてまつりたまへれば、この宮と*姫宮とをぞ、見さしきこえたまはんこと、⑫口惜しくあはれに思されける。

（『源氏物語』「御法」より）

（注）＊中宮…明石の中宮。光源氏と明石の君との間に生まれ、紫の上にひきとられて育てられた。
＊名対面…明石の中宮にお供する公卿たちが名を名乗ること。
＊院…光源氏。
＊あなた…紫の上の本来の居所である西の対を指す。
＊明石の御方…明石の君。明石の中宮の実母。
＊上…紫の上。
＊宮たち…明石の中宮の子どもたち。
＊三の宮…中宮の子の一人で、中宮同様、紫の上に育てられた。
＊母…ここでは育ててくれた紫の上を指す。
＊姫宮…明石の中宮の子の一人、女一の宮。

問一　空欄Ⅰ、Ⅱ、Ⅴに助動詞「ぬ」を活用させて入れた場合、どのような形になるか。最も適当なものを次のイ～ヘからそれぞれ一つずつ選び、その符号をマークしなさい（同じ符号を何回用いてもよい）。

イ　な　　ロ　に　　ハ　ぬ　　ニ　ぬる　　ホ　ぬれ　　ヘ　ね

問二　二重傍線部ⓐ「せ」、ⓑ「あたら」、ⓒ「す」に当たる漢字の組み合わせとして最も適当なものを次のイ～ヘから一つ選び、その符号をマークしなさい。

イ　ⓐ狭　ⓑ惜　ⓒ据
ロ　ⓐ狭　ⓑ新　ⓒ据
ハ　ⓐ狭　ⓑ惜　ⓒ為
ニ　ⓐ急　ⓑ新　ⓒ据

ホ　ⓐ急　ⓑ惜　ⓒ為
へ　ⓐ急　ⓑ新　ⓒ為

問三　傍線部㋐、㋑、㋒の意味として最も適当なものを次のイ〜ホからそれぞれ一つずつ選び、その符号をマークしなさい。

㋐「おほどかに」
イ　心配そうに　ロ　苦々しげに　ハ　真心込めて　ニ　情趣豊かに　ホ　おっとりと

㋑「しるう」
イ　はっきりと　ロ　苦しそうに　ハ　不審に　ニ　気の毒に　ホ　悲しげに

㋒「ゆかしく」
イ　いたましく　ロ　いとおしく　ハ　知りたく　ニ　奥床しく　ホ　じれったく

問四　傍線部①「かくのみおはすれば」の解釈として最も適当なものを次のイ〜ホから一つ選び、その符号をマークしなさい。

イ　恐ろしいほど弱っていて、異常な夏の暑さに病気がますます重くなる一方でいらっしゃるので
ロ　病いの床にあって、家族ともう一度面会したいとたっての願いをもらしていらっしゃるので
ハ　異常な夏の暑さに今にも息絶えてしまいそうで、お仕えする人々が慌ててご家族へと伝言を入れたので
ニ　夏のふつうの暑さでも絶え入りそうだが、かといって今日明日の命でいらっしゃるわけでもないので
ホ　お仕えする人々がいくら加持祈禱をしても、今にもあの世へ召されそうなご様子でいらっしゃるので

問五　傍線部②「この世のありさまを見はてずなりぬるなどのみ思せば」の解釈として最も適当なものを次のイ〜ホから一つ選び、その符号をマークしなさい。

イ　夫や義理の子らのいるこの世から見捨てられたくないなどとばかりお思いになるので

ロ　儀式ばかりのこの世には、ほとほとうんざりしたなどとばかりお思いになるので
ハ　この世の風情をもっと味わいたいなどとばかりお考えになるので
ニ　この世の習いもこれが見納めなのかなどとばかりお考えになるので
ホ　世間の見るべきほどのものは見尽くしたなどとばかりお考えになるので

問六　傍線部③「たまへ」、④「たてまつり」、⑪「聞こえ」は誰に対する敬意を表しているか。最も適当なものを次のイ～へからそれぞれ一つずつ選び、その符号をマークしなさい（同じ符号を何回用いてもよい）。

イ　紫の上　　ロ　明石の中宮　　ハ　光源氏
ニ　明石の君　　ホ　宮たち　　へ　三の宮

問七　空欄Ⅲに入る語として最も適当なものを次のイ～ホから一つ選び、その符号をマークしなさい。

イ　心　　ロ　世の常　　ハ　言　　ニ　行く末　　ホ　涙

問八　傍線部⑤「おのおの」、⑧「まろ」、⑨「まろ」は誰を指しているか。最も適当なものを次のイ～へからそれぞれ一つずつ選び、その符号をマークしなさい（同じ符号を何回用いてもよい）。

イ　紫の上　　ロ　明石の中宮　　ハ　光源氏
ニ　明石の君　　ホ　宮たち　　へ　三の宮

問九　傍線部⑥「中宮うち泣きたまひぬ」とあるが、それはなぜか。最も適当なものを次のイ～ホから一つ選び、その符号をマークしなさい。

イ　紫の上が明石の中宮やその子たちばかり気にかけて自らの病いの重さに気づいてないから
ロ　紫の上が自らの死を予感させることばかり話しているから
ハ　明石の中宮や光源氏の見舞いに喜んだ紫の上がやや回復したように見えたから
ニ　紫の上の病状を心配する光源氏の様子があまりに深刻で没後の悲しみが思いやられるから

ホ　光源氏が明石の中宮やその子たちを差し置いて紫の上ばかり気にかけているから

問十　傍線部⑦「はべらずなりなん後に、御心とどめて尋ね思ほせ」とあるが、これは何を依頼しているのか。最も適当なものを次のイ～ホから一つ選び、その符号をマークしなさい。

イ　自分が死んだ後、仕えていた人々を忘れず目をかけてやってほしいということ

ロ　自分が死んだ後、忘れず菩提を弔ってほしいということ

ハ　自分に仕えるのをやめた後、忘れずこの邸を訪ねてきてほしいということ

ニ　自分に仕えるのをやめた後、宮たちを忘れず大事にしてやってほしいということ

ホ　見舞いが終わった後、忘れず再び様子を見に来てほしいということ

問十一　空欄Ⅳに「恋し」を活用させて入れた場合、どのような形になるか。最も適当なものを次のイ～ホから一つ選び、その符号をマークしなさい。

イ　恋しき　ロ　恋しけれ　ハ　恋しから　ニ　恋しかり　ホ　恋しかる

問十二　傍線部⑩「おはせずは心地むつかしかりなむ」の解釈として最も適当なものを次のイ～ホから一つ選び、その符号をマークしなさい。

イ　いらっしゃらなくなったのですっかり落ち込んでしまいました

ロ　いらっしゃらなくなったせいで心の持ちように困りました

ハ　いらっしゃらなくなったとしたらどのような心構えで生きていけばいいでしょうか

ニ　いらっしゃらなくなったとしても心を強く持つつもりです

ホ　いらっしゃらなくなったらきっと気落ちすることと思います

問十三　傍線部⑫「口惜しくあはれに思されける」とあるが、それはなぜか。最も適当なものを次のイ～ホから一つ選び、その符号をマークしなさい。

イ　紫の上の臨終が近いと明石の中宮には予感されたから
ロ　紫の上が亡くなったときの三の宮の嘆きが光源氏には予想されるから
ハ　病いで紫の上の愛情が弱まっていると光源氏には感じられたから
ニ　来年梅や桜の花が咲くのを見届けることが紫の上にはできそうにないから
ホ　紫の上はこれまで三の宮や姫宮を格別大事に育ててきたから

二月二日実施分

解　答

一

出典　【甲】石牟礼道子『椿の海の記』〈第八章　雪河原〉（河出文庫）
【乙】池澤夏樹「解説」（『池澤夏樹＝個人編集　日本文学全集24　石牟礼道子』）（河出書房新社）

解答

問一　ニ
問二　ニ
問三　ホ
問四　ハ
問五　ホ
問六　(1)(i)―ハ　(ii)―ホ
(2)(i)―ロ　(ii)―ロ
問七　ロ
問八　イ
問九　(1)―ハ　(2)―イ
問十　ハ
問十一　ニ
問十二　ロ
問十三　(イ)・(ニ)

問十四　ロ

◆要　旨◆

【甲】　子どものころ、この世の成り立ちを紡いでいるものの気配を、春になるといつも感じていた。人間というものになりつつある自分を意識するころになると言葉を知り、そういう根源の世界から、はなれ落ちつつあるにちがいなかった。そして、言葉でこの世をあらわすことはどれほど歳月を重ねようと、出来そうになかった。自分はどこへゆくのか、五官のすべてを総動員して知りたがったわたしは、この世の成り立ちを言葉でなく、山野に身を置き感得し、それらと調和しようとしたのだ。

【乙】　【甲】の作品世界はすべて確実に実在しているものであり、抽象的な場や紛い物は何一つない。【甲】の本には「だまって存在しあっていることにくらべれば、言葉というものは、なんと不完全で、不自由な約束ごとだったろう。それは、心の中にむらがりおこって流れ去る想念にくらべれば、符牒にすらならなかった」という一節があり、それは言葉で本を書くことの否定に近いが、ありがたいことに【甲】の作者はこの本を書いてくれた。

▲解　説▼

問一　直後の「近寄って」がヒント。近寄るときの足の動きを表す慣用句を完成する語を入れる。

問二　「一種の隠れんぼ」とは、同じ段落にある文の内容をたとえたもの。つまり、「隠れんぼ」とは、「わたし」が、相手である「いのちの精のようなもの」をさがすものだとわかる。よって、「わたし」は相手ではないので、ニが正解となる。

問三　同段落で「言葉」について述べられていることと、第二段落に「すこし成長してから……言葉のあることを知った」から、大人になることと言葉を知ることが密接な関係にあることがわかる。よって、言葉に言及していないイ・ロ・ハは不正解。ニの「生命界のみなもと」は傍線部の次文にあり、大人たちもふくめて「そのようなものたちをつくり出してくる」ものなので、「大人になった人間」の「状態」とは言えない。

問五　直前の三文にその具体的説明がある。「自分はだれであるかわからな」いなどといった自分の「存在感」のあやふやさと、「父と母がいて……空がある」といった「他」＝「自分以外の物や人」との関係が見えてきていることから考える。

問六　(1)　直前の「出逢う瞬間」から、そこに喜びがあることをおさえる。「浄福」。

(2)「忌避」。

問七　直前の部分から「怨じてみたりする」理由は、「このようになつかしいもの」と「自分」との違いにあることがわかる。直前の段落に「その碧いちいさな粒」＝「このようになつかしいもの」は「この世の成り立ちとしっくり調和して」いるが、「自分」はそうではないので「怨じ」るのである。このことを述べているのがロである。

問八　直前の「目をつぶると」から考える。「まなうら」は〝まぶたのうら〟という意味。

問九　(2)「な鳴きそ」は、「な〜そ」で禁止を表し、〝どうか鳴かないでおくれ〟という意味。

問十　「互い」とは、「あのもの」＝「草の珠《み》」と「わたし」を指している。「わたし」はこのとき「草の珠《み》の気持になってい」て、「草の珠《み》」の方も「こちらの方の動きにも耳をつけている」状態である。イは「ともに……」、ロは「童女としての……」、ニは「永遠の……」、ホは「交換しようとしている」が、それぞれ不適。

問十一　直後に「つまり」と言い換えており、また、同一内容の次文の「いんちき」から考える。

問十二　「三千世界」が「千年も万年も」と並列され、「三千世界」が「千年も万年も」と同じく「誇張の言い回し」とされている点から考える。

問十三　「精霊たち」は人間ではないので、人間である㋺の「わたし」、㋩の「童女たち」、㋭の「昭和の二十年代ぐらいの子どもたち」、㋬の「年寄りたち」は不適。㋑の「ものをいいえぬ赤んぼ」も人間ではあるが、「ほのぐらい生命界と吸引しあっているのかもしれな」い(第五段落)ので、「精霊たち」の範疇に入りうる。

問十四　「精霊たち」がいる世界、また、そもそも言葉では捉えきれない世界を描いた作品だということと、それを「不自由な約束ごと」であった「言葉」で書かれた作品であることをおさえる。「失われた世界」のことを「文字で表そう」とした作品であると述べている口が正解。

二

出典　紫式部『源氏物語』〈御法〉

解答

問一　Ⅰ―ハ　Ⅱ―ハ　Ⅴ―イ
問二　イ
問三　㋐―ホ　㋑―イ　㋒―ハ
問四　ニ
問五　ニ
問六　③―イ　④―ホ　⑪―ヘ
問七　ハ
問八　⑤―ホ　⑧―イ　⑨―ヘ
問九　ロ
問十　イ
問十一　ニ
問十二　ホ
問十三　ホ

◆全　訳◆

夏になってからは、（紫の上は）いつもの暑さにまで、ますます気を失ってしまいなさりそうな時々が多い。なにか特に悪いところがあって、重いというわけではないご病状だが、ただひどく弱った様子になりなさるので、苦しげにひどく患いなさるということもない。お仕えする女房たちも、（これから先）どうおなりになるのだろうかと考えが及ぶにつけても、まず悲しみにくれて、もったいなく悲しいご様子だと見申し上げる。

このようにしていらっしゃるばかりなので、中宮はこの二条院に（宮中から）退出なさる。東の対に滞在なさることになっているので、（紫の上は）こちら（＝東の対）で、やはりお待ち申し上げなさる。（中宮をお迎えする）儀式などはいつもと変わらないが、（紫の上は）この世の習いもこれが見納めなのかなどとばかりお考えになるので、何かにつけて感慨深い。名対面の名乗りの声をお聞きになるにつけても、（あの声は）誰それだなどと、注意してお聞きにならずにはいられない。上達部などがたいそう多く（中宮の儀式に）お仕えなさっている。

（紫の上は中宮に）久しくお会いしていないことを珍しいことだとお思いになって、親密にお話し申し上げなさる。光源氏がお入りになって、「今夜は鳥が自分の巣を離れたような（疎外された）感じがして、（私など）お呼びでないのだなあ。おいとまして休むことにしましょう」と言ってお出になった。（紫の上が）起きあがっていらっしゃることを（光源氏は）とてもうれしいとお思いになっているのも、たいそう東の間のお気休めである。（紫の上は中宮に）「（あなたが私と）離れ離れのお部屋に滞在なさったら、（中宮であるあなたに、わざわざ私の本来の居所である）あちら（＝西の対）に来ていただくのも恐れ多いことです。（かといって、私がこの東の対に）参上することも、また、（体調がすぐれず）たえがたくなっていますので」と言って、（紫の上は）しばらくは（西の対に帰らずに）こちらにいらっしゃるので、明石の君もいらっしゃって、思慮深い様子でしんみりしたお話を交わし申し上げなさる。

紫の上は、お心の中であれこれとお考えになることは多いけれど、こざかしげに、自分が亡くなった後のことなどをお言葉になさることもない。ただ世間一般の世の無常な様子を、おっとりと言葉少なにではあるけれど、浮ついた感じではなくおっしゃっている様子などは、（ご自身の死について）言葉にして言う以上にしみじみとして、何とはなく心細いご様子がはっきりと見えた。（中宮の子どもたちである）宮たちを見申し上げなさっても、「お一人お一人のご将来を知りたく思い申し上げていたのは、このようにはかないものであった命を惜しむ心が混じっていたためでしょうか」と言って涙ぐみなさっている、お顔の際だった美しさは、たいそう風情がある。どうしてこのようにばかり（紫の上は）お思いになっているのだろうかとお思いになって、中宮はお泣きになった。（遺言めいた）不吉な感じになどならないような申し上げ方で、何かの折などに、長年親しくお仕えしている女房たちで、これといった身寄りもなく気の毒そうな誰それのことを、「（私が）いなくなりました後に、お心にとどめて気にかけてやってください」などとだけ（中宮に）申し上げなさった。御読経などがあるので、いつものご自身のお部屋（＝西の対）にお帰りになる。

三の宮は、おおぜいの（宮たちの）中で、たいそうかわいらしげに歩きまわっていらっしゃるのを、（紫の上は）ご気分のよい折には前に座らせ申し上げなさって、女房たちが聞いていないときに、「私がいなくなりましたら、（私のことを）思い出してくださるでしょうか」と申し上げなさると、「とても恋しいことでしょう。私は、帝（＝父）よりも中宮（＝母）よりも、お母さま（＝紫の上）のことをより大切に思い申し上げるので、いらっしゃらなくなったらきっと気落ちすることでしょう」と言って、目をこすって（涙を）紛らわしなさっている様子がかわいいので、（紫の上は）ほほえみながらも涙は落ちた。「大人におなりになったら、ここに住みなさって、この（西の）対の前にある紅梅と桜とを、花の季節に心にとどめてお楽しみください。そうするのがふさわしいときには、仏にも（花を）お供えください」と申し上げなさると、（三の宮は）うなずいて、（紫の上の）お顔をじっと見つめて、涙が落ちてしまいそうなので立って（むこうへ）いらっしゃった。（おおぜいの宮たちの中から）とりわけて（紫の上は三の宮と姫宮を）お育て申し上げなさっているので、この宮と姫宮とを、お世話申し上げることを中途でやめておしまいになることを、残念にも悲しくもお思いにならずにはいられなかった。

◀解　説▶

問一　活用形は下の語によって決定する。文末の場合は終止形・命令形または係り結びによって連体形・已然形となる。いずれかを決定して選択肢（イ→への順にナ変型の活用形で配列されている）から選べばよい。

Ⅰ、「べき」は助動詞「べし」の連体形。「べし」は終止形に接続する。
Ⅱ、文末で係り結びがないので、終止形か命令形。物語の地の文なので、命令形は通常は考えられない。
Ⅴ、「ば」の上は仮定条件なら未然形、確定条件なら已然形。ここは三の宮の将来の話なので仮定条件。

問二　ⓐ「ところせく」は形容詞「所狭《せ》し」の連用形。ⓑ「あたらしう」は形容詞「惜《あたら》し」の連用形ウ音便。ⓒ「すゑ」はワ行下二段活用「据う」の連用形。

問三　㋐形容動詞「おほどかなり」の連用形。〝おっとりとした、おおらかだ〟の意。
㋑形容詞「しるし」の連用形ウ音便。「著《しる》し」で〝はっきりしている〟の意。
㋒形容詞「ゆかし」の連用形。〝見たい、聞きたい、知りたい〟などの意。

問四　指示語「かく」の指示する前段落の要旨を選ぶ。「そのことと、おどろおどろしからぬ御心地なれど、ただいと弱きさまになりたまへば、むつかしげにところせくなやみたまふこともなし」とあり、紫の上は、なにか特定の症状があって重態に陥っている、というわけではないが、全体的に弱々しくなっている。これに合致するのはニ。ロ「家族ともう一度面会」、ハ「ご家族へと伝言」、ホ「加持祈禱」はそれぞれ文章中にない。「おどろおどろし」は〝おおげさだ、気味が悪い、ひどい〟といった意味で、「おどろおどろしからぬ」の「ぬ」が打消「ず」なので、イは「重くなる一方で」が誤り。また、イ・ハは「異常な夏の暑さ」も「例の暑さ」という記述と矛盾する。

問五　「見はてず」の「はて」は〝最後まで～する、すっかり～する〟の意の補助動詞。「見はてず」で〝すっかり見ることはない〟、つまり、見るのを途中でやめることになる、ということ。ニの「見納め」がこれに該当する。イは「見捨てられたくない」、ロは「うんざりした」、ホは「見尽くした」が誤り。ハは、傍線部の前後に「儀式」「名対面」とあるので「この世の風情」とは関係ない。紫の上は単に儀式を見たがっているのではなく、それをもうすぐ見られなくなることに対して傍線部②のように思うのである。

問六　敬意の対象（誰に対する敬意か）は、尊敬語なら主語、謙譲語なら動作の対象、丁寧語なら会話の聞き手（文章の読み手）となる。

③「たまへ」は尊敬の補助動詞「たまふ」の已然形。「起きゐ」は中宮を迎えて病をおして起き上がっている紫の上の行為。

④「たてまつり」は謙譲の補助動詞。「宮たちを見」とあるので動作の対象は「宮たち」である。

⑪「聞こえ」は〝申し上げる〟の意を表す謙譲の本動詞。紫の上が三の宮に自分の死後のことを言い置いている場面。

問七　「亡からむ後などのたまひ出づることもなし」とあるように、紫の上は自分の死について直接言及することを避けているが、「あさはかに……けはひなどぞ」、つまり、別のことを話す「けはひ」に、言葉に出す以上に「もの心細き御気色」が感じられるということ。「けはひ」は〝言葉やものごしから感じられる様子〟の意。

問八　⑤「おのおのの御行く末をゆかしく」は「宮たちを見たてまつり」の後に続く言葉。「宮たち」それぞれの将来を見たかったということ。

⑧・⑨「まろ」は一人称で、傍線部⑧を含む文は紫の上が三の宮に「私が死んだら思い出してくれるか」と質問した言葉。傍線部⑨を含む文はその質問に対する三の宮の答えの言葉。

問九　傍線部は「などかうのみ（紫の上は）思したらんと（中宮は）思すに」を受けている。「かうのみ」は紫の上の「御行く末をゆかしく」と「かくはかなかりける身」とに表れているように、ロ「死を予感させること」である。イ「病いの重さに気づいてない」、ハ「やや回復した」は誤り。光源氏はこの場面ではすでに退出しているので、ニ「光源氏の様子」、ホ「光源氏が」が誤り。

問十　傍線部は、紫の上に長年仕えてきた女房たち（＝「年ごろ仕うまつり馴れたる人々の、ことなる寄るべなういとほしげなるこの人かの人」）に関する言葉。傍線部は謙譲語「聞こえ」を用いて聞き手を敬っているので、聞き手は中宮。聞き手を女房たちとするハ・ニは不適。ロ・ホは女房たちと関係ないので不適。

問十一　直後の「なむ」の可能性は三つあり、願望の終助詞「なむ」、強意の助動詞「ぬ」と推量の助動詞「む」、係助詞

「なむ」である。このうち、係助詞であれば、係り結びの語「はべる」「思ふ」などが省略された形と考えられ連用形が接続するが、「恋しく」は選択肢にない。また、願望であれば口語訳は〝恋しくあってほしい〟となり、強意＋推量であれば〝きっと恋しいだろう〟となる。これを手がかりに文脈から考えると、この「なむ」は強意＋推量であり、強意「ぬ」は連用形に接続するため、ニが正答である。

問十二　「おはせずは」の「ず」は打消の助動詞「ず」の連用形、「は」は係助詞。「～ずは」で仮定となる。そのため、イ「ので」、ロ「せいで」は誤り。「むつかしかりなむ」の「なむ」は問十一と同様に強意の助動詞「ぬ」と推量の助動詞「む」。ハ「どのような」は傍線部にない。ニは直前の「母をこそまさりて思ひきこゆれば」につながらない。「むつかし」は〝うっとうしい、不快だ〟の意で否定的な気持ちを表しているので、ホの「気落ちする」を選ぶ。

問十三　「とりわきて生《お》ほしたて」の主語は、「三の宮」の（注）にあるとおり紫の上である。「見さしきこえたまはんこと」の「さし」は〝～するのを途中でやめる〟の意の補助動詞。三の宮と姫宮の成長を最後まで見られないことを「口惜しくあはれに」紫の上は思いなさったということ。主語を中宮とするイ、源氏とするロ・ハは誤り。ニは「梅や桜の花が咲くのを見届けること」ではない。

❖講　評

例年通り、現代文一題・古文一題の大問二題の構成で、試験時間は七五分。全問マーク式である。小問数や文章量などもほぼ例年通り。文章の難易度に関しては古文が多少難しくなったが、大きな変化というほどではない。

一の現代文は、難解な文章ではないが、読みなれないタイプの文章であるのと、二つの文章が出されることもなかったので、受験生は戸惑ったかもしれない。二〇二三年度で特に目立った出題は語彙力を問うものである。単なる漢字問題ではない問六や単なる空所補充問題ではない問八や問十一も含めると、問一・問四と合わせて五問も出題されている。

二の古文は、本文は『源氏物語』でそれなりに難解だが、客観描写と会話が多く、登場人物の微妙な心理面に立ち入った記述が少ないので、選択肢の助けを得て全体の内容をほぼ正確に理解できる。設問は例年通り多岐にわたり、文法や敬語なども広く問うている。なかでも、問十一の空所補充問題は「なむ」の識別を正確に理解していないと解けない良問である。

二月六日実施分

問題

（七五分）

一

次の文章を読んで、後の問に答えなさい。

日本近代文学において最高の大家《たいか》を定めることは不可能であろう。定める人の性質や学識に左右されることもあるし、また時流と深い関係があるからである。とはいえ、評判が余り変らない小説家が二、三人いる。その中から誰か一人を「最高の大家」と定めてしまったとしても、支持する人はかなりいるはずである。例えば、「森鷗外は最高の大家だった」と宣言すれば、日本のエリートと呼ばれる人は大いに賛成するだろう。夏目漱石の名前をあげたとしたら、当然すぎて、先ず誰も反対しないだろう。が、谷崎潤一郎が一番優れていると答えたら①軽佻に聞える恐れがある。②谷崎文学を愛読するような評論家も鷗外や漱石と対等に取扱うことは少ない。しかし、正直に言うと、鷗外や漱石の文学を尊敬しているが、私は谷崎文学の魅力をより深く感じるのである。そして誰かに聞かれたら、近代文学における最高の大家は谷崎であるとⅠ敢えて言うだろう。

③谷崎文学の魅力を説明するのは簡単である。どの作品を読んでみても各行が生きている。全体として余り成功しなかった小説の場合でも、読者として全く想像できなかった場面がいくつもある。例えば、初期に書かれた『秘密』（明治四十四年）という短編の主人公は、「或る気紛れな考《かんがへ》から」下町の古びたお寺に住んで、その界隈の古道具屋をⅡ漁り廻

る。女物の袷《あわせ》が気に入って「急にそれが着て見たくてたまらなくなつた」。

そこまで読んで結末まで読もうとしない読者がいるとすれば、かなり堅い人物であろう。実は、この小説の出来具合には感心しないが、忘れられない場面がある。女装している「私」が活動写真を見ようと思って二階の貴賓席に上がり、「私の旧式な頭巾の姿を珍しそうに窺つて居る男や、粋な着附けの色合ひを物欲しさうに盗み視てゐる女の多いのを、心ひそかに得意として居た」と述べ、「見物の女のうちで、いでたちの異様な点から、様子の婀娜《あだ》っぽい点から、乃至《ないし》器量の点からも、私ほど人の眼に着いた者はないらしかつた」といかにも自慢そうに物語る。ところが、その後、隣の席に本物の美女が坐り、語り手は、「私は到底彼女の競争者ではなく、月の前の星のやうに果敢《はか》なく萎《しを》れて了《しま》ふのであつた」と口惜しく認めざるを得ない。そしてその美女はかつて自分と関係があった女だということに気がついて、谷崎的な喜劇に発展する。

私は谷崎ほど豊富な想像力を持つ小説家を他に知らない。先の『秘密』の場合、想像力に多少ブレーキをかけたらもっと良い小説になりえたと思うが、同じ明治四十四年に書かれた自然主義派の文学作品——例えば、白鳥の『泥人形』、藤村の『家』など——と比べると、Ⅲ迸る想像力と生命力に驚く他はない。そして同年に書かれた鷗外の『雁』と比べてもその現代性に感心する。『雁』は明治末期の独特な雰囲気を上手に伝えている小説であるが、当時の風俗に興味を持っていない読者にとっては過ぎ去った時代の遺品としか思われない。④それに対して、谷崎の当時の作品は時代の雰囲気を伝えても時代を超越している。

それでは、何故近代文学の読者がこぞって谷崎を最高の大家と称してくれないのだろうか。多分、谷崎文学には思想らしい思想がないからであろう。近代文学では作品は思想伝達の手段として成り立つものだと定義する評論家がいるが、漱石の「則［甲］去［乙］」や鷗外の歴史小説に出る武士道に匹敵するものがないので、谷崎の耽《たん》美主義や女性崇拝を見下げる人さえいる。そのためか、谷崎には弟子がいない。だが、谷崎文学が読まれない日がくるとすれば、日本には思想があっても文学がないということになるだろう。

谷崎潤一郎が書き残した数々の作品の中から一つだけを選び、最高傑作を定めることは不可能であろう。無論、好き嫌いを述べることは自由であるが、感想は価値判断ではない。私の場合は、嫌いな作品は非常に少ないが、一番好きだと言えるものもない。⑤谷崎文学は低い丘の中に聳え立つ一つ、二つの高い峰のようなものではなく、むしろ連山の有様を呈するようなものだと思った。

⑥それぞれ違う形の山は同じ「造化」によるものに違いないが、造化神は滅多に自分の顔を見せてくれない。言うまでもなく、谷崎は自分の体験に基づいていろいろ書いたし、aバン年の『細雪』等には私小説的な要素が多いが、本物の私小説を書く人と違う点は、谷崎が書いた極めて多面的な小説を味わうのに著者自身に関心を持たなくてもいいということである。逆に言えば、いくら谷崎という人間について予備知識があったとしても、その傑作を理解するのに余り役には立たないと思う。その点で島崎藤村などとはb対ショウ的であろう。谷崎文学の世界の中に谷崎潤一郎らしい人が時々出入りするが、身内の結婚問題や自分の病気の描写よりも谷崎の本色《ほんしょく》が現われている場面はむしろ無意識的に繰り返したテーマであろう。

誰の場合でもそうだが、谷崎文学を広く読むと、度々取り上げられているテーマがあることに気がつくだろう。例えば、西洋の小説をいくら読んでも女主人が便所へ行く場面は先ずないのであるが、谷崎文学には実に頻繁に出てくる場面である。谷崎が意識的にそういうテーマを用いたということは考えにくいのだが、それが彼の多彩な作品に一種の統一性を与え、また作者の個性も発揮するのである。便所の描写によって個性を発揮することはかなり変った方法であろうが、言うまでもなく便所に惹かれた理由は著者のcセン在意識の中にあったもので、排泄物に異常な関心があることを見せびらかして読者に自分の赤裸々の姿を見せようとは夢にも思わなかったのである。

谷崎文学にはグロテスクな残酷な要素が非常に多いが、作家としての姿勢は極めて健全であったと言わなければならない。島崎藤村の有名な「自分のやうなものでも、どうかして生きたい」というような自己嫌悪めいた発言は谷崎文学には全く欠けているし、『人間失格』の主人公のように「自分には、禍《わざは》ひのかたまりが十個あつて、その中の一個でも、隣人が背負つたら、その一個だけでも充分に隣人の生命《いのち》取りになるのではあるまいかと、思つた事さへありました」といった自己憐愍を洩らすような表現は皆無である。谷崎は明らかに自分の職業を誇りにしていたし、小説の中の人物を自由自在に動かすことはどんな「懺悔」よりも大切であった。確かに、谷崎のどの小説を読んでも、漱石の『道草』に一貫しているような暗さや藤村の『家』に一貫しているようなやりきれなさや太宰の『人間失格』に一貫しているような切なさは現われて来ないが、その代り、平安朝、戦国時代、江戸末期、明治以降のさまざまな世界が読者の眼の前にみごとに展開するのである。

とは言え、⑦谷崎文学には深みが足りないという批判は出来ると思う。実は私が初めて『細雪』を読んだ時、人物に立体性がないように思われ、いくら話が面白くても、いくら当時の日本の風物があざやかに伝えられていても、中心的人物である雪子は果して何を考えているか分からなかったので、場合によっては彼女は何も考えていないかも知れないとさえ思ったことがある。しかし、時間が経つに従って、雪子は完全に出来上がった人物であるということが分った。確かに、*アンナ・カレーニナのように立体的に描かれていないが、戦前の大阪の上流階級の女性はアンナ・カレーニナよりも雪子に似ていたことは事実であろう。谷崎は雪子の描写については具体的に何も説明しなかったが、原則として非現代的な女性を書く場合にどういうような狙いがあったかということは次の言葉を読めばはっきりする。

「私の近頃の一つの願ひは、封建時代の日本の女性の心理を、近代的解釈を施すことなく、昔のままに再現して、而《しか》も近代人の感情と理解に訴へるやうに描き出すことである」

若い時から超現代的な女性や風景を楽しんだ谷崎は老年期に及んでそのような趣味に戻り、『鍵《かぎ》』や『瘋癲《ふうてん》老人日記』を書いたが、『源氏物語』の三種類の現代語訳に代表されているように、長期間にわたって過去の文学の再現に努力していた。それらの作品に登場する人物は皆生きていることは確かだと思うし、また個性も充分備わっているが、近代小説の人物に期待できるような立体性がないことはⅣ否めない。『春琴抄』を発表した後、小説の中の人物が果して何を考えているか分からないという批判があった時、谷崎は、人物が考えていることは描く必要があろうか、自分が書いたものを読んで彼等が考えていることが分からないか、という趣旨の反論をした。⑧彼は東洋の伝統的な筆法を使ったので遠近法の有無は問題にならない。が、谷崎は何百年前の日本人とは違い、西洋の文学によく通じていたので、「近代人の感情と理解に訴へる」ような技巧を充分身につけていた。私小説の主人公にあるような深みがないということは谷崎の美意識によるものであって、それは決して才能の不足を示すものではなかった。

谷崎文学の世界は美の世界であるが、その美の観念の中には『少将滋幹《しょうしょうしげもと》の母』の屍骸の捨て場も『瘋癲老人日記』の颯子《さつこ》がシャワーを浴びる場面も入っている。谷崎は思想家ではなかったし、⑨自分の悩み等を読者に晒して救いを得るような作家でもなかった。が、完全な芸術家として二十世紀文学においては稀な存在であった。

（ドナルド・キーン『日本文学を読む』より）

（注）＊アンナ・カレーニナ……十九世紀ロシアの文豪トルストイの小説の女主人公。

問一　二重傍線部a～cのカタカナの部分を漢字で書いたとき、傍線部に同一の漢字を使うものを次のイ～ホからそれぞれ一つずつ選び、その符号をマークしなさい。

a　バン年
- イ　バン死に値する
- ロ　南バン渡来の品
- ハ　バン鐘が鳴り響く
- ニ　改訂バンを発行する
- ホ　羅針バンを見る

b　対ショウ的
- イ　ショウ工会議所
- ロ　平和のショウ徴
- ハ　ショウ状の緩和
- ニ　誹謗中ショウ
- ホ　ショウ明器具

c　センー在
イ　センー入捜査
ロ　センー薄な考え
ハ　詩センー李白
ニ　独センー企業
ホ　センー載一遇

問二　波線部Ⅰ「敢えて」、Ⅱ「漁り」、Ⅲ「迸る」、Ⅳ「否めない」の読みを、送り仮名も含めてそれぞれひらがなで記しなさい。

問三　傍線部①「軽佻」の後に続けて四字熟語となる言葉を次のイ〜ホから一つ選び、その符号をマークしなさい。

イ　妄動　　ロ　浮薄　　ハ　短小　　ニ　短慮　　ホ　令色

問四　傍線部②「谷崎文学を愛読するような評論家も鷗外や漱石と対等に取扱うことは少ない」とあるが、それはなぜだと考えられるか。筆者がその原因と考えている箇所を問題文から十五字以上二十字以内で抜き出して記しなさい（句読点等も字数に含むものとする）。

問五　傍線部③「谷崎文学の魅力」とあるが、筆者は何が「谷崎文学の魅力」だと考えているか。最も適当なものを次のイ〜ホから一つ選び、その符号をマークしなさい。

イ　複数の作品で同じテーマを何度も繰り返していること
ロ　想像力が豊かで意外性のある物語を展開していること
ハ　他の作家が敬遠するような異常心理を描いていること
ニ　時代の雰囲気を巧みに作品の中に取り込んでいること
ホ　自分を前面に出さずに多面的な作品を書いていること

問六　傍線部④「それに対して、谷崎の当時の作品は時代の雰囲気を伝えても時代を超越している」とはどういうことか。

その説明として最も適当なものを次のイ～ホから一つ選び、その符号をマークしなさい。
イ　谷崎は過去の雰囲気を描きながら、同時によりよき未来を見据えているということ
ロ　谷崎は自らが生きた時代を描きながら、当時としては珍しく特殊な人間の異常な心理を描いているということ
ハ　谷崎は時代の風俗を描きながら、当時はまだ存在しなかった今日的な心の闇を描いているということ
ニ　谷崎は特定の時代を描きながら、どの時代にも通用するような普遍的な作品を書いているということ
ホ　谷崎は過去を描きながら、現代を予言するような要素をそこに付け加えているということ

問七　空欄甲、乙に入る文字として最も適当なものを次のイ～チからそれぞれ一つずつ選び、その符号をマークしなさい（同じ符号を二回用いてもよい）。
イ　公　ロ　自　ハ　他　ニ　知　ホ　地　ヘ　天　ト　利　チ　私

問八　傍線部⑤「谷崎文学は低い丘の中に聳え立つ一つ、二つの高い峰のようなものではなく、むしろ連山の有様を呈するようなものだ」とはどういうことか。その説明として最も適当なものを次のイ～ホから一つ選び、その符号をマークしなさい。
イ　谷崎の作品はいずれも名作揃いなので、各人が好き嫌いを言っても意見がまとまらないということ
ロ　谷崎の作品は互いに関連し合っているので、個々の作品を独立させて論じても意味はないということ
ハ　谷崎の作品は読者を選ぶので、好きな人は全て好きだし、嫌いな人は全て嫌いだということ
ニ　谷崎の作品を読むことは谷崎と共に一歩ずつ時代の移り変わりを実感することだということ
ホ　谷崎に代表作と呼べるものがないのは、彼の作品の多くが高い水準にあるからだということ

問九　傍線部⑥「それぞれ違う形の山は同じ「造化」によるものに違いないが、造化神は滅多に自分の顔を見せてくれない」とはどういうことか。その説明として最も適当なものを次のイ～ホから一つ選び、その符号をマークしなさい。
イ　どの作品も谷崎が書いたものだが、谷崎自身の姿は作品からほとんど読みとれないということ

ロ　どの作品も谷崎自身の経験に基づいているが、どの経験から着想を得たかは明らかではないということ
ハ　どの作品も作者は谷崎だが、作品が意味するところは作者自身にもよくわからないということ
ニ　谷崎は筆の赴くままに作品を書いたので、作品の源泉になったものが何かを知るのは不可能だということ
ホ　谷崎はインスピレーションが湧いてくるのを待って作品を書いたので、書くのに苦労したということ

問十　傍線部⑦「谷崎文学には深みが足りないという批判は出来ると思う」とあるが、筆者がそう考えるのはなぜか。最も適当なものを次のイ～ホから一つ選び、その符号をマークしなさい。

イ　作者は登場人物を駒のように自分の思い通りに動かすことしか考えていないから
ロ　現代人の感情と理解に訴えつつ非現代的な人物を描くのは無理があるから
ハ　読者を納得させ、登場人物を生きた人物と感じさせるに足る心理描写がないから
ニ　面白さを求めるあまり、人間のもつ暗さややりきれなさや切なさが描けていないから
ホ　谷崎が好んで描く古風な人物は近代小説の主人公にふさわしい個性をもたないから

問十一　傍線部⑧「彼は東洋の伝統的な筆法を使ったので遠近法の有無は問題にならない」とはどういうことか。その説明として最も適当なものを次のイ～ホから一つ選び、その符号をマークしなさい。

イ　谷崎は若い頃に西洋近代文学に親しんでいたからこそ、歳をとってからはそれに背を向けて、日本古来の文化に関心をもったということ
ロ　谷崎は物語をぼかして書くことを選んだのだから、登場人物間の対比や対立が描けていないといって非難するには当たらないということ
ハ　谷崎は自らの小説に絵画的な手法を取り入れたが、彼が手本にした絵画は日本古来の絵画だったので、西洋画の技巧は使っていないということ
ニ　谷崎自身が自らの親しんだ西洋の文化を捨て、東洋の文化に回帰することを選んだのだから、それを批判しても意

味はないということ

ホ　谷崎は意図的に日本古来の文学の手法を使っているのだから、西洋近代小説の技巧が見られないのは当たり前だということ

問十二　傍線部⑨「自分の悩み等を読者に晒して救いを得るような」文学作品を総称して何というか。問題文から五字以内で抜き出して記しなさい（句読点等も字数に含むものとする）。

二

次の文章を読んで、後の問に答えなさい。

（北の方は継子である女君に謂れの無い罪を着せ、物置に閉じ込めた。女君のもとに通っていた少将は、女君に仕えるあこぎを通して状況を把握しようとする。）

女君は、ほどⓐ経るままに、物の臭き部屋に臥して、「死なば、少将にまたもの言はずなりなむこと。長くのみ言ひ契りしものを」といとかなしく、*昨夜物ひかへたりしのみ思い出でられて、いとあはれなれば、いかなる罪をつくりて、かかる目を見るらむ。継母の憎むはA例のことに人も語る類ありて聞く。*おとどの御心さへかかるを、いといみじう思ふ。かの少将聞きて、いとまばゆく、「いかに女君思すらむ。とてもかくても、我ゆゑにかかることを見たまふこと」と限りなく嘆く。「人間《ひとま》によりて、『かくなむ』とも①聞こえよ」とて、「Bいつしかと参り来たる折、Cあさましとは世の常に、夢のやうなることどもをうけたまはるに、物もおぼえでなむ。『いかなる心地したまふらむ』と思ひやりきこゆるも、②思すらむにもまさりてなむ。『対面はいかであらむとする』と、いとわびしくなむ」とのたまへり。

あこぎ、鳴る衣どもを脱ぎ置きて、袴引き上げて下廂よりめぐりて行く。人も寝静まりにければ、「やや」とみそかに

寄りてうち叩く。音もしたまはず。「③御とのごもりにけるか。あこぎに侍り」と言ふ。ほのかに聞こゆれば、君Dやをら寄りて、「いかに来たるぞ」と、泣く泣く、「いみじうこそあれ。いかなることにて、かくはしたまふにかあらむ」とも言ひやりたまはで、泣きたまへば、あこぎ泣く泣く、「今朝よりこの部屋のあたりをかけづりはべれど、④えなむさぶらはざりつるは、いみじくもさぶらひつるものかな。*しかじかのこと、言ひ出でたるなりけり」と申せば、いとど泣きまさりたまふ。「少将の君おはしたり。『かくなむ』と、聞かせたまひて、ただ泣きに泣きたまふ。かうかうなむ侍りつる」と申せば、⑤「いとあはれ」と思して、「『さらに物もおぼえぬほどにて、え聞こえず。対面は、

　消えかへりあるにもあらぬわが身にて君をまた見むこと難きかな』

と聞こえよ。いみじう臭き物どもの並びゐたる、いみじうみぐるしく、苦しうてなむ。生きたれば、かかる目も見るなりけり」とて、泣きたまふとは、世の常なりけり。あこぎが心地もただ思ひやるべし。人やおどろかむ。みそかに帰りぬ。

聞こゆれば、少将いとかなしくて、思ひまさりて、いといたう泣かるれば、⑥直衣の袖を顔に押しあてて居たまへれば、あこぎ、「いみじ」と思ふ。しばしためらひて、「なほいま一度聞こえよ。『あが君や、⑦さらにえ聞こえぬものになむ

　あふことの難くなりぬと聞く宵は明日を待つべき心こそ［甲］

かうは思ひきこえじ』」とのたまへば、また参る道に、心にもあらず物の鳴りければ、北の方、ふとおどろきて、「この部屋のかたに物の足音のするは、なぞ」と言へば、あこぎ、泣く泣く「とくまかりなむ」と申せば、女君、「ここにも、

　短しと人の心を疑ひしわが心こそまづは消えけれ」

とのたまふも、え聞きあへず。「⑧しかじかおどろきてのたまへれば、よろづもえうけたまはらずなりぬ」と言へば、少将、「ただ今もはひ入りて、北の方を［乙］」と思ふ。誰も嘆き明かして、明けぬれば出でたまふとて、「ⓑ率て出でたてまつらむ折を告げよ。いかに苦しう思すらむ」と、Eおろかならず言ひ置きて、出でたまひぬ。

（『落窪物語』より）

（注） ＊昨夜物ひかへたりし…前の晩に、少将が女君の縫物を手伝ったことを言う。
＊おとど…女君の実父である中納言。
＊しかじかのこと…北の方が女君に着せた罪の内容を指す。

問一 傍線部A～Eの語句の意味として最も適当なものを次のイ～ホからそれぞれ一つずつ選び、その符号をマークしなさい。

A 「例のこと」
イ たとえ話のようなこと　ロ 気にする必要のないこと　ハ 過去に一度起きたこと
ニ 試練を課されること　ホ 普通に起きていること

B 「いつしか」
イ 何とかして　ロ 早く　ハ 知らないうちに
ニ 例によって　ホ ぜひとも

C 「あさまし」
イ 気の毒だ　ロ 切ない　ハ 悔しい
ニ はかない　ホ 意外だ

D 「やをら」
イ すぐに　ロ 突然　ハ おもむろに
ニ 人目を忍んで　ホ そのまま

E 「おろかならず」
イ 造作もなく　ロ 抜け目なく　ハ あとさきなしに

ニ　並一通りでなく　　ホ　あてどなく

問二　波線部ⓐⓑと活用の種類が同じである動詞を次のイ～ホからそれぞれ一つずつ選び、その符号をマークしなさい。

ⓐ「経る」

イ　折りつれば袖こそ匂へ梅の花ありとやここに鶯の鳴く

ロ　山がつの垣穂にはへる青つづら人は来れども言づてもなし

ハ　水の面におふる五月の浮草の憂きことあれや音を絶えて来ぬ

ニ　住の江の松を秋風吹くからに声うちそふる沖つ白波

ホ　春くれば雁かへるなり白雲の道ゆきぶりに言やつてまし

（例文はすべて『古今和歌集』による）

ⓑ「率」

イ　なほなほとうちつけに焦《い》られんもさまあしければ、

ロ　入りたまへれど目も見あはせたまはず。

ハ　さぶらひにまかでたまひて、人々大御酒などまゐるほど、

ニ　何ごともいとかう見るほどなき世を、罪深くな思しないそ。

ホ　階を上りもはてず、ついゐたまへれば、

（例文はすべて『源氏物語』による）

問三　傍線部①「聞こえよ」は、誰から誰への敬意を表しているか。最も適当なものを次のイ～ヘから一つ選び、その符号をマークしなさい。

イ　少将からあこぎへ

ロ　少将から北の方へ

ハ　少将から女君へ
ニ　あこぎから少将へ
ホ　あこぎから北の方へ
ヘ　あこぎから女君へ

問四　傍線部②「思すらむにもまさりてなむ」の解釈として最も適当なものを次のイ〜ホから一つ選び、その符号をマークしなさい。

イ　想像していた以上に、辛いことです。
ロ　以前よりもいっそう、辛さが増してきました。
ハ　私は、あなたよりも辛い気持ちでおります。
ニ　あなたのことを思うと、なおさら辛くなります。
ホ　あなたがお辛い気持ちでいると、私も辛くなります。

問五　傍線部③「御とのごもりにけるか」を現代語訳しなさい。

問六　傍線部④「えなむさぶらはざりつるは、いみじくもさぶらひつるものかな」の現代語訳として最も適当なものを次のイ〜ホから一つ選び、その符号をマークしなさい。

イ　おそばに寄れずにおりましたのは、たいそう辛うございましたことよ。
ロ　お仕えせずにおりましたのは、本当に酷いことでございますよ。
ハ　お近くへ参る機会を下さらなかったのは、実に苦しいことでしたよ。
ニ　ご様子をお伝えになれないでいらっしゃったのは、とてもお辛いことでしたなあ。
ホ　お出ましになれなかったのは、大変な目にお遭いでいらっしゃったことですね。

問七　傍線部⑤「『いとあはれ』と思して」とあるが、前後の状況からこの時の女君の心境はどのように捉えられるか。

最も適当なものを次のイ～ホから一つ選び、その符号をマークしなさい。

イ　女君の言葉に返答できずにいることを少将が嘆き悲しんでいると知り、気の毒に思っている。
ロ　少将が女君に会う方法を探していることを知ったものの、会うのが無理であることに思い至り、悲しく感じている。
ハ　少将が中納言邸にいながら物置のそばに来てくれないのを薄情だと思い、自分自身を哀れんでいる。
ニ　事情を冷静に伝えるあこぎを見て感心し、物置の中で思案していた少将への言葉を伝えたいと思っている。
ホ　あこぎの手引きによって少将が物置のそばまで駆けつけてくれたことを知り、少将の思いの深さに感じ入っている。

問八　傍線部⑥「直衣」の読みをひらがなで記しなさい（現代仮名遣いを用いること）。

問九　傍線部⑦「さらにえ聞こえぬものになむ」とあるが、これはどのような状況を述べたものか。その説明として最も適当なものを次のイ～ホから一つ選び、その符号をマークしなさい。

イ　女君が北の方に対して許しを請うことができない状況
ロ　少将が女君の声を聞き取れない状況
ハ　女君が少将に対して思いを打ち明けられない状況
ニ　少将が女君に伝える言葉が北の方の耳に入らない状況
ホ　少将が女君に対して言葉にできない思いを抱いている状況

問十　空欄甲に入る言葉として最も適当なものを次のイ～ホから一つ選び、その符号をマークしなさい。

イ　すれ　　ロ　しぬれ　　ハ　なかれ　　ニ　せね　　ホ　あれ

問十一　傍線部⑧「しかじか」の内容に相当する言葉を問題文から探し、その最初の十字を記しなさい（句読点等も字数に含むものとする）。

問十二　空欄乙に「打ち殺す」と助詞を組み合わせて入れる場合に、最も適当なものを次のイ～ヘから一つ選び、その符号をマークしなさい。

イ　打ち殺さばや　　ロ　打ち殺さなむ　　ハ　打ち殺さまほし
ニ　打ち殺しばや　　ホ　打ち殺しなむ　　ヘ　打ち殺しまほし

問十三　問題文の内容と合致するものを次のイ～トから二つ選び、その符号をマークしなさい。

イ　女君は、少将と愛を誓い合ったことを思い出したが、少将の愛情は長くは続かないと考えたこともある。
ロ　自分のせいで女君が窮状に陥っていることを知った少将は、あこぎを通して女君に謝罪した。
ハ　あこぎが物置に忍び寄って声を掛けると、女君は少将からの伝言の内容をあこぎに尋ねた。
ニ　あこぎから女君の言葉を伝えられた少将は泣き出したが、また伝言をあこぎに託した。
ホ　物置を見張っていた北の方は、あこぎが通りかかるのを発見し、少将からの伝言を邪魔した。
ヘ　あこぎは二度、少将から女君への伝言を言付かったが、二度目は失敗し、女君へ伝えることができなかった。
ト　少将は女君の心境を慮りつつも、北の方に見つからない真夜中のうちに中納言邸から立ち去った。

問十四　『落窪物語』は平安時代に成立した作品である。平安時代の文学に関する記述として適当でないものを次のイ～ホから一つ選び、その符号をマークしなさい。

イ　歌物語、作り物語、日記、随筆など、さまざまなジャンルの作品が成立した。
ロ　日本最古の和歌集が成立した。
ハ　勅撰和歌集が繰り返し編纂された。
ニ　歴史物語に分類される作品として、『栄花物語』などが成立した。
ホ　紀貫之、清少納言、菅原孝標女などが活躍した。

解答

二月六日実施分

一

出典　ドナルド・キーン『日本文学を読む』〈谷崎潤一郎〉（新潮選書）

解答

問一　a－ハ　b－ホ　c－イ
問二　Ⅰ、あえて　Ⅱ、あさり　Ⅲ、ほとばしる　Ⅳ、いなめない
問三　ロ
問四　谷崎文学には思想らしい思想がないから
問五　ロ
問六　ニ
問七　甲－へ　乙－チ
問八　ホ
問九　イ
問十　ハ
問十一　ホ
問十二　私小説

◆要　旨◆

谷崎文学は、鷗外や漱石などの近代文学と比べ、作者の思想がなく、人物にも立体性がなく何を考えているのか分から

ないとの批判がある。しかし、谷崎が無意識に繰り返したテーマの中には、谷崎の個性が発揮されている。さらに、作家としての健全な姿勢により、豊富な想像力や生命力をもって描かれた場面や人物は、近代人だけでなく現代の人々の感情や理解に訴える普遍性を備えている。その結果、谷崎文学は芸術としての文学の完成を実現しており、筆者は、谷崎こそが近代文学の最高の大家であると考えている。

◀解　説▶

問三　「軽佻浮薄《けいちょうふはく》」で〝軽はずみな言動〟という意味の四字熟語である。

問四　谷崎文学が評論家から評価されない理由を探す。第五段落の一文目に、「何故近代文学の読者がこぞって谷崎を最高の大家と称してくれないのだろうか」とあり、次の一文がその理由を述べている。字数制限を踏まえて、「谷崎文学には思想らしい思想がないから」が最適である。

問五　傍線部③の二文後に、「全体として余り成功しなかった小説の場合でも、読者として全く想像できなかった場面がいくつもある」とあり、『秘密』の例を挙げ、第四段落の一文目に「私は谷崎ほど豊富な想像力を持つ小説家を他に知らない」としている。したがって、筆者は谷崎の想像力を評価しているのであり、ロが適切。

問六　傍線部④の直前に、「『雁』は……当時の風俗に興味を持っていない読者にとっては過ぎ去った時代の遺品としか思われない」とある。これと対比された谷崎文学は、第九段落最後の一文にも「平安朝、戦国時代、江戸末期、明治以降のさまざまな世界が読者の眼の前にみごとに展開する」とあるように、時代を超えた普遍性を持っていることが読み取れる。この内容をまとめているニが正解。

問七　「則天去私」とは、晩年の夏目漱石が理想とした心境。〝天にのっとって、私心を捨てる〟ことであり、我執を捨てて自然に身をゆだねて生きようとする姿勢を意味する。

問八　傍線部⑤が、谷崎文学から最高傑作を定めることが不可能であることを述べている文脈にあることから、傍線部の「高い峰」「連山の有様」という比喩が何を指すのかを考える。「高い峰」が〝最高傑作〟を、「連山の有様」が〝ど

解答編

の作品も筆者にとっては魅力的である〟ということをたとえていると読み取れる。したがって、この内容に一致するのがホ。イは、「各人が好き嫌いを……」が、ロは「個々の作品を独立させて……」が、本文からは読み取れない。ハとニは、本文に記述なし。

問九　傍線部⑥の「造化神は滅多に自分の顔を見せてくれない」という比喩表現の内容が問題となる。傍線部の後に、「谷崎が書いた極めて多面的な小説を味わうのに著者自身に関心を持たなくてもいい」とあることから、〝谷崎の思想や個性が小説にはあまり反映されていない〟ということを言っていることが分かる。したがって、この内容に該当するイが正解。

問十　谷崎文学への批判を読み取る。傍線部⑦の直後に、筆者が『細雪』を初めて読んだ際、「人物に立体性がないように思われ、……中心的人物である雪子は果して何を考えているか分からなかった」とある。また、傍線部⑧の一文前に、「『春琴抄』を発表した後、小説の中の人物が果して何を考えているか分らないという批判があった」とある。つまり、ここでの批判は、谷崎の描く人物は内面がよく分からないため、人物に深みがないということであり、これに該当するハが適切。

問十一　傍線部⑧の「遠近法」が、「東洋の伝統的な筆法」と対比される西洋の近代的な小説の技法であることが分かればよい。ここまでで、正解はホと選べる。なお、直後に、「谷崎は……西洋の文学によく通じていたので、『近代人の感情と理解に訴へる』ような技巧を充分身につけていた」とある。したがって、谷崎は日本の伝統的な技法を用いながらも西洋近代文学の内実を備えた小説を書いていたのである。この点まで読み取りたい。

二

出典　『落窪物語』〈巻一〉

解答

問一　A―ホ　B―ロ　C―ホ　D―ハ　E―ニ
問二　ⓐ―ニ　ⓑ―ホ
問三　ハ
問四　ハ
問五　お休みになってしまいましたか。
問六　イ
問七　ロ
問八　のうし
問九　ホ
問十　ニ
問十一　この部屋のかたに物の
問十二　イ
問十三　イ・ニ
問十四　ロ

◆全　訳◆

女君は、時間が経つままに、物が臭い（物置）部屋に臥して、「（このまま私が）死ぬならば、少将にもう二度と口をきくことができなくなってしまうことだよ。行く末長く（一緒にいよう）とばかり契りを交わしたのに」ととても悲しく、前の晩に少将が縫物を手伝ってくれたことだけが思い出されて、とてもしみじみと辛いので、「一体どんな罪を前世で犯して、こんな（辛い）目にあっているのだろうか。継母が（継子を）憎むのは普通のことで世の人も（継母による継子いじめを）語る例があると聞く。（継母である北の方が辛く当たるだけなら世間によくあることだが、実の父である）中納言のお心までもがこのような様子（＝自分を冷たく扱う）である」ことを、とても辛く思う。

あの少将は（あこぎから女君の事情を）聞いて、とてもきまりが悪く、「どのように女君は思いなさっているだろうか。とにかく、私のせいでこんな目にあいなさることだ」とこの上なく嘆く。（少将はあこぎに）「人目のないすきに（女君に）近寄って、『こう（思います）』と（私の気持ちを）お伝えせよ」と言って、「早く（あなたにお会いしよう）と参上した際に、意外なことだとは並一通りの言い方で、夢のような事態を（あこぎから）お聞きしまして、どうしてよいかわからずにおります。『（あなたが）どのようなお気持ちでいらっしゃるのだろうか』と推察申し上げる（私の心）も、（あなたが）辛く思いなさっていることにまさって（辛く）おります。『お会いするにはどうしようか』と（考えてみるに）、とても辛くございます」とおっしゃった。

あこぎは、（人に知られないように）衣ずれの音がする衣は脱ぎ捨てて、袴を引き上げて下廂の方から遠回りして（女君のいる物置に）行く。人も寝静まっていたので、「もしもし」とひそかに近づいて（物置の戸を）叩いた。（女君は）音も出しなさらない。（あこぎは）「お休みになってしまいましたか。あこぎでございます」と言う。かすかに（その）声が聞こえるので、女君はそっと戸の側に近づいて、「どのようにして来たの」と、泣きながら、「とても辛いわ。どういった理由で、（北の方は）こんなことをしなさるのだろう」と言い果てもなさらないで、泣きなさるので、あこぎも泣きながら、（女君に）「今朝からこの部屋の付近をかけ回っていますが、おそばに寄れずにおりましたことは、たいそう辛うございましたことよ。このようなこと（＝北の方が女君に着せた罪の内容）を、（北の方は中納言に）言い出し（て、その罰としてあなた様をこうして物置に閉じ込め）たのです」と申し上げると、（女君は）いっそう泣きに泣きなさる。（あこぎは女君に）「少将様がいらっしゃいました。『こういう事情だ』と、（少将は）聞きなさって、ただ泣きなさりました。こう（少将からの伝言が）ございました」と申し上げると、（女君は）「とても悲しい」とお思いなさって、「『全く何も考え

られない状態で、何も申し上げられません。あなたとの対面については、
すっかり消えてしまいそうで生きていても死んだのと同然の私の身ですから、あなたとまた会うことは難しいことよ』
と（少将に）申し上げよ。（この物置には）たいそう臭い物が並んでいて、とても不快で、辛いことよ。生きているから、こんな辛い目にもあうのだ（＝いっそ死んでしまいたい）」と言って、泣きなさるとは、月並みな言い方でしかない（＝言葉では言い表せないぐらいに泣く）。あこぎの心情も（どれほど辛いか、読者は）ただ想像するべきだ。（こうしているうちに）人が目を覚ますだろうか。（目を覚ました人に見つかったら困るので、あこぎは）ひっそりと帰った。
（女君の言葉をあこぎが少将に）申し上げると、少将はとても悲しくて、（女君への）思いが募って、とてもひどく泣けてくるので、直衣の袖を顔に押し当てて座っていらっしゃるため、あこぎは、「たいそう（少将は女君を想ってくださっていて、こんなにもお辛いのだ）」と思う。（少将は）しばらく心を落ち着けて、「やはり（次のように）もう一度申し上げよ。『私の大切な人よ、（あなたが「また会うことは難しい」などと心細く悲しいことをおっしゃるのを聞いて、私は）まったく申し上げることができない（ほど悲しい気持ちでいる）ことでございます。
会うことが難しくなったと聞いた今宵は、朝を待つことができる気持ちもいたしません（＝朝になる前に私も死んでしまいそうなくらい辛いことです）。
こんな風には思い申すまい（＝きっとまた会えます）』」とおっしゃるので、（あこぎは女君のもとへ）再び参る途中で、思いがけず物音がしたために、北の方が、ふと目を覚まして、「この部屋の方で何かの足音がするのは、なんだろう」と言うので、あこぎは、泣く泣く（女君に）「（私は）早く帰りましょう」と申し上げたところ、女君は、「こちらでも（＝私の方でも）、
あなたの愛情は短く終わるだろうとあなたの心を疑った私の心のほうこそ、先に消沈していました（＝私の心は、あなたに会うことを気弱にも諦めてしまっていました）

とおっしゃるが、（あこぎは）最後まで聞くことができなかった。（あこぎは）「（北の方が）こうこう（＝「この部屋のかたに……」）目を覚ましておっしゃったので、（女君のお返事の）さまざまなこともお聞きすることができませんでした」と言うので、少将は、「今すぐにも忍び込んで、北の方を殺してやりたい」と思う。誰もが嘆き明かして、夜が明けてしまったので、（少将は中納言邸から）出なさるということで、「（女君を）お連れ出し申すのによい機会を知らせよ。（女君は）どれほど苦しくお思いだろうか」と、並々ならず言い置いて、出て行かれた。

▲解　説▼

問一　A、「例」はここでは〝世のならい、通例〟の意味。この意味に一致するのは、ホ。

B、「いつしか」は〝早く〟の意。ここでは、少将が女君に早く会おうと思っている様子が分かる。

C、「あさまし」は〝意外なことに驚きあきれる〟様子をあらわす。女君に会いに来たのに、あこぎから女君が幽閉されている事情を聞き、驚いている少将の気持ちが表現されている。

D、「やをら」は〝そっと・静かに・おもむろに〟等の意。ここでは、女君が音を出さないようにしている様子が分かる。よってハ「おもむろに」が正解。ニ「人目を忍んで」も語意として考えられなくはないが、主体である女君は物置の中にいるので、人目よりは音を気にしている状態だと捉えるべきだろう。

E、「おろかなり」は〝いい加減だ・並一通りだ〟の意。「おろかならず言ひ置きて」とあるので、〝並一通りでなく言い置いて〟と少将が女君を連れ出そうと躍起になっている様子を表現していると捉えるのがよい。ロの「抜け目なく」も語義上は通るが、文脈上ふさわしくない。

問二　ⓐ、「経る」はハ行下二段活用動詞「経《ふ》」の連体形。同じハ行下二段活用はニの「うちそふる」（連体形）で、終止形は「うち添《そ》ふ」。イはハ行四段活用の已然形。「こそ」の係助詞を受けて、已然形になっている。ロは「這《は》へ」でハ行四段活用の已然形。直後の「る」が存続の助動詞「り」であることから判断。〝這っている〟の意。ハはハ行上二段活用の連体形。終止形は「生《お》ふ」。ホはラ行四段活用「帰《かへ》る」の連体形。

ⓑ、「率」はワ行上一段活用動詞「率《ゐ》る」の連用形である。同じワ行上一段活用はホの「ついゐ」（連体形）で、終止形は「つい居《ゐ》る」。この動詞は、ワ行上一段活用動詞〈居《ゐ》る〉に接頭語の〈つい〉が付いた形。イはラ行四段活用の未然形。ロはラ行四段活用の連用形。ハはラ行四段活用の連体形。ニはラ行四段活用動詞〈思しなる〉の連用形〈思しなり〉がイ音便化したもの。

問三　「誰から」は、会話ならばその敬語を用いている発言者から、である。したがって、少将から。〈聞こゆ〉は〝申し上げる〟という意味の謙譲語であるので、「誰へ」は動作を受ける人を答える。この場合は、少将が伝言を伝えたい相手である女君である。

問四　「思す」の主語から考える。「思す」は尊敬語であるので、少将が伝言を伝えたい相手である女君が主語であることが分かる。続く「らむ」が現在推量で、現前にないことを推量しており、少将が幽閉された女君の辛い心中を想像していることを表現している。傍線部は「『いかなる心地したまふらむ』と思ひやりきこゆるも」（＝「あなたはどのような気持ちでいらっしゃるのだろう」と推察申し上げるにつけても）を受けており、「まさりてなむ」は、〝女君が辛いとお思いになっていることにまさって、自分も辛い〟ということを言っているのである。

問五　〈御とのごもる〉は、「寝ぬ」の尊敬語で〝お休みになる〟という意味。「にける」は、完了「ぬ」連用形＋過去「けり」連体形。「か」は疑問の係助詞（文末に来ることもある）。したがって現代語訳としては、〝お休みになってしまったか・お休みになったか〟となる。女主人に対する発言なので、解答例では丁寧語も付け加えている。

問六　「えなむさぶらはざりつるは」の訳から考える。副詞「え」は下に打消を伴い、不可能の意。傍線部の「ざり」が打消「ず」連用形である。「なむ」は強意の係助詞。〈さぶらふ〉は〝側に控える〟という謙譲語と〝おります〟という丁寧語の意味がある。直前の「今朝よりこの部屋のあたりをかけづりはべれど」というあこぎの発言を踏まえると「さぶらは」は謙譲語の意味で取る。「つる」は完了「つ」連体形。よって〝お仕えできなかったことは〟と訳す。ここまでで正解はイ。ロは不可能の意味が入っていない。続いて、「いみじくもさぶらひつるものかな」の訳を考える。〈いみじ〉は、ここでは〝とても悲しい〟の意。「さぶらひ」は、こちらの方は〝おります〟の意味。「つる」は完了の助動詞。よって〝とても悲しくおりましたよ〟の意味となる。

問七　少将の言葉をあこぎから聞いての女君の心情である。少将は傍線部②の直後「対面はいかでかあらむとする」（＝対面はどのようにしようか）とあるとおり、何とか女君に会いたいと思っている。それに対して、女君は和歌にあるとおり「君をまた見むこと難きかな」（＝あなたと再会することは難しい）と言っている。これらの内容を踏まえたロが正解。

問八　「直衣」は、「のうし」（歴史的仮名遣いでは「なほし」）と読む。貴族の男性の普段着である。

問九　副詞「さらに」は下に打消を伴って、〝まったく…ない〟の意。副詞「え」は問六に既出で、下に打消を伴い不可能の意。傍線部の「ぬ」は打消「ず」連体形。「聞こゆ」は〝聞こえる〟という意味と〝申し上げる〟という意味があるが、ここでは少将が女君に言葉を〝申し上げる〟の意味である。したがって、逐語訳は〝まったく何も申し上げられないことです〟という意味となる。正解は、ホである。

問十　「あふことの……」の和歌は、女君からの〈再会は難しい〉という言葉を受けたものである。それを聞いて激しく泣いた少将の返歌であるから、下二句は、〈明日を待つことができそうもない〉という打消の語を入れる必要がある。また、係助詞「こそ」があるので、文末は已然形となる。これを満たした正解は、サ変「す」の未然形＋打消「ず」已然形で「せね」となっている、ニである。

問十一　直後に「おどろきてのたまへれば」（＝目を覚ましておっしゃったので）とあるので、北の方の言葉を指していることが分かる。よって、「この部屋のかたに……」の北の方の発言が正解。この北の方の言動により、あこぎは女君の伝言を最後まで聞けなかったのである。

問十二　ハとへの「まほし」は希望の助動詞、ホの「なむ」は確述の助動詞「ぬ」＋助動詞「む」なので、「助詞」という条件に合わず不適。ロの「なむ」は誂え（＝他への願望）の終助詞であるが、「打ち殺す」の主語は少将自身なので不適。イとニの「ばや」は自己の希望の終助詞であり、未然形接続であるので「打ち殺す」の未然形に接続しているイが正解。

問十三　イ、一段落目に「長くのみ言ひ契りしものを」（＝これから末永くとだけ約束したのに）とあり、女君が最後に伝えようとした和歌に、「短しと人の心を疑ひし」（＝愛情は短く終わるだろうとあなたの心を疑った）とある内容に一致。ロ、「謝罪した」が本文にない。ハ、「女君は少将からの伝言の内容をあこぎに尋ねた」が本文にない。ニ、傍線部⑥のある段落の内容に一致。ホ、北の方は「物の鳴りければ、北の方、ふとおどろきて」とあるように、物音で目を覚ましており、「物置を見張っていた」のではない。へ、失敗したのは二回目の女君からの伝言。ト、最終段落「明けぬれば出でたまふ」とあり、夜が明けてから少将は立ち去った。

問十四　ロ、奈良時代の『万葉集』が最古の和歌集であるため不適である。これが正解。ハ、勅撰和歌集は『古今和歌集』から鎌倉時代初期の『新古今和歌集』まで八回編纂される。ニは藤原道長の栄華を描いた歴史物語。ホ、紀貫之は『古今和歌集』の撰者であり、『土佐日記』の作者。清少納言は『枕草子』の作者。菅原孝標女は『更級日記』の作者。

❖講　評

例年通り、現代文一題・古文一題の大問二題構成で、解答形式は大半がマークセンス方式、一部記述式である。記述式は現代文では漢字問題と箇所指摘、古文では口語訳と指示内容などが中心である。二〇二三年度は二〇二二年度と比べ、一の問二（読み）、二では問一（語意）がそれぞれ一問ずつ増加しており、知識問題が増えているが、全体として大きな変化はない。文章量も二〇二二年度と同じくらいである。

一の現代文は具体例との対応を整理しながら丁寧に読む必要がある。内容を問う設問に関しては、傍線部の表現と本文の内容を丁寧に照らし合わすことができれば、それほど難しくない。問八、問九は比喩の言い換えが問われているが、前後の文脈を押さえて、意味を推測することが必要となる。語彙力を問う問題は問三のみで、二〇二二年度より減少した。問七、問十二は近代文学史の知識に絡む問題であった。

二の古文は、平安時代の継子いじめの物語として有名な『落窪物語』からの出典であった。登場人物が多く、男女のやりとりとその仲介をする人物が現れるため、誰の言動か主語を捉えるのが難しく、敬語を理解できていることが読む上で必須であった。文法問題の問二、問十、問十二は、普段から丁寧に文法と向き合って勉強をしていなければ正解を選べない問題である。また、和歌の解釈を直接問う問題はなかったものの、その解釈をもとに解く問題もあった。全体の設問についていえることだが、助動詞や敬語といった文法事項を足がかりに解いていけばそれほど難しくはなく、また選んだ選択肢をヒントとして本文の続きを読んでいけば内容を理解できることが多い。

二月七日実施分

問題

（七五分）

一

次の文章は、批評家ガヤトリ・C・スピヴァクの言葉を基に、グローバリゼーションと教育の関係について述べたものである。これを読んで、後の問に答えなさい。

グローバリゼーションは政治・経済の領域の現象であるから文化・教育の領域には影響を及ぼさない。こう考えることが出来ればよいのであるが、二十一世紀社会における知の活動を見るかぎり、われわれの知的能力の運用力は、グローバリゼーションがもたらす時間感覚と経済概念によって原型をみわけられぬほどに浸食されて崩壊していると言わねばなるまい。本来は知の運用法を伝え、知の限界をさぐり、そして本当の知を実演する悦びを教えるはずの教育現場は、グローバリゼーションが要請する即時・瞬時という時間感覚と因果関係への強迫観念だけが支配する脅迫的な場となっている。【イ】グローバリゼーションの時間感覚とは、速度だけを価値のA指ヒョウとして時間を把握することである。グローバリゼーションが「資本とデータの中でのみ起こっている」とスピヴァクは言うが、資本もデータも情報の伝達をその基本活動としている。つまり、グローバリゼーションの空間においては情報伝達の速度、つまり活動する人間から言えば情報摂取の速度こそが、何よりの指ヒョウなのである。だがしかし、ここで、情報を教えるときに英語ではa piece ofという言いまわしで扱うことを思い出してみたい。①情報を受け取った者は、それを一つの現実として扱うわけであるが、実はそれは現実の「一つの断片」（a piece of）にすぎない。②その向こうには、その断片の意味を変質・逆転させることになるかもしれないより大きな情報が可視化されないかたちで存在している。グローバリゼーションの世界では、問い合わせに対して瞬時にもたらされる情報、あるいは、出来事を同時中継的に発信する情報が求められている。時間の経過の中でBジョ々に立ち現われてくる現実とその意味についての情報は、われわれが捕獲しようとする手をすりぬけてどこかへ流れ去ってしまうのだ。

【ロ】グローバリゼーションが要請するものとして、時間感覚と並べて挙げた因果関係への強迫観念は、以上の事情から導き出される。自らのなした行為――商品・サービスの購入という経済行為であれ、行政的政策であれ、学業の結果であれ――を、その結果や評価と結びつけるのにその速度は速ければ速いほどよい、できれば瞬時に結果が届いてほしい。自分の行為とその結果の因果関係を無時間の中で把握したいという人間の欲望、③人間の弱さにグローバリゼーションはつけこんでくる。テクノロジーの開発と資本主義の巨大化がわれわれのこうした強迫観念を刺激しようと手に手をとってせまってくるとき、一時の安心感や刹那的な快感を追い求める状況にわれわれが中毒していると気づくのは不可能に近いことなのである。

【ハ】資本とデータが④跳梁跋扈する新たなる領域と化した⑤グローバル社会における教育の現状を、スピヴァクは次のように表現する。「今日の新しい教育を受ける者たちはたいていが、速さと雇用と市場の成功の仕方を至上の価値と見なすように教え込まれてしまっている」。

【ニ】西ベンガルの農村において、教育する側とされる側の両方が、いかに知的労働の権利を奪われているかを観察し報告するスピヴァクは、一方で、最高の高等教育を受けているはずのアメリカの大学（彼女はコロンビア大学で教えている）の学生たちも、別の意味で知的労働の権利を奪われていると考えている。「なぜなら彼ら彼女らはインターネットによる検索エンジンの機能にたより、卒業後の雇用と収入にしか焦点をおかない学習態度にどっぷりとつかっているからです」。インターネットでの情報収集とは、クリック一つで瞬時に得られるという意味でグローバリゼーション時代の基本操作であろう。そして、大学で教育を受けることの意味を、卒業後の雇用と収入のためだけにあるとする態度とは、大学教育を受けた自分に対する資本主義社会からの評価が、ジョブマーケットに出るその時点でいち早く下されることを当然とする態度である。

【ホ】こうした学習態度をもたらすグローバリゼーションの時間感覚は、学生の側の行動・心理だけに見られるものではない。それは、C研究機カンとしての機能をもつ大学という場そのものへ侵入しており、とくに人文系学問への軽視・抑圧として働いている。そこでスピヴァクが持ち出すのは「持続可能性」(sustainability)という概念である。この言葉は、今日、環境問題やエネルギー問題について語る際に用いられているが、スピヴァクは人文学というコンテクストの中における「持続可能性」の概念を次のように解説する。

> かつて、人文研究の分野では、想像力の訓練を最［Ⅰ］限化して、同時にグローバリゼーションのもたらす心を麻痺させる画一化を最［Ⅱ］化することによって持続可能性のかたちをとったものだ。

グローバリゼーション社会の「持続可能性の実践」は、スピヴァクによれば、「何かを最［Ⅲ］限に行なうことが、それとは別の何かを最［Ⅳ］限に行なったことになるようにする」ことである。自分から投資するものの量(労力であろうと金銭であろうと)は最［Ⅲ］限にして、そこから得る結果(金銭であろうと評価であろうと)を最［Ⅳ］限に獲得すること。これがグローバリゼーション社会における「持続可能性のための実践」である。結果についての情報が瞬時に手に入り、自分の行為と結果の因果関係をⓐサイダイ漏らさず把握できるというのがその特徴である。われわれは、今、世界規模でこのグローバリゼーション版「持続可能性」に浸っている。

スピヴァクはこれに対して人文研究版「持続可能性」を提案するのであるが、その提案は警告の声とともにわれわれに届けられる。それは「グローバリゼーションの画一化の中で生身の人間にとって決定的に欠如しているものがあるのではないか」という声である。われわれの身体が時間をかけて納得していく、行為と結果の因果関係は、グローバリゼーション的時間感覚の中で瞬時につかみ取った因果関係と同じであるはずがない。いち早くもたらされる情報は、恣意的に切り取られた後に残る情報を切り捨てたものであり、当然物事の全貌を伝えてはいない。外界からの情報を五感で受理し、記憶と情念とによって自分なりの意味に変換し記憶に登録する人間にとって、ゆっくりという速度でしか理解できないことがある。そのような事情を隠蔽・抑圧したグローバリゼーションの空間では「（グローバリゼーションの中で生きていくための）持続可能性」が唱えられている。スピヴァクはそのことを「心を麻痺させる画一化」と呼んだのであろう。

先の引用をあらためて解説しておこう。スピヴァクによれば、人文学における「持続可能性」とは、「心を麻痺させるグローバリゼーションの画一化を最［Ⅱ］限にするために、想像力のトレーニングを最［Ⅰ］限に行なうこと」だと言ったが、これは、グローバリゼーション社会で実践・推奨されている「持続可能性」とはまったく逆の方策である。二十一世紀の今、人文学的「持続可能性」を実行するのはたいへん難しいことに思われる。グローバリゼーションという運動がことごとく人文学という学問を抑圧・否定する方向に動いているからだ。しかし、そうした人文学の苦境の中にあって、スピヴァクの次の言葉は一つの希望をもたらしてくれる。

グローバリゼーションはⓒ経験する存在であるわれわれの感覚器官には決して起こらない。

われわれは五感によって採取した外界の情報を一つ一つ身体を通して受容し、その意味を認定しながら物事を理解する。であるとすれば、自分の身体をⓑバイタイとして言葉と意味との絆をさぐることをその基本的作業とする人文学こそが今、注目されるべきではないか。人文学的アプローチを保持することによってのみ、われわれはグローバリゼーションの暴力の侵入をせき止めることができる。スピヴァクが提唱するように、「人文学のゆっくりとした教育ペースによって」、「人文学の遅い速度で訓練された頭脳と心」を育むときはじめて、われわれはグローバリゼーションの時間の流れに［甲］行する術を教えることができるのである。

（下河辺美知子「グローバリゼーションの中の人文学」）

問一　傍線部Ａ～Ｃのカタカナの部分を漢字で書いたとき、傍線部に同一の漢字を使うものを次のイ～ホからそれぞれ一つずつ選び、その符号をマークしなさい。

A　指ヒョウ
イ　酷ヒョウを受ける　ロ　白ヒョウを投じる　ハ　ヒョウ敬訪問
ニ　同じ土ヒョウに立つ　ホ　座ヒョウ軸を定める
B　ジョ々
イ　ジョ行運転　ロ　面目躍ジョ　ハ　武装解ジョ
ニ　公ジョ良俗　ホ　相互扶ジョ
C　研究機カン
イ　カン理社会　ロ　カン所を押さえる　ハ　玄カン払いされる
ニ　カン中見舞い　ホ　半カン半民

問二　傍線部ⓐ「サイダイ」、ⓑ「バイタイ」を漢字で記しなさい。

問三　次の一文が入るべき箇所として最も適当なものを問題文の【イ】～【ホ】から一つ選び、その符号をマークしなさい。
　教育現場にもグローバリゼーションの麻薬は染み込んでいる。

問四　傍線部①「情報を受け取った者は、それを一つの現実として扱うわけであるが、実はそれは現実の「一つの断片」(a piece of) にすぎない」とあるが、グローバリゼーションにおける「情報」が「現実」の「一つの断片」でしかないことを示した他の一文を問題文から探し、その初めの五字を抜き出しなさい（句読点等も字数に含むものとする）。

問五　傍線部②「その向こうには、その断片の意味を変質・逆転させることになるかもしれないより大きな情報が可視化されないかたちで存在している」とあるが、この観点からすると「現実」とはどのようなものか。その説明として最も適当なものを次のイ～ホから一つ選び、その符号をマークしなさい。
イ　現実とは多義的なものである
ロ　現実とは固定的なものである

ハ　現実とは可塑的なものである
ニ　現実とは物質的なものである
ホ　現実とは不可逆的なものである

問六　傍線部③「人間の弱さ」とはどういうことか。その説明として最も適当なものを次のイ〜ホから一つ選び、その符号をマークしなさい。
イ　人間は、自らの行為の結果や評価を速く把握したいという本能を制御することができないということ
ロ　人間は、自らの行為の結果や評価をゆっくり反省することの重要さを見落としてしまうということ
ハ　人間は、自らの行為の結果や評価を知ることができない苛立ちに押しつぶされてしまうということ
ニ　人間は、自らの行為の結果や評価が芳しくないことから目を背けたくなってしまうということ
ホ　人間は、自らの行為の結果や評価がすぐわからないことの不安に耐えられないということ

問七　傍線部④「跳梁跋扈する」の意味として最も適当なものを次のイ〜ホから一つ選び、その符号をマークしなさい。
イ　信用を勝ち取ること
ロ　わがもの顔にふるまうこと
ハ　根底にまで達すること
ニ　飛躍的に増殖すること
ホ　最も重要な位置につくこと

問八　傍線部⑤「グローバル社会における教育の現状」の説明として適当でないものを次のイ〜ホから一つ選び、その符号をマークしなさい。
イ　学生がグローバリゼーションに沿わない知を求めることが難しくなってしまっている。
ロ　学生はインターネット検索エンジンにたよって情報収集することが基本となっている。

ハ　学生にとって大学教育の意味が卒業後の雇用や収入とのつながりの中でのみ認識されている。
ニ　知的労働のジョブマーケットに自らを参入させる権利が学生から奪われてしまっている。
ホ　グローバリゼーションの時間感覚が学生の行動や心理を規定している。

問九　空欄Ⅰ～Ⅳに入る漢字の組み合わせとして最も適当なものを次のイ～へから一つ選び、その符号をマークしなさい。
イ　Ⅰ－小　Ⅱ－大　Ⅲ－小　Ⅳ－大
ロ　Ⅰ－小　Ⅱ－大　Ⅲ－大　Ⅳ－小
ハ　Ⅰ－大　Ⅱ－小　Ⅲ－小　Ⅳ－大
ニ　Ⅰ－大　Ⅱ－小　Ⅲ－大　Ⅳ－小
ホ　Ⅰ－小　Ⅱ－小　Ⅲ－大　Ⅳ－大
へ　Ⅰ－大　Ⅱ－大　Ⅲ－小　Ⅳ－小

問十　傍線部⑥「経験する存在であるわれわれ」とはどのようなものか。これについて四十字以上四十五字以内で示された箇所を問題文から探し、その初めと終わりをそれぞれ五字ずつ抜き出しなさい（句読点等も字数に含むものとする）。

問十一　空欄甲に入る漢字一字を問題文から抜き出しなさい。

問十二　問題文の内容と合致するものを次のイ～ホから一つ選び、その符号をマークしなさい。
イ　現在の教育現場は、グローバリゼーションの時間感覚と因果関係への強迫観念を軸にして制度設計をしていく必要がある。
ロ　テクノロジーの開発と資本主義の巨大化が一体となった現在、行為と結果の因果関係を正しく把握できているかどうかを、人は常に警戒しなければならない。
ハ　グローバリゼーション版「持続可能性」ばかりが重視されているのは、環境問題やエネルギー問題が現在深刻化しているためである。

ニ　身体を通してゆっくりとした速度で学びがなされる人文学教育は、グローバリゼーションの暴力の侵入を防ぐための契機となり得る。

ホ　スピヴァクは、資本とデータの中でのみ起こっているグローバリゼーションが人間の心身に影響を与えることはないと考えている。

二

次の文章を読んで、後の問に答えなさい。

いづれの年の春とかや、弥生の花ざかり、花徳門《けとくもん》の御つぼにて、二条前関白、大宮大納言、刑部卿三位、頭中将など参り給ひて、御鞠侍りしに、見物の人々にまじりて、女どもあまた見え侍るなかに、内裏の御心寄せにおぼしめすありけり。鞠は御心にも入らせ給はで、かの女のかたをしきりに御覧ずれ①ば、女わづらはしげに思ひて、うちまぎれて左衛門の陣のかたへⓐ出でにけり。

＊六位を召して、「この女の帰らん所、見置きて申し侍れ」とⓑ仰せたびければ、蔵人、追ひつきて見るに、この女、ⓒ心得たりけるにや、②いかにもこの男、すかしやりて逃げむ、と思ひて、蔵人を招き寄せて、うち笑ひて、「『くれ竹の』と申させ給へ。Aあなかしこ、御返しをうけたまはらむほどは、この門にて待ちまゐらせん」と言へば、すかす、とはゆめゆめ思ひ寄らで、ただすきあひまゐらせんとすると心得て、いそぎ参りて、このこと③奏し申せば、「Bさだめて古歌の句にてぞ侍らん」とて、御たづねありけるに、その庭には、知りたる人なかりければ、④為家卿のもとへ御たづねありけるに、とりあへず、古き歌とて、

［　Ｉ　］

と申されたりければ、いよいよC心にくきことにおぼしめして、御返事なくして、「ただ女の帰らん所を、たしかに申せ」

と仰せたびければ、立ち返り、⑤ありつる門を見るに、かき消つやうに失せぬ。

また、参りて、しかじかと奏すれば、御気色悪しくて、たづね出ださずは、［Ⅱ］あるべきよしを仰せらる。蔵人、青ざめてまかり出でぬ。このことによりて、御鞠もことさめて、入らせ給ひぬ。

その後、にがにがしくDまめだちて、心苦しき御ことにて侍りけるに、近衛殿、二条殿、花山院大納言定雅、大宮大納言公相、中納言通成などやうの人々、参り給ひて、御遊侍れども、さきざきのやうにもわたらせ給はず、ものをのみおぼしめすさまにて、御ながめがちなれば、近衛殿、御かはらけをすすめ申させ給ふついでに、「Eまことにや、近ごろ、行くかた知らぬ宿の蚊遣火に、焦がれさせおはしまし侍るなる。⑥たづね侍らんに、かくれ侍らじものを。唐土には、蓬莱までたづね侍りける例も侍るを、これは都のうちなれば、やすきほどのことなり」とて、御酒参らせ給ふに、⑦内裏も、すこしうち笑はせ給へども、そぞろかせ給ひて、入らせ給ひぬ。

その後、蔵人、いたらぬ隈なく、もしやあふ、と求め歩きて、神仏に祈り申せども、かひなし。思ひわびて、「文平と申す陰陽師こそ、当世には、たな心をさして、推条⑧まさしかなれ。このこと、占はせん」と思ひて、まかり向かひて問ひ侍りければ、申しけるは、「これは、内々もうけたまはりおよべり。ゆゆしき大事なり。文平が占は、これにてこころみ侍るべし。火の曜を得たり。神門《かみかど》なり。今日は巳の日なり。巳はFくちなはなり。このことを推するに、一旦のかくれなり。つひには、あはせ給ふべし。ただし、火の曜は、夏の季にいたりて御悦びなり。くちなはなれば、もとの穴に入りて、もとの所に出づべし。夏の中、五月中にかくれけむ所にて、かならずあはせ給ふべし」と申せども、これも凡夫なれば、一定、頼むべきにはあらねども、むげに上の空なりしよりは、この占を聞きて後は、つねに左衛門の陣のかたにぞたたずみける。

（『なよ竹物語絵巻』より）

（注）＊六位…後に出てくる「蔵人」と同一人物。

問一　傍線部A～Fの語句の意味として最も適当なものを次のイ～ホからそれぞれ一つずつ選び、その符号をマークしなさい。

A「あなかしこ」
イ　恐れ入りますが　ロ　必ずや　ハ　しばらくの間は
ニ　それはそれとして　ホ　神に誓って

B「さだめて」
イ　いつものように　ロ　やはり　ハ　全て
ニ　なるほど　ホ　きっと

C「心にくき」
イ　思慮深い　ロ　興味深い　ハ　奥ゆかしい
ニ　残念な　ホ　腹立たしい

D「まめだちて」
イ　真剣に思いつめて　ロ　不機嫌になって　ハ　ふさぎ込んで
ニ　呆然として　ホ　物思いにふけって

E「まことにや」
イ　もしもし　ロ　いやはや　ハ　どうやら
ニ　そういえば　ホ　何とまあ

F「くちなは」
イ　蛇　ロ　蟻　ハ　もぐら　ニ　鼠　ホ　みみず

問二　傍線部①「ば」と文法的に同じ働きをしているものを次のイ～ホから一つ選び、その符号をマークしなさい。

イ　物見られれば、その車に乗らむ。（『蜻蛉日記』）
ロ　ここになど渡してば心やすくはべりなむ。（『源氏物語』）
ハ　うちわびておち穂ひろふと聞かませばわれも田づらにゆかましものを（『伊勢物語』）
ニ　さ思はれば、今日にても。（『源氏物語』）
ホ　あふことの方はさのみぞふたがらむひと夜めぐりの君となれれば（『大和物語』）

問三　波線部ⓐ「出で」、ⓑ「仰せ」、ⓒ「心得」の終止形を、すべてひらがなで記しなさい（現代仮名遣いでも歴史的仮名遣いでもよい）。

問四　傍線部②「いかにもこの男、すかしやりて逃げむ、と思ひて」の解釈として最も適当なものを次のイ〜ホから一つ選び、その符号をマークしなさい。
イ「まさしくこの男だ、言いくるめて逃げよう」と思って
ロ「何としてもこの男を、騙して向こうへ行かせ、逃げよう」と思って
ハ「何としてもこの男は私を騙して追い返し、逃げるだろう」と思って
ニ　どういうわけかこの男は「女を丸め込んで逃げよう」と思って
ホ「どのようにしてこの男は私をやりすごして逃げるのだろうか」と思って

問五　傍線部③「奏し申せば」は、誰から誰への敬意を表しているか。最も適当なものを次のイ〜ヘから一つ選び、その符号をマークしなさい。
イ　語り手から帝へ
ロ　語り手から蔵人へ
ハ　語り手から女へ
ニ　蔵人から帝へ

ホ　蔵人から女へ
へ　蔵人から為家へ
問六　傍線部④「為家卿」は実在した歌人である。この歌人の父で、『近代秀歌』『明月記』などを著し、『新古今和歌集』の撰者にもなった人物は誰か。姓名を漢字で記しなさい。
問七　空欄Ⅰに入る最も適当な和歌を次のイ～ホから一つ選び、その符号をマークしなさい。
イ　残りなく散るぞめでたき桜花ありて世の中はての憂ければ
ロ　くれ竹の折れ伏す音のなかりせば夜深き雪をいかで知らまし
ハ　くれ竹のむなしととけることの葉はみよの仏の母とこそ聞け
ニ　高くとも何にかはせむくれ竹のひと夜ふた夜のあだのふしをば
ホ　恋ひわびてうち寝るなかに行きかよふ夢の直路はうつつならなむ
問八　傍線部⑤「ありつる門を見るに、かき消つやうに失せぬ」とあるが、これは蔵人にとって想定外であった。そのことが読み取れる箇所を問題文から探し、十五字以内で抜き出しなさい（句読点等も字数に含むものとする）。
問九　空欄Ⅱに入る最も適当な言葉を次のイ～ホから一つ選び、その符号をマークしなさい。
イ　ひがごと　　ロ　とが　　ハ　あるじまうけ　　ニ　おとなひ　　ホ　しるし
問十　傍線部⑥「たづね侍らんに」を現代語訳しなさい。
問十一　傍線部⑦「内裏も、すこしうち笑はせ給へども」とあるが、こうした帝の態度は近衛殿のどのような行動に対して向けられたものか。最も適当なものを次のイ～ホから一つ選び、その符号をマークしなさい。
イ　蓬萊に伝わるという酒を振る舞ってくれたこと
ロ　帝の探しているものを勘違いしていたこと
ハ　楽観的になれそうな話で慰めてくれたこと

ニ　冗談を言いながら酒を飲み始めたこと
ホ　女の行方を示す手がかりを知らせてくれたこと

問十二　傍線部⑧「まさしかなれ」の文法的説明として最も適当なものを次のイ～ホから一つ選び、その符号をマークしなさい。

イ　形容動詞　ロ　名詞＋助動詞　ハ　副詞＋助動詞
ニ　副詞＋形容動詞　ホ　形容詞＋助動詞

問十三　問題文の内容と合致するものを次のイ～ホから一つ選び、その符号をマークしなさい。

イ　帝は蔵人から女の言葉を伝え聞き、女に返事を送った。
ロ　帝が為家のもとに蔵人を行かせた頃、花徳門の庭では蹴鞠が行われていた。
ハ　帝は近衛殿や二条殿らを集めて、女の捜索に協力するよう頼んだ。
ニ　文平は、帝が失意の底に沈んでいることを蔵人の話によって初めて知り、驚いた。
ホ　蔵人は文平の占いを疑い、女が行方をくらました場所とは異なる場所で待機することにした。

二月七日実施分

解答

一

出典 下河辺美知子「グローバリゼーションの中の人文学―魅惑する時間と偽りの約束」（『グローバリゼーションと惑星的想像力―恐怖と癒しの修辞学』〈序〉　みすず書房）

解答

問一　A―ホ　B―イ　C―ハ

問二　ⓐ細大　ⓑ媒体

問三　ハ

問四　いち早くも

問五　イ

問六　ホ

問七　ロ

問八　ニ

問九　ハ

問十　外界からの～録する人間

問十一　逆

問十二　ニ

◆要　旨◆

教育の場は、即時性を求めるグローバリゼーションの時間感覚と、自己の行為とその結果を把握したいという強迫観念が支配する脅迫的な場となっている。そういった感覚は、学生の側のみならず大学そのものにも侵入しており、特に人文系学問への軽視につながっている。スピヴァクによれば、グローバリゼーション社会における「持続可能性」とは最小限の労力で最大限の結果を得ることだが、人文研究におけるそれは、逆にグローバリゼーションの画一化を最小限にするために想像力の訓練を最大限に行うことである。グローバリゼーションの暴力を防ぐには、人文学のゆっくりした教育ペースによって、五感によって得た外界の情報を自分の身体を媒体として理解することが必要である。

▲解　説▼

問三　【ハ】の直前一文を見ると、グローバリゼーションについて「われわれが中毒している」と書かれている。これは脱文における「グローバリゼーションの麻薬」という表現と一致するため、正解はハ。なお、脱文の「教育現場にも」という部分から、直前では「教育現場」以外におけるグローバリゼーションのもたらした弊害について言及されていると予測できると解答しやすい。

問四　設問は、「情報」が「現実」の一部を表しているに過ぎないことを示す文を探すことを求めているので、文章全体から、「情報」が主語で、このような文意を満たす部分を探すとよい。傍線部ⓐを含む段落の次段落の四文目に「情報は、…全貌を伝えてはいない」とあるため、これが該当箇所である。

問五　問四でも見たように、「情報」は「現実」の一部を表しているに過ぎない。また傍線部②にもあるように、「現実」の他の部分にはまた異なる意味をもつ情報が存在しているのである。このような状況を表現している、イ「現実とは多義的なものである」が正解。なお、ハの「可塑《かそ》的」は〝思うように形を作ることができる〟という意味。ホの「不可逆的」は〝一度変化したら元に戻すことができない〟という意味。

問六　傍線部③の直前で「自分の行為とその結果の因果関係を無時間の中で把握したい」と説明されており、これが傍線部③の直接的な内容である。また、傍線部③を含む文の次の文では「こうした強迫観念」と言っているため、傍線部③は「強迫観念」とも換言できることがわかる。「強迫観念」とは、〝心から離れない、不安な気持ち〟といった意味

解答編

である。つまり、傍線部③「人間の弱さ」とは、自分の行為とその結果の因果関係が瞬時に把握できなくては不安である、といった意味である。これらの要素を踏まえているホが正解。イは、「本能を制御することができない」というだけでは、「弱さ」の説明として不十分であり、不適となる。

問七　「跳梁跋扈《ちょうりょうばっこ》」とは〝悪い者が勝手気ままに振る舞い、はびこること〟という意味。

問八　イは、第一段落で〝知の悦びを教えるはずの教育現場が、グローバリゼーションによって支配されている〟といった指摘がなされていたことに概ね合致する。傍線部Ｃを含む文でも、大学そのものがグローバリゼーションに侵食されていることが指摘されていた。ロは、傍線部⑤を含む段落の次の段落の二文目の内容に合致する。ハは、傍線部⑤を含む段落の次の段落の最終文の内容に合致する。ニは誤り。傍線部⑤を含む段落の次の段落の一文目では、学生が知的労働の権利を奪われていることについて言及されているが、〝ジョブマーケットに自らを参入させる権利を奪われている〟とは言っていない。ホは、傍線部Ｃを含む段落の一文目に「グローバリゼーションの時間感覚は、学生の側の行動・心理だけに見られるものではない」とあることから、少なくとも学生の行動や心理を規定していることは正しいと言える。

問九　傍線部ⓐを含む文に、「結果についての情報が…サイダイ漏らさず把握できる」とあることから、グローバリゼーション社会における「持続可能性」とは、瞬時に情報を漏らさず把握することだとわかる。これは問八でも見た、インターネットを用いた情報収集の際にクリック一つで膨大な情報を得られるということからもわかる。すなわち、最小限の努力によって最大の結果を生むということである。一方で人文研究における「持続可能性」とは、二度目の空欄Ⅰの後にあるように、グローバリゼーション社会における「持続可能性」とは逆の方向性である。以上に即して空欄Ⅰ～Ⅳを埋めればよい。

問十　傍線部⑥を含む文の次の文に「われわれは五感によって…物事を理解する」とあり、これが傍線部⑥と同内容になっている。ところが、これでは制限字数に合わないため、これと同内容の箇所を本文全体から探す。すると、傍線部

ⓐを含む段落の次の段落の五文目に「外界からの情報を五感で受理し、記憶と情念とによって自分なりの意味に変換し記憶に登録する人間」とあることに気づく。四十五字であり、制限字数に合致するため、これが正解。

問十一　空欄甲を含む文の前の文で筆者は「グローバリゼーションの暴力の侵入をせき止めることができる」と主張しており、これを換言した部分が空欄甲を含む一文であることがわかる。よって、グローバリゼーションに対抗するもの、といった内容になるように空欄を埋めるとよい。

問十二　イは誤り。グローバリゼーションの時間感覚や、因果関係への強迫観念自体は言及されていたが、それを軸として制度設計すべきだとは言っていない。ロは「正しく把握できているか…警戒しなければならない」が本文中に言及がないため誤り。ハは「環境問題やエネルギー問題が現在深刻化しているため」が本文中に言及がないため誤り。ニは最終段落の内容と合致するため正しい。ホは「グローバリゼーションが人間の心身に影響を与えることはない」が誤りである。たしかにスピヴァクは傍線部⑥を含む文で「グローバリゼーションは…決して起こらない」と述べているが、これは最終段落を読むと「人文学的アプローチを保持することによってのみ」という条件が付いていることがわかる。

二

出典　『なよ竹物語絵巻』〈第一段〜第三段〉

解答

問一　A―イ　B―ホ　C―ハ　D―イ　E―ニ　F―イ

問二　ホ

問三　ⓐいづ〔いず〕　ⓑおほす〔おおす〕　ⓒこころう

問四　ロ

問五　イ

問六　藤原定家
問七　ニ
問八　すかす、とはゆめゆめ思ひ寄らで
問九　ロ
問十　捜し求めましたならば
問十一　ハ
問十二　ホ
問十三　ロ

◆全　訳◆

どの年の春だったか、三月の花ざかりに、花徳門の中庭で、二条前関白、大宮大納言、刑部卿三位、頭中将などが参内なさって、蹴鞠をしましたときに、見物の人々に混じって、女たちがたくさん見えます中に、帝がお心を寄せていらっしゃる人がいた。(帝は)蹴鞠のことはお心にも留めていらっしゃらず、その女の方をしきりにご覧になるので、女は面倒だと思って、(見物の人々に)まぎれて左衛門の陣の方へ出ていった。

(帝は)六位を呼び寄せなさって、「この女が帰る場所を、見ておいて(私に)申しなさい」と命令をお与えになったので、蔵人(=六位)は、(女に)追いついて見ると、この女は、事情をわかっていたのだろうか、どうにかしてこの男(=六位)を、だましてあっちに行かせて逃げよう、と思って、蔵人を招き寄せて、笑って、「『くれ竹の』と申しなさってください。恐れ入りますが、(帝からの)お返事を頂戴するまでは、この門でお待ちしましょう」と言うと、(六位は、この女が)だます、とはまったく思いもよらず、ただ風流を交わし申し上げようとしているのだと思って、急いで(帝のもとに)参上して、このことを奏上し申し上げると、「(「くれ竹の」というのは)きっと古歌の句でございましょう」といって、お尋ねがあったが、その庭には、(該当する古歌を)知っている人がいなかったので、為家卿のもとへお尋ねが

あったところ、すぐさま、古い歌ということで、

（身分が）高くても何になるでしょうか。呉竹の（一節二節のように短い）一夜二夜のかりそめの逢瀬ではと申されたので、（帝は女のことを）ますます奥ゆかしくすぐれた者だとお思いになって、お返事はしないことにして、「ただ女が帰っていく場所を、確実に（調べて）申せ」と命令をお与えになったので、（六位は）立ち返って、先ほどの門を見ると、かき消すように（女は）失せてしまった。

（六位は）また、参上して、こうこうでしたと奏上すると、（帝は）ご機嫌が悪く、（女を）捜し出さなければ、とがめがあるだろうということをおっしゃる。蔵人は、青ざめて退出してしまった。このことによって、蹴鞠も興ざめしてしまい、（帝は屋内に）入りなさった。

その後、（帝は）苦々しく真剣に思いつめて、心苦しいご様子でありましたが、近衛殿、二条殿、花山院大納言定雅、大宮大納言公相、中納言通成などのような人々が、参上なさって、（管弦の）お遊びをしましても、前のようには（楽しそうで）いらっしゃらず、ものをだけ思いなさっている様子で、物思いにふけっていらっしゃいがちなので、近衛殿は、（帝に）お酒をすすめ申し上げなさる折に、「そういえば、近ごろ、行方の知らない宿の蚊遣火に、（胸を）焦がしていらっしゃるようですね。（女を）捜し求めましたら、隠れ（ているともでき）ませんでしょうに。中国には、蓬莱山まで（女の魂を）捜しに行った例もありますが、これ（＝帝が捜している女の件）は都の中のことなので、簡単な程度のことだ」といって、お酒を差し上げなさると、帝も、少しお笑いになるが、気もそぞろでいらっしゃって、（お部屋に）お入りになってしまった。

その後、蔵人は、思い及ばぬところもなく、もしや（女に）会うのではないか、と求め歩きまわって、神仏に祈り申し上げたが、効果がない。思いあぐねて、「文平と申す陰陽師が、現代では、（占いを）はっきりと言い当てて、易占の結果の説明も正確であるらしい。このこと（女に出会えるか）を、占わせよう」と思って、（蔵人が）出向いて（文平に）問いましたら、（文平が）申したことには、「これは、内々にお聞き及んでございます。大変な一大事です。（私）文平の占

いは、ここで試してみましょう。火の曜（＝陰陽の五元素「五行」の一つ）が出ました。神門です。今日は巳の日です。巳とは蛇のことです。このことから類推すると、（女は）一時的に隠れているだけです。最終的には、お会いになるでしょう。ただし、火の曜は、夏の季節に至ってお悦び事があります。蛇であるので、もとの穴に入って、もとの所に出てくるでしょう。夏の、五月中に（女が）行方知れずになったらしい場所で、必ずお会いになるでしょう」と（文平は）申すが、これ（＝文平）もただの平凡な男なので、確かに、頼れるわけではないが、むやみに根拠なく（捜し求めていたとき）よりは（まだよいだろうと）、この占いを聞いた後は、（蔵人は）つねに左衛門の陣の方にたたずんでいた。

◀解　説▶

問一　A　「あなかしこ」は〝恐れ多いことだ〟の意味。呼びかけるときには〝恐れ入りますが〟の意味でも使われる。

B　「さだめて」は〝きっと〟〝必ず〟といった意味の副詞。動詞「さだむ」の連用形に接続助詞「て」が付き一語化したものである。

C　「心にくき」は〝奥ゆかしい〟〝心惹かれる〟といった積極的な意味と、〝恐ろしい〟〝あやしい〟といった消極的な意味がある。ここでは帝が女に対して好意を寄せている場面であるから前者が適切。

D　「まめだちて」は「忠実立ちて」と書き、〝真剣な態度で〟という意味。「まめ」は「まめなり」と同一語源であり〝まじめだ〟の意味。「だつ」の部分は接尾語。

E　「まことにや」は〝そういえば〟〝ああ、そうそう〟といった意味。「まことや」の形でも用いる。忘れていたことを思い出したときなどに用いる。

F　「くちなは」は〝蛇〟のこと。蛇の形が朽ちた（腐った）縄に似ていることが由来。なお、大きな蛇は「おろち」と呼んでいた。

問二　傍線部①は已然形に接続しているため、順接の確定条件。〝～ので〟と訳す。イは傍線直前の「られ」が助動詞「らる」の未然形。よって順接の仮定条件。ロは傍線直前の「て」が助動詞「つ」の未然形。よって順接の仮定条件。

ハは「〜せば…まし」の形を取り、事実と異なる事柄を想定する〈反実仮想〉を作る。つまり、ここでの「ば」は順接の仮定条件。ニは、助動詞「る」の未然形「れ」に接続しているため順接の仮定条件。ホは傍線直前の「なれれ」が動詞「なる」の已然形＋助動詞「り」の已然形である。已然形に接続しているため順接の確定条件。よって正解はホ。

問三　「仰す」は「言ふ」の尊敬語で〝おっしゃる〟の意味。「心得」は現代語では「心得る」が終止形となるが、古語では「こころう」と読む。

問四　「いかにも」は下に願望や意志を表す語を伴う場合には〝どうにか〟〝ぜひとも〟といった意味になる。「女」は帝の行動に対してわずらわしさを感じていることが傍線部①を含む文からわかる。帝から遣わされて追いかけてきた蔵人からも逃げたいと思っているのである。よって正解は、ロ。

問五　「奏す」は〝（天皇や上皇に）申し上げる〟〝奏上する〟という意味の絶対敬語（謙譲語）である。「申す」も謙譲語である。謙譲語においては、地の文であれば作者（文の語り手）、会話文であれば会話の語り手が敬意の主体であり、動作の客体（＝対象）が敬意の対象である。よってここでの敬意の主体は「語り手」であり、敬意の対象は奏上される対象、すなわち「帝」である。以上から、正解は、イ。

問六　『近代秀歌』『明月記』の著者はいずれも藤原定家。『新古今和歌集』の撰者は藤原定家・源通具・六条有家・藤原家隆・飛鳥井雅経・寂蓮の六人であり、後鳥羽院の命による。

問七　傍線部②を含む文で、女が蔵人に対して「くれ竹の」と帝に伝えることを要求していることがわかるため、それについて尋ねられた為家が示した古歌には「くれ竹の」という表現が含まれているはずである。これに合致するのはロ・ハ・ニである。また、問四でも触れたように「女」は帝の誘いから逃れようとして蔵人を介して「くれ竹の」の古歌を伝えているわけであるので、内容としても誘いを断るようなものであるはずだとわかる。これに合致するのは、一夜二夜のかりそめの関係を嫌う思いを詠んだニ。なお、ロは、夜に積もる雪を呉竹の折れる音で知るという冬の情景を詠んだものであり、ハは、一切を「空」と説く般若経の教えに関するものであり、いずれも男女の関係とは無関係。

問八　傍線部⑤は、女が門のところで消えたという内容である。蔵人が門のところにいる女が消えることなど予想もしていないということが、傍線部③を含む文で「すかす、とはゆめゆめ思ひ寄らで」と表現されている。「すかす」は〝だます〟の意。「ゆめゆめ」は、下に打消の語を伴って〝全く（…ない）〟という意味で用いられる。

問九　空欄Ⅱを含む文とその次の文を見ると、「たづね出ださずは」すなわち、女を捜し出すことができなければ、〈空欄Ⅱ〉があるという帝の発言を受けた蔵人が青ざめていることがわかる。このことから、空欄Ⅱには蔵人にとって都合の悪いような〈罰〉に相当する内容を埋めるのが適当だとわかる。これに最も近い、ロ「とが」が正解。なお、イの「ひがごと」は〝間違い〟〝過ち〟といった意味であり、正解と迷うが、〈罰〉という意味とやや異なっている。ハの「あるじまうけ」は〝ごちそうして客人をもてなすこと〟、ニの「おとなひ」は〝物音〟〝訪問〟、ホの「しるし」は〝霊験〟〝効果〟の意味。

問十　傍線部⑥「たづね侍らんに」は「たづね」＋「侍ら」＋「ん」＋「に」に品詞分解できる。「たづね」はナ行下二段活用動詞「たづぬ」の連用形。「侍ら」はラ行変格活用の補助動詞「侍り」の未然形。「侍り」には謙譲語と丁寧語の用法が存在するが、補助動詞の場合は〝～ます〟〝～ございます〟と訳す丁寧語である。「ん」は仮定の助動詞「ん(む)」の連体形。「に」は単純な接続を表す接続助詞である。ここでの「たづね」とは、帝が女を捜し求めるということである。以上から、〝捜し求めましたならば〟と訳せばよい。

問十一　見惚れた女の居所が見つからず、気を落とす帝に対して慰めに参上した近衛殿は、問十でも触れたように、〝捜せば見つかるだろう〟という楽観的な発言をして帝を慰めている。蓬萊山まで楊貴妃の霊魂を捜し求めに行かせた唐の玄宗のことを引き合いに出して、今回はまだ都の中での話であるから見つけるのはたやすいことだと言って励ましているのである。そのような慰めに対して帝は少し笑みを漏らしたというわけである。

問十二 傍線部⑧の前に係り結びをつくる係助詞「こそ」があるため、「まさしかなれ」の「なれ」は「なり」が已然形になったものである。「まさしか」という単語は存在しないので、まず「まさ」+「しかなり」で分けることを検討すると、「まさ」という単語がないのでこれでは誤り。次に「まさし」+「か」+「なり」の検討をするが、「か」の説明がつかないためこれも誤り。そこで形容詞「まさし」（正し）の活用を考えると、連体形が「まさしかる」となる。「まさしかる」に助動詞「なり」が接続する場合、「なり」が伝聞・推定の意味であれば撥音便無表記が起きることがある。ここでは「まさしかるなり」だったものが、「まさしかなり」となったのである。以上から、シク活用形容詞「まさし」の連体形＋伝聞の助動詞「なり」の已然形なので、正解はホ。

問十三 イは「返事を送った」が誤り。傍線部Cを含む文に「御返事なくして」とあることに矛盾する。ロは、傍線部Dを含む文の前の文に「御鞠もことさめて」とあることから、この時点までは蹴鞠をしていたことがわかるため正しい。ハは、全体が誤り。そもそも帝が近衛殿や二条殿らを集めたとは書かれていないし、協力するように頼んだということも本文中に言及がない。ニは「初めて知り」が誤り。文平の会話中に「内々もうけたまはりおよべり」とあるのに合致しない。ホは「異なる場所」が誤り。最終文に「左衛門の陣のかた」とあり、第一段落最終文の場所と一致する。

❖講 評

例年通り現代文一題と古文一題の出題でマークセンス方式・記述式の併用であった。

一の現代文は、下河辺美知子の評論からの出題。グローバリゼーションと教育に関するテーマであり、一見卑近なようだが、用いられている語や表現はやや難解で手間取ったかもしれない。問一・問二・問七は漢字・四字熟語の問題。例年通り、漢字の書き取りをはじめ知識問題の比率が比較的高い。問三は「麻薬」という比喩表現の表すところを具体化したうえで、挿入箇所の前後に似た表現がないかを探すとよい。問六は傍線部の直前に実質的な換言部分があることに注目するとよい。問十二は本文全体から根拠を見出しながら、選択肢を吟味する必要がある。内容合致問題では、極端な表現の選択肢はよく吟味し正誤を判定したい。

二の古文は、『なよ竹物語絵巻』、別名『鳴門中将物語』からの出題。和歌を通じた女の気持ちの表明を読み解くことができれば平易だっただろう。問二は基本的な助詞の識別問題。識別問題として頻出のものはまとめて覚えておきたい。「なば」や「てば」が順接の仮定条件を作ることを覚えておくとよいだろう。問四は下に願望、意志を伴う場合に特別な訳出をする疑問詞をまとめて覚えておくとよいだろう。問五は敬語の種類と敬意の主体との関係をもとに敬意の対象を特定する。本動詞と補助動詞を共にもつ敬語や絶対敬語については復習しておくとよい。問七は「女」が伝えたい内容を考えたうえでそれに合致する和歌を選ぶことが肝要。問八は本文全体から解答を探す箇所指摘の問題。解答根拠範囲が広いため時間がかかるので、他の設問で時間を削減し、なるべくここに時間を割きたい。問十は「侍り」の二種類の用法の見分け方が理解できていたかが鍵。同様に複数の用法をもつ敬語はまとめて覚えよう。問十二は見落としがちな撥音便無表記に気付けたかが鍵。問十三は本文全体から根拠を見出しながら、選択肢を吟味する必要がある。

2022年度

問題と解答

二月二日実施分

問題

（七五分）

一

次の文章を読んで、後の問に答えなさい。

街を歩くと、個人宅の敷地境界に［甲］狭しと並べられたペットボトルを目にすることがある。水が満たされたこれら透明のプラスチック容器は、ある動物を避けるための、しかし効果のない光り物でしかない。庭が通りに接する場所、ブロック塀の周囲や垣根の下に置かれ、境界をかたちづくるペットボトルの風景。この透明なⓐケッ界は、植えてもいないのに土やⓑ砂リから湧き出てくる雑草のように、他所のなにものかが庭に入ってきてしまうことにたいする、A都市に棲みつくノイズが「わたしたち」に侵入してくることにたいするささやかな抵抗であり、抗議である。

ペットボトルは増殖し、飼育と野生の境界に①穿たれた幾筋もの野良の道が消えていく。岩合光昭なら、それを「色気が足りない」と言うだろう。

ネコの数もバランスが整っている限りは、庭でおしっこをされても、おそらく問題になりにくいのではないか。住宅街を歩くと、ペットボトルを並べてネコ避けをしているお宅がある。ネコの数が増えすぎることによってネコが嫌いなヒトも多くなるのは仕方あるまい。「大切な庭が荒らされるのは、お前ら（ネコ）の②仕業だろう」と言われたらその通りだが、そこでペットボトルで景観を台無しにしてしまうというのは、色気が足りないのではないか。

飼われているのかいないのかⓒキ属も知れない動物に、私的領域と他所を気ままに出入りするそれらのノイズに、その存在と行動の不遜さと親密さに、わたしたちは、幾度となく惹きつけられ、かつ、耐えることができない。

不遜さと親密さ――この隔絶するふたつの態度のBあわいを徘徊する小さな肉食獣を、わたしたちは猫と呼んでいる。

猫たちを被写体とした岩合光昭の写真集を③繰っていくと、浅い*被写界深度のなかで、*マイクロフォーサーズとは思えないほどクリアに定着されているのは、当然のことながら、多くの場合、猫だ。不思議なのは、これらの猫たちが背景から浮きたってはいない、ということ。もちろん主題は猫であって、わたしたちの視線はどうしようもなく猫たちに惹きつけられてしまうのだが、それなのに、C猫たちは手前のカメラと結びつく以前に、背後の風景と強く結びついているように見える。

岩合の猫には、つまりは、D関係性の屈託がない。眼前のカメラとの、ひいては人との関係性によって生じる屈託が。わたしたちが「わたしたち」として認知するものたちが共有している、固有の視線や表情や仕草がない。眼差しを交わしあいながら相互に共同体の境界を確定しあうような、どうしようもなく人間的な相互了解の感受性に、彼／彼女らはほとんどの場合、属していない。だから、岩合の猫たちは、まるで風景と対等であるかのようなのだ。それは猫の顔をアップで捕らえたショットでも同じである。

街角に現れては呼びかけに応えて身をすり寄せて喉を低く鳴らす猫たち――人間と親しいものとして一般に流通する猫のイメージとは［乙］腹に、あるいは町場の猫の群れに囲まれながらその可愛らしい表情を愛情たっぷりに切りとる岩合光昭――猫の写真家として一般に流通する彼のイメージとは［乙］腹に、この写真家が撮る猫たちは「わたしたち」の境界に立っている。

あらためて確認するならば、岩合光昭は猫写真家である（このような言葉があるとして）。かつて野生動物の写真家として活動した猫写真家、ではない。しかしながら、岩合光昭は野生動物写真家である。現在猫写真家として活動する野生動物写真家、ではない。正確を期するなら、おかしなことを言うようだが、猫をも含む野生動物の写真家だろう。

経歴も出自も、岩合は猫と野生動物の両者と密接な関係をとり結んでおり、そのいずれかをこの写真家にとって非本質的なものとして切り捨ててしまうことはできない。本人がプロフィールに書きつけているとおり、岩合は広く動物写真家である。

そうであるにもかかわらず、ここでは、岩合を野生動物写真家だと言い直しておきたい。というのも、この写真家が提示するイメージは、そこに仮に猫が写し出されていたとしても、ほとんどの場合、野生動物の写真となってしまっているからだ。それは猫の資質でもあり、岩合の資質でもある。岩合の写真はE猫と野生動物が一致してしまう地点を写しだしており、だからこそ、素晴らしいのだ。

どういうことか。

猫の資質——たしかに犬と比べるなら、猫の被写体としての優秀さとモデルとしての無能さは際立っている。カメラ、あるいは人の視線との関係でいえば、こう整理することができる。犬に捧げられた岩合の著書『いぬ』を見ても、被写体としての犬は仔犬であったり、なにかに夢中になっているものを除けば、役を演じているかのように見えるものが少なくない。つまりF犬はモデルとして優秀であり、被写体としては凡庸である。

フレームが区切る写真表面にたいする猫の無関心と、この表面にあくまで定位しようとする犬。つまり犬は高度に「わたしたち」の関係性の屈託に参入しているのであって、それはカメラを向けたⓓト端に振り向いてピースしてしまう子供たち、あるいはカメラに気づかぬふりをして秘かなポーズを決めてしまう大人たちのようである。岩合の猫たちには、そういった屈託があまり見られないように思われる。

「ネコのどんなところに魅力を感じますか？」という問いにたいして、岩合はこう答えている。「［丙］ネコ」じゃないネコ、つまり急に走り回るとか、ネコらしく動いている姿が好きです。家畜の中で唯一、ひもで結ばれていない動物ですから、その自由度がいいですね」。

猫の自由。イタリアでは野良猫を「自由ネコ」と呼ぶそうだが、岩合はモデルとしてはありえない猫のこうした特性に惹きつけられており、この意味で、関係性の屈託に④絡めとられてお座りをしてしまう犬は、それが愛くるしいのだとしても「［丙］ネコ」でしかない。猫だってときには親密だし関係性を求めて擦り寄ってくる。それなのにG猫は、「わたしたち」の世界に犬ほどには定位していない。つまるところ、被写体であってモデルではない。

だから岩合の写真は、こう語っているかのようだ。猫は「わたしたち」にならないことができ、また同時に、なることもできる。それゆえ猫は、ときに不遜であり、ときに親密である。

もし彼／彼女らが「わたしたち」にならないのであれば、つまりは共通の生活形式をつくることができなければ、人とコミュニケーションをとることができず、ましてや生活をともにすることもないだろう。

しかしもし、彼／彼女らが「わたしたち」になるのであれば、つまりは共通の生活形式をつくるのであれば、端的に人を無視したり、野良であることもないだろう。

ⓔジュン然たる野生動物ではなく、ジュン然たる家畜やペットでもない猫。人の暮らしの傍らで、鎖を解かれ、野良であり続けることができる動物はHイレギュラーだろう。猫はなかば「わたしたち」に属しつつも、そこからなかば自由でもありうる。もちろん猫たちが自由に見えるのは、他のさまざまな依存対象をいくつも渡り歩いているからなのだが、それにしても、わたしたちの視点からは割り切ることのできない存在だ。

それゆえ、すべての猫は本質的に野良であり、不遜であり、自由である。ここに岩合の猫たちが野生動物と相接する領域が現れる。I彼／彼女たちは飼育と野生の界面に、幾筋もの野良の道を張り巡らせながら歩いている。

岩合が撮っているのは、猫から野生にも通じるこれら無数の回路ではないだろうか。

（山内朋樹「都市のライオン」より）

（注）＊被写界深度…写真の焦点が合う範囲のこと。被写界深度が「浅い」とは、焦点が合っている範囲が狭いことを言う。
＊マイクロフォーサーズ…レンズ交換式デジタルカメラにおける共通規格の一つ。カメラの躯体を小さく設計できる。

問一　傍線部ⓐ〜ⓔのカタカナの部分を漢字で書いたとき、傍線部に同一の漢字を使うものを次のイ〜ホからそれぞれ一つずつ選び、その符号をマークしなさい。

ⓐ　ケッ界
- イ　判ケツが下る
- ロ　無断ケッ勤する
- ハ　ケッ癖性の友人
- ニ　交渉が妥ケツする
- ホ　ケツ路を切り開く

ⓑ　砂リ
- イ　文明のリ器
- ロ　戦線リ脱
- ハ　情リを尽くす
- ニ　郷リを想う
- ホ　約束をリ行する

ⓒ　キ属
- イ　奮キをうながす
- ロ　雑誌にキ稿する
- ハ　徴兵をキ避する
- ニ　両案併キ
- ホ　本拠地にキ着する

ⓓ　ト端
- イ　版トを広げる
- ロ　ト党を組む
- ハ　本音をト露する
- ニ　別ト通知する
- ホ　ト世の義理

ⓔ　ジュン然
イ　照ジュンを合わせる
ロ　ジュン真な青年
ハ　環境にジュン応する
ニ　聖地ジュン礼
ホ　事件をジュン色した話

問二　傍線部①〜④の漢字の読みとして正しいものを次のイ〜ホからそれぞれ一つずつ選び、その符号をマークしなさい。

①　穿たれた
イ　コボたれた
ロ　ハナたれた
ハ　ウガたれた
ニ　ワカたれた
ホ　ナゲウたれた

②　仕業
イ　シタク
ロ　シゴウ
ハ　シゴト
ニ　シギョウ
ホ　シワザ

③　繰って
イ　タドって
ロ　クって
ハ　タグって
ニ　メクって
ホ　アヤツって

④　絡め
イ　カラめ
ロ　アツめ
ハ　カスめ
ニ　マルめ
ホ　ナめ

問三　空欄甲に入る言葉として最も適当なものを次のイ〜ホから一つ選び、その符号をマークしなさい。
イ　はざま　ロ　かたみ　ハ　ひたい　ニ　ところ　ホ　はため

問四　傍線部A「都市に棲みつくノイズが「わたしたち」に侵入してくること」とはどのようなことか。最も適当なものを次のイ〜ホから一つ選び、その符号をマークしなさい。

イ　都市のそこかしこで発生するさまざまな騒音が、パーソナルな居住空間まで飛び込んできてしまうこと
ロ　都市を放浪する生物のたてる鳴き声や物音が、耳に入ってうるさく感じられること
ハ　都市空間の中の生命体が、越境して人間の飼育している動物のテリトリーをおかすこと
ニ　都市を生活拠点にする動物が、人間の生活するプライベートな領域まで踏み込んでくること
ホ　都市に棲みつく害虫や害獣が、人間の住む領域で人間に危害を加えること

問五　傍線部Ｂ「あわい」の意味として最も適当なものを次のイ～ホから一つ選び、その符号をマークしなさい。

イ　界隈　　ロ　真ん中　　ハ　あいだ　　ニ　周縁　　ホ　裏がわ

問六　傍線部Ｃ「猫たちは手前のカメラと結びつく以前に、背後の風景と強く結びついている」とはどのようなことか。最も適当なものを次のイ～ホから一つ選び、その符号をマークしなさい。

イ　写真を撮ろうとしても、猫たちは風景の中に溶け込んでいて見つけにくいこと
ロ　猫たちを主役に撮影しても、風景の方が主題となっているように見えてしまうこと
ハ　カメラにおさめても、猫たちは風景の中で自由に生き生きと過ごしているようには写らないこと
ニ　カメラを向けても、猫たちの意識は背後の風景に集中してしまっていること
ホ　人間が撮影しても、猫たちは風景との間に親和性を保っていること

問七　傍線部Ｄ「関係性の屈託がない」とはどのようなことか。最も適当なものを次のイ～ホから一つ選び、その符号をマークしなさい。

イ　カメラを向けると、猫たちは人間が期待する姿かたちで立ち現れるということ
ロ　カメラを向けても、猫たちは人間のことを気にかけないということ
ハ　カメラを向けると、猫たちは人間と自然なコミュニケーションを取るということ
ニ　カメラを向けても、猫たちは人間を警戒することがないということ

ホ　カメラを向けても、猫たちは人間に対し決まった反応をしないということ

問八　空欄乙に入る漢字として最も適当なものを次のイ〜ホから一つ選び、その符号をマークしなさい。

イ　自　ロ　片　ハ　詰　ニ　裏　ホ　業

問九　傍線部E「猫と野生動物が一致してしまう地点」とはどのような意味か。最も適当なものを次のイ〜ホから一つ選び、その符号をマークしなさい。

イ　屋内から外へ出た猫が家畜から野生動物へと切り替わる瞬間
ロ　猫が備える野生動物としての資質が表出する瞬間
ハ　猫の外観が、野生動物のように精悍に見える瞬間
ニ　猫と野生動物とが、ともに人との物理的な距離を等しくする場所
ホ　猫の生活空間と野生動物の生活空間とが重なっていることを人間が確認できる場所

問十　傍線部F「犬はモデルとして優秀であり、被写体としては凡庸である」とあるが、筆者がそう述べる理由として、最も適当なものを次のイ〜ホから一つ選び、その符号をマークしなさい。

イ　犬は人間の命じるとおりのポーズをとることはできるが、自ら考えてポーズをとることまではできないから
ロ　仔犬や、なにかに夢中になっている犬の姿はすぐれた写真になるが、それ以外の犬の姿は野性味を欠いており、つまらないから
ハ　犬は人間の命令をよく聞くが、すぐれた写真になるかどうかは命令する人間次第だから
ニ　犬は撮影者の望む姿で写ってくれるが、予想外の振る舞いを見せることは期待できないから
ホ　犬はどのような姿を撮影しても端正に写るが、そこには作り物のようなわざとらしさが垣間見えるから

問十一　空欄丙に入る言葉として最も適当なものを次のイ〜ホから一つ選び、その符号をマークしなさい。

イ　さらってきた　ロ　呼んできた　ハ　売られてきた　ニ　買ってきた　ホ　借りてきた

問十二　傍線部G「猫は、「わたしたち」の世界に犬ほどには定位していない」のはなぜか。最も適当なものを次のイ～ホから一つ選び、その符号をマークしなさい。

イ　猫は犬のようにひもで結ばれないため、居場所が決まっていないから
ロ　猫は犬に比べて、人間社会においてあまり受容されていないから
ハ　猫は犬とは異なり、気分次第で人間との距離を変えるから
ニ　猫は犬のように家畜化されていないので、人間との上下関係が不安定だから
ホ　猫は犬よりも気ままで、人間社会から独立しようとしているから

問十三　傍線部H「イレギュラー」の問題文における意味として最も適当なものを次のイ～ホから一つ選び、その符号をマークしなさい。

イ　例外的　　ロ　不自然　　ハ　非常識　　ニ　問題外　　ホ　理不尽

問十四　傍線部I「彼／彼女たちは飼育と野生の界面に、幾筋もの野良の道を張り巡らせながら歩いている」の説明として最も適当なものを次のイ～ホから一つ選び、その符号をマークしなさい。

イ　野良猫たちは、人間が通ることのできない数多のルートを使って、飼育する人間の居住空間と外の野生の世界との間を行き来している。
ロ　普段は人間に飼育されている猫も、他の猫たちが張り巡らせた外界の道を歩くことを通じて、本来自らが備えている野生の性質を思い出している。
ハ　時に人間に親密に寄り添ってくる猫たちは、飼育と野生の境界で、野生に戻れる道を常に確保し続けている。
ニ　猫たちは飼育の空間である屋内と、野生の空間である屋外との間に通路を張り巡らせ、置かれた状況によってどちらにでも移動できるよう備えている。
ホ　猫たちは飼育と野生の間を行き来しながら、人間が猫の本性を存分に堪能することができるような余地を多く残し

ている。

二　次の文章を読んで、後の問に答えなさい。

（主人公の山伏は、もとは関白家の子息で大納言と大将を兼任していたが、妻を亡くした後、間もなく幼い姫君を妹に託して人知れず出家し、比叡山に籠っている。成長した姫君は入内し、現在は中宮となっているが、このほど病に倒れ意識不明に陥った。）

さても、かの峰には頼み給へりし＊阿私仙《あしせん》も露と消えにし後《のち》は、いとど分く世なく高き峰の上、深き谷の底までも思ひ入りつつA行ひ給ふさま、まことに空《むな》しからじと見ゆる。伝教大師、末代の衆生のために作り置き奉り給ひけん正身《しやうじん》の薬師如来に今一度参りて、＊像法転時の誓ひ違へ給ふなと申さまほしくて、わりなく忍びつつ＊中堂に参り給ひつるに、いともの騒がしげに数珠《ずず》の度々聞こゆるを「何事ならん」と思すに、夢ともなくいと尊げなる僧傍らに立ちて、「この人汝《なんぢ》ならでは助くべき人なし。親子の契りはなほ深きものなり。この度の命①生《い》け給へ」とのたまふを、②いと心得ず思すほどに、僧どもなんあまた居集まりて、「このことこそあぢきなけれ。春宮の御母中宮にて分くかたなくめでたきことに申せど、限りある道は力及ばぬことにこそ。終《つひ》に」と言へば、また、ある僧、「これは誰《た》が御娘」と問へば、「＊今の入道殿の御子またもおはせざりしが、大納言の大将にて世になくBかなしきことに思ひきこえ給ひたりしに、見目《みめ》・容貌《かたち》よりはじめてC才《ざえ》・才覚につけて、世にとりて何事にも余り給ひたると言はれ給ひしかばにや、俄《には》かにいづちともなく失せさせ給ひてこの二十四年に及びたれど、生きてや③おはすらん、いかがなり給ひける、知る人なし。その御娘ぞかし。妹の女院に申し置き給ひたりけるとて、当時の春宮と申す時より参らせ給ふ、わづらひ給ひけるが、今は限りになり給ひたるとて、今宵《こよひ》も度々誦経《ずきやう》もて参りつる」など語るを聞き給ひ、「さることありしぞかし」と夢の心地してあはれに④思さるる中にも、「かく聞きながら、あれを助けざらんこそ、むげに慈悲なき心地すれ。親子の恩愛は仏も許し給ふことなり。さるべくてこそ仏の御教へもありつらめ」など思して、ほのぼのとするほどに⑤都の方へ上り給ふに、あさましき山林にのみ馴らひ給ひて見馴れにし道も踏み惑はれ給へど、仏の導《しるべ》にやありけん、辿《たど》る辿る⑥未《ひつじ》の刻《とき》ばかりにぞその辺《わた》りへ参り着き給へる。

道も避りあへず物も聞こえぬまでなる馬車を「いとあはれの＊輪廻《りんね》の業《ごふ》や」と見給ふ。わりなく辿り入りて、殿上と思しき所の前にて、「今宵、中堂に侍りつるに、急ぎ参りて加持《かじ》参るべき夢なん見侍りつれば、急ぎ下《お》りて侍る。さやうのことなどもいまだ知り侍らねど、仏の御導の［甲］もやと御試み候《さぶら》へかし」とのたまへば、⑦誰《たれ》も誰もおこがましげに思ひつつ、はかばかしく聞きも入れず。「限りになり果て給ひぬ」とてまたDののしるに、＊殿こなたへ出で給ひて、「あれは何ぞ」と問ひ給へば、「かかることなん」と申す人あれば、もの試みんと思して「こなたへ、こなたへ」と、御手づからEいつき入れ給へば、やをら参り給ふ気色などあさましげなる姿なれど、あはれにもの懐かしげにて、見目などの言ひ知らずあさましげなる姿に痩せさらぼひたれど、さすがにFゆゑゆゑしくなまめかしきやうなるを、殿も怪しく見給へど、思ひ寄るべきことならねば、かかることなど申すに内へ入れ給ひぬ。数珠を擦り、左右《さう》なく「＊度脱一切病死海」と読み出だしたる声ぞ言ひ知らずあはれに心細くて、さばかり鳴り満ちたる殿内《とのうち》のなごりなく静まりぬるにやとまで聞こえたるを、誰も誰も⑧思はずにあさましく聞き給ふ。

中宮は絶え入り給ひたるが、すこしうちみじろぎて妙音品《めうおんぼん》の末つ方になるほどより泣き給ふさまいみじげなり。

（『苔の衣』より）

（注）＊阿私仙…かつて山伏を弟子とした僧。
＊像法転時の誓ひ違へ給ふな…薬師如来による救済を求める言葉。

＊中堂…延暦寺の総本堂である根本中堂。山伏は根本中堂から北東にやや離れた場所に住んでいる。
＊今の入道殿の御子またもおはせざりしが…「入道殿の男子は他にいらっしゃらなかったが」の意。入道殿は山伏の父で、かつて関白であった人物。
＊輪廻の業…生死を重ねて迷いの世界をめぐり続けることの原因となる、悪い行為。
＊殿…山伏の子供で、中宮の兄に当たる人物。現在は関白となっている。
＊度脱一切病死海…法華経の文句。法華経を持つ者が老・病・死から解放されることを言う。

問一　傍線部Ａ～Ｆの語句の意味として最も適当なものを次のイ～ホからそれぞれ一つずつ選び、その符号をマークしなさい。

Ａ「行ひ給ふ」
イ　弔っていらっしゃる
ロ　説法を行っていらっしゃる
ハ　生活していらっしゃる
ニ　仏道修行をしていらっしゃる
ホ　供養していらっしゃる

Ｂ「かなしき」
イ　いとしい　ロ　嬉しい　ハ　おそれ多い
ニ　誇らしい　ホ　たわいない

Ｃ「才」
イ　漢詩や音楽の素養　ロ　政治や政策の手腕　ハ　勘の鋭さ
ニ　蹴鞠や鷹狩の腕前　ホ　武術の技量

D「ののしる」
イ　涙を流す　ロ　大声で騒ぐ　ハ　叱り飛ばす
ニ　非難する　ホ　落胆する

E「いつき入れ給へば」
イ　取り次いでお入れなさると
ロ　急いでお入れなさると
ハ　せっついてお入れなさると
ニ　丁重に世話をしてお入れなさると
ホ　憚りつつお入れなさると

F「ゆゑゆゑしく」
イ　厳粛に　ロ　並々でなく　ハ　由緒ありげに
ニ　丁寧に　ホ　似つかわしく

問二　傍線部①「生け」の活用の種類と終止形の組み合わせとして最も適当なものを次のイ～ヘから一つ選び、その符号をマークしなさい。
イ　四段活用動詞で、終止形は「生く」
ロ　四段活用動詞で、終止形は「生くる」
ハ　下二段活用動詞で、終止形は「生く」
ニ　下二段活用動詞で、終止形は「生くる」
ホ　上二段活用動詞で、終止形は「生く」
ヘ　上二段活用動詞で、終止形は「生くる」

問三　傍線部②「いと心得ず思すほどに」とあるが、このときの山伏の心情についての説明として最も適当なものを次のイ～ホから一つ選び、その符号をマークしなさい。

イ　山伏は、娘のことを片時も忘れず過ごしてきたため、その娘が重体であることを知らされて、愕然としている。
ロ　山伏は、数珠の音が鳴っている事情を尋ねたのに対し、僧がそれと無関係の事柄に言及したので、不審に思っている。
ハ　山伏は、急に遠くから高僧の声が響いて山伏に家族がいることを言い当てたので、警戒している。
ニ　山伏は、娘が重病を患ったことの原因が自分にあると知り、どうしたら良いか分からなくなっている。
ホ　山伏は、そばに現れた僧が誰かの命を助けるよう求めてきたことについて、合点がいかない思いでいる。

問四　傍線部③「おはすらん」の文法的説明として最も適当なものを次のイ～へから一つ選び、その符号をマークしなさい。

イ　サ行変格活用動詞「おはす」終止形＋助動詞「らむ」連体形
ロ　サ行変格活用動詞「おはす」終止形＋助動詞「らむ」終止形
ハ　ラ行四段活用動詞「おはする」未然形＋助動詞「む」連体形
ニ　ラ行四段活用動詞「おはする」未然形＋助動詞「む」終止形
ホ　サ行四段活用動詞「おはす」終止形＋助動詞「らむ」終止形
へ　サ行四段活用動詞「おはす」連体形＋助動詞「らむ」連体形

問五　傍線部④「思さ」が表す敬意の対象として最も適当なものを次のイ～ホから一つ選び、その符号をマークしなさい。

イ　女院　　ロ　山伏　　ハ　僧　　ニ　中宮　　ホ　入道殿

問六　傍線部⑤「都の方へ上り給ふに」とあるが、山伏がこのような行動をとった理由として最も適当なものを次のイ～ホから一つ選び、その符号をマークしなさい。

イ　夢に現れた仏から、娘を助けに行かない親は無慈悲だと言われたため
ロ　自分が娘を捨てたことを憎たちが非難しているのを聞いて、気がとがめたため
ハ　以前から娘に再び会いたい気持ちが募っており、仏はそれを許すはずだと考えたため
ニ　娘が重病であることを聞き、親として助けに行くことは仏の導きにかなうと考えたため
ホ　親子の縁の深さを説いた仏の教えを思い出し、死期の迫った娘の前に父として名乗り出たくなったため

問七　傍線部⑥「未の刻ばかり」の指す時刻として最も適当なものを次のイ～ホから一つ選び、その符号をマークしなさい。

イ　午前六時頃　ロ　午前十時頃　ハ　午後二時頃　ニ　午後六時頃　ホ　午後十時頃

問八　空欄甲に入る最も適当な語を次のイ～ホから一つ選び、その符号をマークしなさい。

イ　急ぎ　ロ　覚え　ハ　御幸《みゆき》　ニ　本意《ほい》　ホ　験《しるし》

問九　傍線部⑦「誰も誰もおこがましげに思ひつつ、はかばかしく聞きも入れず」の解釈として最も適当なものを次のイ～ホから一つ選び、その符号をマークしなさい。

イ　誰しもが分不相応のことと思って、全く話を聞き入れない。
ロ　誰しもが馬鹿げたことだと思って、きちんと耳にも入れない。
ハ　誰しもが漠然と物思いにふけっていて、しっかりと話を聞くこともしない。
ニ　誰しもが愚かなことだと考えながらも、それほどまずい申し入れと思って聞いているわけではない。
ホ　誰しもが無礼なことと思っていながらも、声ははっきりと聞き取れていない。

問十　傍線部⑧「思はずにあさましく」の現代語訳として最も適当なものを次のイ～ホから一つ選び、その符号をマークしなさい。

イ　特に考えもなくすばらしいと

ロ　意外に下品なことと
ハ　予想外に荘厳なことと
ニ　想像を超えて野卑な声だと
ホ　思いがけず呆れるばかりのことと

問十一　問題文の内容と合致するものを次のイ〜ホから一つ選び、その符号をマークしなさい。
イ　比叡山の根本中堂には薬師如来が安置されており、信仰心の深い山伏は人目も憚らずそこに通って祈りを捧げていた。
ロ　根本中堂に集まった僧たちは、中宮の出自や成長環境、現在の病状などについて話した。
ハ　山伏は、混雑した道を歩くのには難渋したが、かつて住み慣れた都では土地勘が働いたので、目的地に到着できた。
ニ　殿は、山伏本人の口から、重体の中宮を助けるため比叡山から下りて来た旨を聞き、山伏に祈祷させてみようと考えた。
ホ　宮中に入った山伏はためらいつつ読経を始めたが、しばらくして中宮は意識を取り戻し、体を動かしつつ泣き始めた。

問十二　『苔の衣』は鎌倉時代に成立したとされる作品で、『源氏物語』などの平安時代の作品から影響を受けていると言われる。平安時代から鎌倉時代にかけての文学作品に関する記述として最も適当なものを次のイ〜ホから一つ選び、その符号をマークしなさい。
イ　『枕草子』や『方丈記』などの随筆が著された。
ロ　紀貫之らによって『新古今和歌集』が編纂された。
ハ　『栄花物語』や『太平記』などの作り物語が生まれた。
ニ　『今鏡』や『水鏡』などの軍記が成立した。
ホ　『宇治拾遺物語』の影響を受けて『日本霊異記』が成立した。

二月二日実施分

解答

一

出典 山内朋樹「都市のライオン―岩合光昭による不遜な自由と野良の道」(『ユリイカ』二〇一九年三月号 青土社)

解答

問一 ⓐ―ニ ⓑ―イ ⓒ―ホ ⓓ―ニ ⓔ―ロ
問二 ①―ハ ②―ホ ③―ロ ④―イ
問三 ニ
問四 ニ
問五 ハ
問六 ホ
問七 ロ
問八 ニ
問九 ロ
問十 ニ
問十一 ホ
問十二 ハ
問十三 イ
問十四 ハ

◆要　旨◆

不遜さと親密さという隔絶するふたつの態度のあわいを徘徊する小さな肉食獣を、わたしたちは猫と呼んでいる。猫たちを被写体とした岩合光昭の写真は、猫と野生動物が一致してしまう地点を写しだしているからこそ素晴らしい。猫たちは飼育と野生の界面に、幾筋もの野良の道を張り巡らせながら歩いている。岩合が撮っているのは、猫から野生にも通じるこれらの無数の回路ではないだろうか。

▲解　説▼

問三　直前の「敷地境界」から場所に関する言葉が入るとわかる。「ところ狭しと」は〝辺りが狭く感じられるほど物が空間を占めている様子〟の意。

問四　直前の「ある動物を避けるため」「他所のなにものかが庭に入ってきてしまうこと」に着目。「ノイズ」というのは本来〝雑音〟を意味するが、ここではそうではない。第三段落の「他所を気ままに出入りするそれらのノイズ」もヒントになる。

問六　ホは傍線部前の「猫たちが背景から浮きたってはいない」、傍線部Dの後の「まるで風景と対等であるかのようなのだ」に合致している。イの「見つけにくい」かどうかは傍線部内で言及されていない。ロは「風景の方が主題」が不適切。直前の「わたしたちの視線は……惹きつけられてしまう」に反する。ハは「自由に……写らない」が本文にない。ニは「猫たちの意識は……集中して」が本文になく不適切。

問七　次文で「人との関係性によって生じる屈託」と言い換えられていることに着目。「屈託がない」とは、一般的には〝気にかけることがなく、さっぱりしている〟という意味であり、傍線部は、人間との関係を気にかけないでさっぱりしているという意味になる。

問八　一つ目の空欄乙直前の「一般に流通する猫のイメージ」と二つ目の空欄乙直後の「この写真家が撮る猫たち」のイメージが全く異なることをおさえる。「裏腹」は〝正反対なこと〟の意。

問九　二文前の「そこに仮に猫が……しまっている」に着目。すなわち、野生動物としての猫を岩合が写していることがわかる。傍線部はそのことを述べている。イは「屋内から外へ出」た「瞬間」と限定しており不適切。ハは「野生動物のように」が不適切。これでは岩合の写す猫は野生動物ではないことになる。ニ・ホも猫が野生動物とは別物と見なされているので不適切。

問十　「モデルとして優秀」な理由は、直前に述べられている「役を演じているかのように見える」からである。一方で「被写体としては凡庸」と感じられるのは、猫と比較するからである。二段落後（第十四段落）に猫の魅力が書かれている。「ひもで結ばれていない」、「自由度」が高いところに猫の魅力はあり、犬はその逆だから「凡庸」と筆者は見なすのである。すなわち猫がひもで結ばれていないがゆえに人間に制御できない予想外の行動を見せるのに対して、犬はそうではないから「凡庸」となる。これらのことを述べているのがニ。

問十一　一つ目の空欄内の直後に「じゃないネコ、つまり」として「急に走り回るとか……動いている姿」とあることから考える。〈借りてきたネコのよう〉は〝ふだんと違っておとなしくかしこまっている様子〟の意。

問十二　猫と「『わたしたち』」の世界との関係については、次段落で「猫は『わたしたち』に……できる」「ときに不遜であり、ときに親密」と、自在に距離を変化させる様子が述べられている。

問十三　直前の文に着目。「人の暮らしの傍ら」にいる「家畜やペット」は通常、「鎖」等の拘束から逃れることはできない。猫がいかに例外的な存在であるかが述べられている。

問十四　「界面」とは、たとえば水と油のような混ざり合わないものの境界を言う。前段落に「人の暮らしの……野良であり続ける」「猫はなかば『わたしたち』に……自由でもありうる」とあるように、猫は、自らが飼育される人間の世界と野生の世界との境界を行き来する回路、すなわち野生への道を持っている。このことを述べているのはハのみ。ホは後半の内容が本文に合致しない。

二

出典　『苔の衣』〈冬〉

解答

問一　A―ニ　B―イ　C―イ　D―ロ　E―ニ　F―ハ

問二　ハ

問三　ホ

問四　イ

問五　ロ

問六　ニ

問七　ハ

問八　ホ

問九　ロ

問十　ホ

問十一　ロ

問十二　イ

◆全　訳◆

さて、あの峰では（山伏が）頼みにお思いになっていた阿私仙も露が消えるように亡くなった後は、ますます厭う所なく高い峰の上や、深い谷の底までも心を打ちこんでは仏道修行をしていらっしゃる様子は、本当に（修行の）甲斐があるだろうと思われる。伝教大師が、末代のすべての人間のために作りおき申し上げなさったという（人々を救うため）仮に人間として現れた姿の薬師如来にもう一度お参りして、像法転時の誓いの言葉に背きなさるなと申し上げたくて、たいそう人目を忍びつつ中堂にお参りになったところ、ひどく騒がしい様子で数珠の音がたびたび聞こえるのを「何事であろうか」とお思いになっていると、夢とも（現実とも）わからずたいそう尊い様子の僧が側に立って、「この人はあなた以外では助けられる人がいない。親子の縁はやはり深いものである。今回の命を生きさせてください」とおっしゃるのを、まったく理解できなくお思いになるうちに、僧たちがたくさん集まって座って、「このことはどうしようもないのだ。皇太子のお母上である中宮様としてひたすらすばらしいことと申し上げるけれども、限りある（寿命という）旅路はしかたのないことであるなあ。とうとう（お亡くなりになるとは）」と言うと、また、ある僧は、「この方はだれのご息女か」と問うと、「入道殿の男のお子は他にいらっしゃらなかったが、（その一人だけのご子息は）大納言の大将で（入道殿は）このうえなくいとしいものと思い申し上げなさっていたが、外見・容貌をはじめ（漢詩や音楽の）素養・才知においても、世間には何事にもおさまりきらなくていらっしゃると言われなさったからであろうか、突然どこへともなく姿を消しなさって今まで二十四年になったけれど、生きていらっしゃるのだろうか、どうおなりになったのか、知る人もいない。その方のご息女なのだ。妹君にあたる女院様に（ご息女のことをよろしく）申しおきなさっていたということで、当時の（帝をまだ）皇太子とお呼び申し上げたときから（その皇太子の妃として）参内なさっているお方で、患いなさっていたのが、もう最期におなりになったということで、今晩もたびたび誦経に伺ったのだ」などと語るのを（山伏は）お聞きになり、「そんなこともあったのだ」と夢のような心地がしてしみじみとお思いになる中でも、「このように聞きながら、あの人を助けないのは、ひどく慈悲がない気がするのだ。親子の恩愛は仏もお許しになることである。さるべきに（＝娘を助けなくてはならない）と（さきほどの夢で）仏のお教えもあったのだろう」などとお思いになって、ほのぼのと夜が明けるころに都の方へ上りなさるが、荒涼とした山林になじみなさるばかりで（かつて）見慣れていた道も（今は）お迷いになったが、仏のお導きであったのだろうか、迷いながらも午後二時頃にその（宮中のある）あたりへ参り着きなさった。

道（を通る人など）もよけきれなく何も聞こえないほどの（騒がしいたくさんの）馬や車を「たいそう悲しい輪廻の業だなあ」とご覧になる。無理に迷いながら入って、殿上と思われる所の前で、「今晩、中堂におりましたが、急ぎ参上して加持祈禱を申し上げよとの夢を見ましたので、急ぎ（中堂から）下りてきています。そのような（加持祈禱の）ことなどまだ知りませんが、仏のお導きのご利益もあるかと試みなさいませよ」とおっしゃると、だれしもが馬鹿げたことだと思って、きちんと耳にも入れない。「（もはや）ご臨終におなりになってしまった」といってまた大声で騒ぐので、殿はこちらにお出ましになって、「あれ（＝あの山伏）は何だ」と問いなさると、「こんなことが（ありました）」と申し上げる人がいるので、試してみようとお思いになって「こちらへ、こちらへ」と、ご自身で（山伏を）丁重に世話をしてお入れなさると、おもむろに参上なさる様子などはみすぼらしい姿ではあるが、しみじみと心ひかれる様子で、外見などは言いようもなくひどい姿にやせこけているけれど、そうはいうもののやはり由緒ありげで優美な様子なのを、殿も不思議にご覧になるけれど、（父だと）思いつけることではないので、これこれのことだなどと（人が）申すので内へお入れになった。数珠を擦り、ためらわず「度脱一切病死海」と読み始めた声は言いようもなくしみじみとものさびしくて、あれほど（騒ぎが）鳴りわたっていた邸内はすっかり静まったのであろうかとまで聞こえたのを、だれもみな思いがけずあきれるばかりのこととお聞きになる。

中宮は気絶なさっていたが、すこし身じろぎをして（お経の）妙音品の最後の方になる辺りからお泣きになる様子は並一通りには見えなかった。

◀解　説▶

問一　A、「行ふ」は〝仏道修行する〟の意。山伏は山岳に入って修行し加持祈禱の能力に秀でていた。

B、「かなし」は〝いとしい、かわいい〟の意があり、肉親に対する愛情として用いられることが多い。ここでは入道殿が息子（のちの山伏）をかわいがっていたということ。

C、「才（ざえ）」は漢学によって身につけた漢詩文や音楽の教養のこと。儒教では音楽を重んじた。

D、「ののしる」は〝大声で騒ぐ〟の意。現代語でいう〝ののしる（悪口を言う）〟の古語は「罵（の）る」。

E、「いつく」は〝大切に世話する〟の意で、「いつくしむ」へと派生した。

F、「ゆゑ」には〝理由〟以外に〝由緒、風情〟などの意味があり、そうしたものを持ち合わせている様子を「ゆゑゆゑし」といった。山伏がもとは高貴な身分であることを暗示している。
問二　直後に動詞「給ふ」があるので「生け」は連用形。連用形でエ段なのでカ行下二段活用で、「け・け・く・くる・くれ・けよ」と活用する。「生く」は四段で自動詞、下二段で〝生かす、助ける〟の意の他動詞となる。
問三　「心得ず」は「いと尊げなる僧傍らに立ちて」とその僧の発言を受ける。イ「娘が重体」、ニ「娘が重病」はそれより後の「僧ども」の発言。ロは「尋ねた」、ハは「遠くから」が誤り。
問四　「らん（らむ）」は終止形接続の助動詞で、ここでは「や」を受けて連体形。サ変動詞は複合語を除けば「す」と「おはす」だけ。
問五　「思す」は尊敬の動詞。尊敬語の敬意の対象である主語は、根本中堂にいて「僧ども」の話を聞き、「さることありしぞかし」と過去を振り返っている山伏。
問六　直前に「『かく聞きながら……御教へもありつらめ』」とあるように、娘の危篤を聞いて山伏が思ったのは、助けなかったら無慈悲だということと、助けることを仏も許容しているということの二点。イ「無慈悲だと言われた」、ロ「僧たちが非難」、ハ「会いたい気持ちが募っており」、ホ「名乗り出たくなった」は誤り。
問七　「未」は〈午（うま）〉の次の刻つまり二時間後。〈午〉の時刻は〈正午〉つまり午後〇時であることから考える。
問八　「験」は神仏に祈った結果の霊験・ご利益のこと。山伏は「加持参るべき」とあるように加持祈禱によって娘の病気を治そうとしたのである。空欄甲に続く「もや」の後に「あらむ」が省略されている。〝霊験もあるだろうかと（私に加持祈禱させることを）お試しください〟という発言。
問九　形容動詞「おこがましげなり」の語幹の一部「おこがまし」は正しくは「をこがまし」で、〝馬鹿らしい、愚かに見える〟の意。みすぼらしい山伏が夢のお告げを語るのを人々はそう感じたのである。「はかばかし」は〝はっきりしている、きちんとしている〟。
問十　「思はずに」は形容動詞「思はずなり」の連用形で、〝思いがけず、意外なことに〟。「あさまし」は〝驚きあきれたさまだ〟。山伏の読経の声が、みすぼらしい姿と不釣り合いであるほどすばらしかったということ。

問十一　イは「人目も憚らず」が傍線部A後の「忍びつつ」に反するので誤り。ハは「土地勘が働いたので」が傍線部⑤後の「道も踏み惑はれ給へど、仏の導にやありけん」に反するので誤り。ニは「本人の口から」が傍線部D後の「『かかることなん』と申す人あれば」に反するので誤り。ホは「ためらいつつ」が傍線部F後の「左右なく」（〝無造作に、ためらわず〟）と逆。

問十二　ロの紀貫之は『古今和歌集』の編者。ハの『栄花物語』は歴史物語、『太平記』は南北朝の内乱を描く軍記物語。ニ『今鏡』『水鏡』は歴史物語。ホは『宇治拾遺物語』は鎌倉時代成立、『日本霊異記』は平安時代成立の説話集。

❖講　評

例年通り、現代文一題・古文一題の大問二題の構成で、試験時間は七五分。全問マーク式である。小問数や文章量などもほぼ例年通り。難易度に関しては、現代文が多少易しくなったが、大きな変化と言えるほどではない。

一の現代文は、難解な文章ではない。特に目立つ出題は成句・慣用句を問うものである。問三・問八・問十一と三問も出題されている。問五や問十三も合わせると語彙力を問う問題がかなりの量を占めている。

二の古文は、鎌倉時代成立の擬古物語『苔の衣』で、繊細な心理描写などがほとんどなく平安時代の物語文ほど難しくない。設問は標準的な知識で解けるものがほとんどである。文法も「おはす」「生く」など注意すべき動詞を、知識からではなく活用と接続の関係から解く良問である。問七は干支から時刻を問う古典常識の出題であった。

二月六日実施分

問　題

（七五分）

一

次の文章を読んで、後の問に答えなさい。

償いえない悪であっても、赦しうる悪、赦すことが正当であるような悪は存在する。しかし、その一方で、いくら償っても、けっして赦しえない悪、赦すことが正当にはなりえない悪も存在するだろう。償いえない悪であっても、赦しうる悪というのは、加害者が可能な限りの償いをし、それによって被害者が赦せるという気持ちになるべきときにそうなりうるような悪であった。それゆえ、逆に赦しえない悪というのは、加害者が可能な限りの償いをしても、それによって被害者が赦せるという気持ちになりえないような悪、その気持ちになることが正当ではありえないような悪だということになる。なぜ赦しえない悪においては、被害者はそのような気持ちになりえないのだろうか。なぜ被害者はそのような気持ちになってはいけないのだろうか。

ウォーカーによれば、赦しえない悪においては、被害者はもはや加害者を道徳的に信頼することができず、加害者とふたたび道徳的な関係を結ぶことを希望できない。そこには、けっして修復しえない不信、けっして克服できない絶望がある。もしそうだとすれば、被害者が加害者を赦せるという気持ちになりえないのは当然であろう。しかし、どれほど大きな悪であっても、加害者が①真摯に反省し、可能な限りの償いを行えば、加害者がもう二度とそのような悪をなすことはないだろうと信じてよいであろうし、それゆえ加害者とふたたび道徳的な交わりを行うことができると期待してよいであろう。［甲］、赦しえないような大きな悪だからといって、加害者にたいする信頼や希望が永遠に断たれるということは必ずしもない。赦しえない悪であっても、信頼や希望が回復されることはありうるだろう。しかし、それでもなお、赦しえない悪においては、被害者は加害者を赦せるという気持ちにはなりえないのであり、そのような気持ちになるべきではないのである。

なぜそうなのだろうか。なぜ被害者は加害者への信頼や希望を取り戻すことができてもなお、赦せるという気持ちになれないのだろうか。なぜそのような気持ちになることが正当ではありえないのだろうか。

この問題にたいして、ヴェトレーゼンは加害者との道徳的関係の再構築に希望をもてるかどうかということではなく、加害者がなした悪のもとでなお生きる希望をもてるかどうかという観点から、解答を試みている。彼によれば、赦しえない悪のもとでは、もはや生きる意味と希望が存在しない。我が子を殺害された母親にとってそれが赦しえない悪であるのは、我が子なしの生がもはや生きるに値しないからである。我が子を殺した者が真摯に反省して可能な限りの償いをし、それによってその者への道徳的信頼が回復されたとしても、我が子なしの生にはもはや生きる意味と希望がない。我が子が生き返らないかぎり、そのような意味と希望を取り戻すことはできない。赦しえない悪においては、生きる意味と希望が永遠に奪い去られるのだ。被害者が加害者を赦せるという気持ちになりえないのは、そのためである。

たしかにそのとおりであろう。ヴェトレーゼンの考えは正しいように思われる。しかし、一点だけ、注意しておきたいことがある。赦しえない悪においては、生きる意味と希望が奪い去られると言うとき、それはこれまでの意味と希望だけではなく、いかなる新たな意味と希望も奪い去られるということである。したがって、Aそのような悪を被った者は、もはや何の意味も希望もなく、ただ生ける屍のように生きるか、あるいは死を選ぶしかないだろう。もし我が子を殺害された母親が、我が子がいたときにもっていたような意味と希望をもはや取り戻すことができないとしても、それでもなお新たな意味と希望を見いだすことができるとすれば、我が子を殺害されたことの悪は必ずしも赦しえない悪とはならないだろう。新たな意味と希望のもとで新たな生を送ることが可能であれば、悪をなした者を赦そうという気持ちになることも可能であろう。そしてそうなるのは不当ではないだろう。そうだとすれば、結局のところ、赦しえない悪というのは、たんにこれまでの生きる意味と希望を奪い去るだけではなく、いかなる新たな意味も希望も閉ざすものでなければならない。赦しえない悪とはそのような極限的な悪なのである。だからこそ、被害者は加害者を赦せるという気持ちになりえないのであり、そうなるべきではないのである。【イ】

ところで、なされた悪があらゆる意味や希望を打ち砕くような極限的な悪であったとしても、そのような悪をなした者が悪魔的な異常者であるとはかぎらない。むしろごく平凡な行為者であるかもしれない。しかし、そうであれば、なされた悪が赦しえないとしても、その悪をなした者は赦しうるのではないだろうか。［乙］、人を憎まずである。悪とそれをなした人を区別して、悪が赦しえないとしても、人は赦しうるのではないだろうか。それとも、悪が赦しえなければ、人も赦しえないのだろうか。【ロ】

＊アーレントは、ユダヤ人の大ⓐギャク殺をⓑ指キしたアイヒマンをごく平凡な人間として描く。アイヒマンはけっして特別な②極悪人ではなく、ただ任務に忠実なB凡庸な人間にすぎない。私たちもアイヒマンと同じ立場に置かれれば、ユダヤ人の大ギャク殺を行ってしまうであろう。そうだとすれば、アイヒマンはけっして赦されえない人間ではなく、むしろ彼が可能な限りの償いをすれば、彼は赦されるべき人間ではないだろうか。たとえ彼がそのような償いをしても、彼のなした悪は赦されえないが、彼自身は赦されうるのではないだろうか。

ヴェトレーゼンは、このアイヒマンの平凡さの問題に取り組んで、たとえアイヒマンのような平凡な人間であっても、極限的な悪をもたらした者はけっして赦されえないと主張する。【ハ】彼によれば、「行為が行為者を超える」こともある。すなわち、行為が途方もない悪をもたらすものであっても、行為者がそれに見合うだけの途方もない悪意をもっているとはかぎらない。【ニ】しかし、たとえそうであっても、行為と行為者を切り離すわけにはいかない。行為はあくまでも行為者が行った行為である。それゆえ、行為は赦されないが、行為者は赦されうるというわけにはいかない。行為と行為者はともに赦されうるか、ともに赦されえないかのどちらかである。したがって、行為が赦されえないとすれば、行為者も赦されえないのである。【ホ】

C平凡な人間による極限的な悪の問題にたいするこのようなヴェトレーゼンの見方については、少し厳しすぎるのではないかという批判もありえよう。D極限的な悪をなした者でも、悪魔的な人間ではなく、私たちと同じごく平凡な人間であれば、赦しの余地を残すべきではないだろうか。死の床でユダヤ人に赦しを請う*カールも、己の罪におののく平凡な人間である。そのような者が真摯に反省し、可能な限りの償いを行えば、そしてそれによって赦せるという気持ちになることができれば、それで赦すべきではないだろうか。それでも赦しえないというのは、あまりにも酷なことではないだろうか。彼らはたんに道徳的に不［丙］であったにすぎない。たまたま極限的な悪をなしてしまうような状況に置かれたために、そのような悪をなしたにすぎない。私たちもそのような状況に置かれれば、そのような悪をなしたであろう。私たちが極限的な悪をなさなかったのは、たんにそのような悪をなす状況に置かれなかったからにすぎない。つまり、私たちはたんに道徳的に幸［丙］であったにすぎない。そうであれば、私たちは彼らを赦すべきでないだろうか。

しかし、たとえ彼らが平凡な人間であり、それほどの悪意をもっていなかったとしても、彼らがもたらした悪は被害者からいっさいの生きる意味と希望を奪ってしまうような極限的な悪である。そうである以上、被害者はそのような悪をなした者をけっして赦すことはできないだろうし、赦すべきではないだろう。たとえ彼らが道徳的に不［丙］であったにすぎないとしても、彼らに極限的な悪をなした者という(c)コク印を永遠に背負ってもらわなければならない。カールはヴィーゼンタールから赦しの言葉を得られなかったために、安らかに死ぬことができなかっただろうが、まさに彼はその重いE十字架を背負ったまま、死んでいかなければならない。彼のなした途方もない悪がそのような③苛酷な扱いを要求するのである。ヴェトレーゼンが主張するように、行為と行為者を分けることはできない。行為が赦しえないなら、行為者もまた赦しえないのである。

（信原幸弘『情動の哲学入門』より）

（注） ＊アーレント…哲学者。ナチスの高官であったアイヒマンに対してイスラエルで行われた裁判を傍聴し、著書『エルサレムのアイヒマン』を執筆した。
＊カール…ナチスの元兵士。死の間際にホロコーストの生存者であるユダヤ人ヴィーゼンタールに自らの罪を告白し、赦しを請うた。

問一 傍線部ⓐ〜ⓒのカタカナの部分を漢字で書いたとき、傍線部に同一の漢字を使うものを次のイ〜ホからそれぞれ一つずつ選び、その符号をマークしなさい。

ⓐ ギャク殺
イ 壁をナグる
ロ 動物をシイタげる
ハ 地位をオビヤかす
ニ 家をホロぼす
ホ 親友をアザムく

ⓑ 指キ
イ 士キが下がる
ロ キ発性の物質
ハ 土キを作る
ニ 納キに遅れる
ホ キ節がめぐる

ⓒ コク印
イ 成果を報コクする
ロ コク物を収穫する
ハ コク選弁護人
ニ 会議に遅コクする
ホ コク色火薬

問二 傍線部①「真摯」、②「極悪人」、③「苛酷」の漢字の読みを、すべてひらがなで記しなさい。

問三 空欄甲に入る接続詞として最も適当なものを次のイ〜ホから一つ選び、その符号をマークしなさい。
イ それゆえ　ロ しかし　ハ ところで　ニ そのかわり　ホ しかるに

問四 傍線部A「そのような悪を被った者は、もはや何の意味も希望もなく、ただ生ける屍のように生きるか、あるいは死を選ぶしかないだろう」とあるが、筆者はその理由をどのように説明しているか。最も適当なものを次のイ～ホから一つ選び、その符号をマークしなさい。

イ　赦しえない悪を被った者は、それまでの人生の意味をすべて失って、生きてきたことに価値を見いだせなくなるから。

ロ　赦しえない悪を被った者は、過去と未来をふくめてすべての人生の意味を失って、生きてゆくことに価値を見いだせなくなるから。

ハ　赦しえない悪を被った者は、将来は新しい人生の意味を見つけるかもしれないが、現時点では生きてゆくことに価値を見いだせなくなるから。

ニ　赦しえない悪を被った者は、人類の未来に希望を抱けなくなり、生きてゆくことに価値を見いだせなくなるから。

ホ　赦しえない悪を被った者は、意味というもの全般に疑いを抱くので、人生の意味などなおさら信じられなくなるから。

問五　空欄乙は慣用句の一部である。空欄乙に入る五字の言葉を記しなさい。

問六　傍線部B「凡庸な」を言い換えた次の言葉の空欄Ⅰに入る漢字一字を記しなさい。

何の Ⅰ 哲もない

問七　次の一文が入る箇所として最も適当なものを問題文の【イ】～【ホ】の中から一つ選び、その符号をマークしなさい。

些細な悪意から、途方もない悪が生み出されることもあるのだ。

問八　問題文中三箇所の空欄丙に入る漢字一字を記しなさい。

問九　傍線部C「平凡な人間による極限的な悪の問題にたいするこのようなヴェトレーゼンの見方」とあるが、ヴェトレーゼンは極限的な悪である行為とその行為者の関係をどのように考えているか。最も適当なものを次のイ～ホから一つ選び、その符号をマークしなさい。

イ　行為は行為者の目的に反する結果をもたらしうることを確認した上で、それでもなお行為者は行為の責任を負わなければならないと考えている。
ロ　行為の概念なしには行為者の概念が論理的に成り立たないことを確認した上で、これを理由に、行為が極限的な悪であれば行為者も赦されえないと考えている。
ハ　極限的な悪をなした行為者に人並みの悪意しかないことがありうると認めた上で、それでもなお行為者がその悪をなしたことに変わりはないと考えている。
ニ　善悪の判断基準として行為が行為者よりも重要であることを確認した上で、それゆえに行為者がどれほど平凡な人間であっても行為が極限の悪であれば赦されないと考えている。
ホ　善人であれ悪人であれ他者を本当に赦すことは誰にもできないので、極限的な悪をなした者がどのような人かはどうでもよいと考えている。

問十　傍線部D「極限的な悪をなした者でも、悪魔的な人間ではなく、私たちと同じごく平凡な人間であれば、赦しの余地を残すべきではないだろうか」とあるが、「私たちと同じごく平凡な人間」である者が「極限的な悪をなした」理由を筆者はどのように考えているか。それを表す箇所を問題文から二十五字以上三十字以内で抜き出しなさい（句読点等も字数に含むものとする）。

問十一　傍線部E「十字架」の問題文における意味として最も適当なものを次のイ～ホから一つ選び、その符号をマークしなさい。

イ　侮蔑　　ロ　祈り　　ハ　破滅　　ニ　憤怒　　ホ　罪責

問十二　問題文の内容と合致するものを次のイ～ホから一つ選び、その符号をマークしなさい。
イ　二十世紀におけるユダヤ人の殺戮を踏まえて、人類は赦しえない悪が存在するかどうかについて初めて真剣に考えはじめた。

ロ　人がどのような行為をするかは生まれ育った環境に必ずしも左右されない。それゆえ、恐ろしい悪事に手を染めたら、罪の赦しを願ってはいけない。

ハ　アーレントはユダヤ人の殺戮を管轄したアイヒマンを並外れた人物としてとらえたが、こうした人物には通常の人間の価値基準を適用できないので、その罪を赦すべきである。

ニ　加害者が反省して罪を埋め合わせする可能性がまったくなくても、加害者と人間的な関係を回復できると考える人もいる。

ホ　極限的な悪の被害者は人生への意欲をすでに完全に奪われてしまっているので、加害者がこれからどのように生きようと、その人を赦す気持ちになれない。

二

次の文章を読んで、後の問に答えなさい。

（院はかつて離縁した内侍督《ないしのかみ》という女官への思いを断ち切れずにいたが、内侍督は亡くなってしまう。院は念仏に専念しても気持ちが満たされず、とうとう幼い帝の後見を摂政に託し、嵯峨の寺に赴くことを決意した。）

明くる日、嵯峨へ渡らせ給ひて、山の座主《ざす》召し下ろして、「御髪下ろさせ給へ」と思しおきつるを、今の摂政は、その御気色見奉るに、悲しく、心も失せ果てぬる心地して、冠《かぶり》の額《ひたひ》を土につけて、「いかなる道にも後れ参らすべからず。我も、ともにこそ」と申し給ふを、「そこを頼みてこそ、①いまだ乳《ち》の中なる人をうち捨てて思ひ立ちぬれ。内裏の上をこそ、わが身とも、また失せにし母の代はりとも思ひなして、『A構へて、平らかにて見む』と思は②るべけれ。『うち捨てて、我に具せん』と思はれば、なかなか、『亡き後までは』となん、恨めしかる［　I　］」と、御目押しのごはせ給ひて、また、

「故内侍督の御料に、必ず、御堂建てらる［Ⅱ］。内裏は、言ふに効《かひ》なくおはします。そこにこそ、とぶらひ聞こゆ［Ⅲ］」など仰せられ置くことども、悲しとも疎《おろ》かなり。

ことども定まりて、座主召し入れて、御髪下ろさせ給ふ心地の悲しさ、「いまだ若く盛りにめでたき御さまを、にはかに、かくならせ給ひぬる、いかばかりの御心ならん」と、世の人の惜しみ悲しみ奉るさま、ことわりも過ぎたり。

御髪下ろさせ［Ⅳ］ば、人にも見えさせ給はで、仏の御前に御経読ませ給ふ。日も暮れたれども、山の座主は、あまり悲しくおぼえ給へば、しばし[B]やすらひて、うち泣きて候ひ給ふに、*四の巻の法師品になりて、「一偈一句、乃至一念随喜」と、ゆるらかにうち上げて読ませ給ふ御声、雲の上に澄み上《のぼ》ると聞こゆるに、やうやう御声の遠くなるやうにて、音もせさせ給はず。「念仏せさせ給ふにや」と思ふに、香ばしき香満ち満ちて、空に、［Ⅴ］も言はず[C]めでたき楽《がく》の声、かすかに聞こゆ。山の座主、あやしさに、「これは聞こし召すにや」と申し給ふ。異音《ことおと》もせさせ給はず。③なほあやしくて、④御障子を引き開けて見させ給ふに、さらにおはしまさず。なほ、「⑤いかなることぞ」と、ここかしこ見奉るに、おはしまさず。摂政殿は、泣き惚《ほ》れて、片隅に居給へるに、「かうかう」とのたまへば、ものもおぼえ給はず。「いかでか、さることのあらむ」と、皆人あきれ惑ひたり。「果ては、躯《から》をだにとどめずならせ給ひぬる、めづらかにこそ。即身成仏といふことありと聞け、まだ見聞かざりつることを。さにこそおはすめれ」と、めでたう尊きものから、[D]あへなしとも疎かなり。

一品の宮、女院など、聞かせ給ふ御心ども、疎かならんやは。「御さまの変はらせ給ふだに、『あさましく、悲し』と思ひつるに。『⑥さながらも、世におはしますべし』と思ひつれ、御躯をだに見ず知らずなりぬること」と、摂政殿は泣き給ふさま、ことわりなり。見奉る人も、いとど悲しき。さりとて、あるべきことならねば、「後のもの沙汰にも、かかるためしあらじかし」と、夢の心地のみせさせ給ふ。

摂政殿は、いかさまにも、御忌みにも籠らせ給ふべけれど、⑦内裏の御ことを仰せられ置きしも恐ろしければ、内裏へ参り給ひても、「⑧かたじけなくあはれなりし御心ばへ、いかなる世にか、なのめにおぼゆべからん」と、恋しく悲しく、

「夢にだに、いかでか定かに見奉るべき」と、声も惜しまずぞおはしける。

（『雫ににごる』より）

（注）＊四の巻の法師品…法華経の一章節。

問一　傍線部Ａ〜Ｄの語句の意味として最も適当なものを次のイ〜ホからそれぞれ一つずつ選び、その符号をマークしなさい。

Ａ「構へて」
イ　すぐに　ロ　全く　ハ　おそらく
ニ　そのまま　ホ　ぜひとも

Ｂ「やすらひて」
イ　人目を忍んで　ロ　立ち止まって　ハ　我慢して
ニ　外へ出歩いて　ホ　気が滅入って

Ｃ「めでたき」
イ　めずらしい　ロ　かわいらしい　ハ　縁起が良い
ニ　奥ゆかしい　ホ　素晴らしい

Ｄ「あへなし」
イ　あっけない　ロ　きまりが悪い　ハ　気に食わない
ニ　筋が通らない　ホ　気味が悪い

問二　傍線部①「いまだ乳《ち》の中なる人」は帝を指すが、院は帝の幼さをどう思っているか。それが分かる一文を問題文から探し、その最初の五字を抜き出しなさい（句読点等も字数に含むものとする）。

問三　傍線部②「る」は、誰から誰への敬意を表しているか。最も適当なものを次のイ～へから一つ選び、その符号をマークしなさい。

イ　摂政から院へ　　ロ　摂政から山の座主へ　　ハ　摂政から帝へ
ニ　院から摂政へ　　ホ　山の座主から摂政へ　　へ　帝から摂政へ

問四　空欄Ⅰ、Ⅱ、Ⅲに助動詞「べし」を活用させて入れる場合に、その組み合わせとして最も適当なものを次のイ～へから一つ選び、その符号をマークしなさい。

イ　Ⅰ　べき　Ⅱ　べし　Ⅲ　べけれ
ロ　Ⅰ　べき　Ⅱ　べし　Ⅲ　べかれ
ハ　Ⅰ　べし　Ⅱ　べし　Ⅲ　べけれ
ニ　Ⅰ　べき　Ⅱ　べき　Ⅲ　べかれ
ホ　Ⅰ　べし　Ⅱ　べき　Ⅲ　べけれ
へ　Ⅰ　べし　Ⅱ　べき　Ⅲ　べかれ

問五　空欄Ⅳに尊敬の補助動詞「給ふ」と助動詞「り」を活用させて入れる場合に、最も適当な形を次のイ～ホから一つ選び、その符号をマークしなさい。

イ　給はれ　　ロ　給ふれ　　ハ　給へれ　　ニ　給はら　　ホ　給はるれ

問六　空欄Ⅴにあてはまるひらがな一字の副詞を記しなさい。

問七　傍線部③「なほあやしくて」を現代語訳しなさい。

問八　傍線部④「御障子」を表す図として最も適当なものを次のイ～へから一つ選び、その符号をマークしなさい。

イ

（豊明絵草紙）

ロ

（枕草子絵巻）

ハ

（源氏物語絵巻）

ニ

（紫式部日記絵巻）

ホ

（源氏物語絵巻）

ヘ

（源氏物語絵巻）

問九　傍線部⑤「いかなることぞ」は誰の発言か。最も適当なものを次のイ〜ホから一つ選び、その符号をマークしなさい。

イ　摂政　　ロ　帝　　ハ　院　　ニ　山の座主　　ホ　内侍督

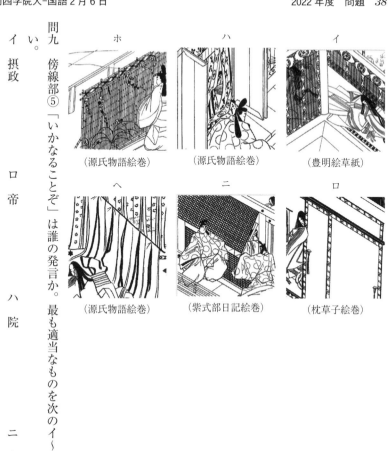

問十 傍線部⑥「さながらも、世におはしますべし」の解釈として最も適当なものを次のイ～ホから一つ選び、その符号をマークしなさい。
イ 昔の姿のままで、この世にいらっしゃるのが良い。
ロ あたかもこの世にいらっしゃるようだ。
ハ そうはいってもこの世で生きていらっしゃるはずだ。
ニ それは悲しいことだが、この世にお戻りになるに違いない。
ホ 生前のお姿のまま、あの世で暮らしておいでだろう。
問十一 傍線部⑦「内裏の御ことを仰せられ置きし」は誰のどのような言葉を指すか。その説明として最も適当なものを次のイ～へから一つ選び、その符号をマークしなさい。
イ 院が嵯峨に来る前に周囲の者に伝えていた言葉
ロ 院が出家を前にして摂政に伝えた言葉
ハ 山の座主が出家の意味を説明したときの言葉
ニ 山の座主が院からの伝言として摂政に伝えた言葉
ホ 一品の宮や女院が院の行方を探すよう摂政に頼んだときの言葉
へ 一品の宮や女院が摂政を責めたときの言葉
問十二 傍線部⑧「かたじけなくあはれなりし御心ばへ、いかなる世にか、なのめにおぼゆべからん」の解釈として最も適当なものを次のイ～ホから一つ選び、その符号をマークしなさい。
イ 院からの恐れ多いご配慮を、なぜ帝はないがしろにしてしまうのだろうか。
ロ 一品の宮や女院の並一通りでない悲しみを、帝も将来理解できないはずはない。
ハ 一品の宮や女院がまたとないほど辛く感じているのを、どうして私は日常一般のことのように思ってしまうのだろうか。

ニ　帝が院を深く慕うお気持ちは、現世で仏の身となった院にも十分に届いているだろうか。

ホ　院のもったいないお心遣いを私がおろそかにすることは、決してあってはならない。

問十三　問題文の内容と合致するものを次のイ～トから二つ選び、その符号をマークしなさい。

イ　摂政は院が出家するのを止められないと知って、自らも出家した。

ロ　山の座主は、院の若く気力に満ちた容貌が剃髪によって損なわれることを惜しんだ。

ハ　出家後の日も暮れたころ、院は読経している途中で姿を消した。

ニ　山の座主は、院に二度声をかけたがどちらも返事はなかった。

ホ　院の姿が見当たらなくなったことを聞き、誰もが驚き途方に暮れた。

ヘ　一品の宮や女院は院が亡くなったことを聞いて泣き崩れた。

ト　摂政は都に戻ってからは、夢で院に会えるはずだと考えるようになった。

問十四　『雫ににごる』は、鎌倉時代の成立とされる物語である。同じく鎌倉時代に成立した作品を次のイ～ホから一つ選び、その符号をマークしなさい。

イ　十六夜日記　　ロ　後撰和歌集　　ハ　俊頼髄脳

ニ　栄花物語　　ホ　風姿花伝

二月六日実施分

解　答

一

出典　信原幸弘『情動の哲学入門』〈第5章　道徳的修復　3　赦しえないもの〉（勁草書房）

解答

問一　ⓐ－ロ　ⓑ－ロ　ⓒ－ニ

問二　①しんし　②ごくあくにん　③かこく

問三　イ

問四　ロ

問五　罪を憎んで（五字）

問六　変

問七　ニ

問八　運

問九　ハ

問十　たまたま極限的な悪をなしてしまうような状況に置かれたため

問十一　ホ

問十二　ホ

◆要　旨◆

赦すことが正当であるような悪は存在する。しかし、その一方で、赦しえない悪が存在する。たとえ平凡な人間であってそれほどの悪意をもっていなかったとしても、彼がもたらした赦しえない悪は、被害者からいっさいの生きる意味と希望を奪ってしまうような極限的な悪である以上、被害者はそのような悪をなした者をけっして赦すことはできないし赦すべきではない。

◀解　説▶

問三　直前の文で「信じてよい」とあり、空欄の後の文では「信頼や希望が永遠に断たれるということは必ずしもない」とあるので、順接の接続詞を入れる。

問四　傍線部Ａの直前の「したがって」が受けている前文が理由。その内容を述べているのがロ。

問五　直後の「人を憎まず」がヒント。

問六　「何の変哲もない」というのは、取り立てて言うことがないくらい、凡庸であるという意味の成語。

問七　脱文の「悪意」に着目。【二】の直前に「悪意」という語が出てきている。

問八　最初の空欄を含む文と、その次文が同一内容。「たまたま」であったことから。

問九　直前の段落（第八段落）にヴェトレーゼンの考えは示されている。「行為が行為者を超える」ことを認めた上で、「行為と行為者を切り離すわけにはいかない」という考えが書かれている。これに該当するのが、ハ。

問十　「極限的な悪をなした」と同一段落内の「そのような悪をなした」が同一内容。その直前の「たまたま……ため」というのが理由。

問十一　次文が同一内容で、その中の「悪」が「十字架」に対応しているので「悪」と同一内容になりうるものを選ぶ。

問十二　イは「初めて……」という記述が本文にない。ロは「罪の赦しを願ってはいけない」という記述が本文にない。ハは「その罪を赦すべきである」が不適切。アーレントはそう結論付けていない。「彼のなした悪は赦されえない」（第七段落）と述べられている。ニは「加害者と人間的な……」という記述が本文にない。ホは最終段落の内容に合致。

二

出典　『雫ににごる』

解答

問一　A―ホ　B―ロ　C―ホ　D―イ
問二　内裏は、言
問三　ニ
問四　イ
問五　ハ
問六　え
問七　ますます不思議で〔不思議に思って〕
問八　ロ
問九　ニ
問十　ハ
問十一　ロ
問十二　ホ
問十三　ハ・ホ
問十四　イ

◆全　訳◆

翌日、（院は）嵯峨へいらっしゃって、延暦寺の座主を（比叡山から）呼び下ろしなさって、「出家させてください」と（お願いしようと）ご計画なさっていたが、今の摂政は、そのご様子を拝見すると、悲しく、すっかり気が動転して、冠の額を地面につけて、「どのような道に（赴きなさって）も後に残り申し上げるつもりはありません。私も、ともに（出家いたします）」と申し上げなさるが、「そなたを頼みに思って、まだ乳飲み子である人（＝帝）を見捨てて（出家を）思い立ったのだ。帝を、私自身とも、また亡くなった母の代わりとも思って、『ぜひとも、（帝が）無事であるのを見とどけよう』とお思いください。『（帝を）見捨てて、私に連れ添おう』とお思いになるなら、かえって、『（私の）亡き後までは（摂政として帝に仕えてくれないのだ）』と、恨めしく思うにちがいない」と御目（の涙）を押しぬぐいなさって、また、「故内侍督のご供養のために、必ず、御堂をお建てください。帝は、（まだ）たわいなくていらっしゃる。そなたが、お弔い申し上げてください」などと言い残しなさるあれこれのことは、悲しいなどと言っても言い尽くせない。

（出家の儀式の）ことが定まって、座主を呼び入れなさって、出家なさる（ときの人々の）気持ちの悲しさは、「まだ若く立派な盛りでいらっしゃるご様子を、急に、このようになりなさってしまうのは、どれほどのお心であろうか」と、世の人が惜しみ悲しみ申し上げる様子は、並々でない。

出家なさったので、人にも（姿を）お見せにならないで、仏の御前でお経をお読みになる。日も暮れたけれど、延暦寺の座主は、あまりに悲しく感じなさるので、しばらく立ち止まって、泣いて（お近くに）控えていらっしゃるが、（院の読むお経が）四の巻の「法師品」になって、「一偈一句、乃至一念随喜」と、ゆるやかに声を上げてお読みになるお声は、雲の上に冴えひびいて上るように聞こえるが、しだいにお声が遠くなるようで、音も立てなさらない。「念仏をなさるのであろうか」と（座主は）思うが、香ばしい香りが一面に満ちて、空に、何ともいえず素晴らしい雅楽の音が、かすかに聞こえる。延暦寺の座主は、不思議さに、「この雅楽の音はお聞きになっていますか」と申し上げなさる。何の音もお立てにならない。（座主は）ますます不思議で、お部屋のふすまを引き開けてご覧になると、（院は）どこにもいらっしゃらない。なおも、（座主は）「どうしたことか」と、あちこちを見申し上げるが、（院は）いらっしゃらない。摂政殿は、泣いたまま放心して、片隅に座っていらっしゃるが、（座主が）「こうこうだ」とおっしゃるので、茫然となさる。「どうして、そんなことがあろうか」と、（いあわせた）人々は皆あっけにとられて途方に暮れている。「最後は、亡骸をさえ残さずにおなりになったのは、めったにないことであるよ。即身成仏ということがあるとは聞くが、（実際には）まだ見聞きしたこともなかったことよ。（院が消えたのは）それ（＝即身成仏）でいらっしゃるようだ」と、素晴らしく尊いけれども、あっけないなどと言っても言い尽くせない。

一品の宮、女院などが、（このことを）お聞きになるお気持ちは、並一通りのことであろうか。「出家なさることさえ、『驚きあきれたことで、悲しい』と思っていたのに。『そうはいっても、この世で生きていらっしゃるはずだ』と思っていたが、ご遺骸さえも見ずどこともわからなくなったことよ」と、摂政殿がお泣きになる様子は、もっともである。見申し上げる人も、ますます悲しい。そうだといって、そのままでいてよいことではないので、「後代の（往生を伝える）報告にも、こんな例は出ないだろうよ」と、夢のような心地がするばかりでいらっしゃる。

摂政殿は、どうしても、喪に服すために籠もりなさらなければならないが、帝のことを（院が）言い残しなさったことも（無視するのは）恐れ多いので、宮中に参上なさっても、「院のもったいないお心遣いを、私がおろそかにすることは、決してあってはならない」と、恋しく悲しく、「夢にさえ、どうして（院のお姿を）はっきりと見申し上げることができようか」と、声も惜しまず（泣いて）いらっしゃった。

◀解 説▶

問一　A、「構へて」は一語の副詞で、命令や意志と呼応して〝ぜひ、心して〟と、禁止と呼応したときは〝決して〟と訳す。

B、〈やすらふ〉は〝足を止める、たたずむ〟の意。座主が院を出家させる役目を終えた後の状況。直後の「候ひ」は〝貴人のお側にお仕えする、控えている〟の意の謙譲語で、院の近くを立ち去らなかったことがわかる。

C、〈めでたし〉は〝素晴らしい〟の意。「楽の声」の「声」は人の声ではなく演奏の音。香りや調べは人が極楽往生したときに現れる奇瑞《きずい》。

D、「あへなし」は〝張り合いがない、あっけない〟の意。直前の「ものから」は逆接の接続助詞。即身成仏なら素晴らしいことだが、遺体まで消えたことへの物足りなさをいう。

問二　「内裏《うち》」は〝宮中〟または〝帝、天皇〟の意。「言ふに効なく」は「いふかひなし」と同じで、〝子供っぽくわきまえがない、たわいがない〟の意。『源氏物語』〈若紫〉には「いで、あな幼や。いふかひなうものし給ふかな」とある。

問三　「誰から」は会話ならその敬語に敬意を込めた発言者から。「誰へ」は「る」の意味が尊敬なので主語を答える。ここは前書きにあるように院が摂政に幼い帝の後見を託そうとする場面。

問四　空欄はいずれも文末にある。文末の活用形は終止形、命令形、係り結びによる連体形、已然形のどれか。Ⅰは「なん」の結びで連体形。Ⅱは係り結びがないので終止形か命令形。Ⅲは「こそ」の結びで已然形。

問五　「り」はサ変の未然形と四段の已然形（または命令形）に付くが、尊敬の補助動詞「給ふ」はハ行四段活用なので「給へ」に接続する。

問六　副詞が空欄になる場合呼応表現となることが多い。ここは打消「ず」との呼応で不可能。「えも言はず」「えならず」は〝何ともいえず（素晴らしい、ひどい）〟の意の慣用句。

問七　「なほ」は〝そうはいってもやはり〟の意となることが多いが、ここは前の「あやしさに」を受けて〝さらに、ますます、いっそう〟の意。「あやし」は〝不思議だ〟の意。突然聞こえた演奏の音に加え、院の反応がないことに座主はますます不思議に思ったということ。

問八　「障子」は室内の仕切り戸の総称で、現代でいうふすまを指すことが多い。現代語の「障子」は古語の「障子」のうちの一種である「明かり障子」を指す。イは御簾《みす》。ロが障子（しゃうじ／さうじ）。ハは妻戸《つまど》。ニは半蔀《はじとみ》。ホは透垣《すいがい》。へは几帳《きちやう》。

問九　選択肢中で内侍督はすでに亡く、帝は嵯峨の寺にいない。院の声が遠のき気配がないことを不審に思い院を探しているのは「山の座主、あやしさに」とあるとおり座主である。「見奉る」に座主への敬意はないが、前にも「思ふに」のように座主への敬意がない例がある。

問十　「御躯をだに見ず知らずなりぬること」は院の行方不明を聞いたときの感想で、その前段階の院の出家への感想が「思ひつるに」「思ひつれ」と表現されている。「さながら」は接続助詞で〝そうはいうものの〟の意。院の出家を最初は「あさましく、悲し」と思ったが、次に「出家するとはいうものの生きていることには変わりがない」と譲歩した摂政の心情である。イの「昔の姿」は出家前だがすでにその状況にない。ロの「ようだ」は比況だが傍線部に比況の助動詞はない。ニ、「お戻りになる」が傍線部にない。ホ、「あの世」が誤り。

問十一　前書きでは「幼い帝の後見を摂政に託し」とあり、院の言葉の中では「内裏の上をこそ…思はるべけれ」とある。第一段落の末尾「など仰せられ置く」も院が摂政に頼み事をする発言を受けている。

問十二　「あはれなりし御心ばへ」は過去の助動詞「き」があるので、現在の心情とするハ・ニは不適。「おぼゆ」に尊敬の意はないので、帝を「おぼゆ」の主語とするイ・ロは不適。傍線部後半を直訳すると「(御心ばへ」を）いかなる時に、並一通りに感じてよいだろうか。いや、よいはずがない」となる。

問十三　イ、「自らも出家」が本文にない。ロ、「惜しんだ」のは「世の人」。ニ、「二度」ではなく「申し給ふ」の一度だけ。ヘ、「泣き崩れた」は本文にない。本文末尾の「夢にだに」以下の訳は「夢にさえ、どうして（院のお姿を）はっきりと見申し上げることができようか」となり、ト、「会えるはず」が誤り。

問十四　イ、『十六夜日記』は作者阿仏尼が相続争いで鎌倉に下る紀行文。ロは勅撰和歌集の第二で『古今和歌集』（九〇五年）の次。ハは源俊頼の歌論。一一一五年頃の成立。ニは藤原道長の栄華を描いた歴史物語。ホは世阿弥の能楽論。一四〇三年頃の成立。鎌倉に下るというのが決め手になり、イを選ぶ。

❖講　評

例年通り、現代文一題・古文一題の大問二題の構成で、解答形式は大半がマークセンス方式、一部記述式である。記述式は現代文では漢字問題と箇所指摘、古文では口語訳と指示内容などが中心である。二〇二二年度はトータルの小問数が一問だけ増加したが、大きな変化ではない。文章量に関しては二〇二一年度に現代文の方でかなり減少したが、二〇二二年度はそれと同じくらいである。

一の現代文の内容はつかみやすい。設問は、どの問題も選択肢を本文と照らし合わせてきちんと検討していけば容易に解ける。二〇二一年度もそういった傾向が見られたが、慣用句や語彙力を問う問題が問五・問六・問十一と三問も出されている。問八も含めるなら三問に一問が語彙に関する問題である。

二の古文は、鎌倉時代に成立した擬古物語からの出題であった。複雑な心理描写はなく、二〇二一年度の『蜻蛉日記』と比べるとかなり読みやすいと言ってよいだろう。偏りのない設問は例年通りだが、問八の「御障子」の正しい図を選ぶ設問は珍しい。ノーマークだった受験生も多かったであろう。今後要注意である。たとえば、軍記物語に頻出する「鐙」などの武具の読み、形なども便覧や古語辞書の巻末付録を利用して目を通しておく必要がある。また問十二、問十三のトはともに反語の訳し方の理解を問う問題であったが、普段から正確な訳し方を練習しておく必要がある。

二月七日実施分

問題

（七五分）

一

次の文章を読んで、後の問に答えなさい。

一般に自虐の笑いというのは、比較的地位の高い者が、比較的地位の低い者を前に、自分の愚かさをあえて[a]披瀝することで、優劣を一時的に逆転させて、自分が笑われることで周囲からの笑いを獲得するものである。①常日頃お金に困っているひとが「私お金なくて」と言っても誰も笑わない。それは自己[I]ヒ下に映るし、不憫で笑えないし、［甲］暴［甲］棄とも捉えられかねない。けれども、誰もが認める金銭的に豊かなひとが、「私の好物はお茶漬けだ」と言うと、ひとは笑うのである。

自虐の笑いは、「笑わせる者」が自ら「笑われる者」になって「笑う者」の笑いを誘うところに特徴がある。ゆえに、自分で自分を低め、相対的に「笑う者」の側を高める。②優越の笑いの比較構造を逆手にとって、あえて「笑われる者」になることで、「笑う者」を笑わせてあげるのである。したがってこれには、③地位の高いひとが自分の懐の深さを示すために行うパフォーマンスという側面がある。そして、たいていの自虐的な笑いは、笑わせる者が自ら用意した「出来合いの枠」を自分で充てがうので、観客はそのやり口を読み取って笑うのであるが、そのやり口に敏感な者からすれば、それは笑ってあげるという側面を持っている。

すなわち自虐の笑いは、「笑わせる者」が「笑う者」を笑わせてあげているように見えて、「笑う者」が「笑われる者」を笑ってあげているという傾向がある。その点で、「笑う者」にとってやや Ⅱ厄カイな笑いである。筆者が大学院生であったころ、頭髪の薄いことをネタにする教授がいた。筆者はその教授を尊敬していたので、頭髪が薄いことぐらいで教授を笑う気にもならないし、そもそも頭髪が薄いことで誰かを笑いたいという欲求もさほど強くなかった。しかし、教授が自分の頭髪を話題にするときには、④笑うという選択肢以外、筆者には用意されていなかった。笑うのだが、何となく　乙　然としない気持ちにもさせられていた。自虐の笑いの構造には、このように「ハゲ」というレッテルをひとは自分に貼り付けるものだという先回りの判断が含まれている。自虐の笑いで笑うことの不快感は、この自分の判断が他人によって先回りされているというところに原因があるだろう。

そういう面もあるとは言え、自虐の笑いでは「笑う者」は相対的に自分を高めることになるので、その状況を好意的に受け取る場合が多い。芸能人でも、有名人でも、先生と呼ばれるひとでも、自分の目の前で「立派な人」が、自分の愚かしさを恥ずかしげもなく披露してくれて、それによって自分たちを笑わせてくれるとしたら、彼らに対して感じていたはずの遠さや高さの感覚が弱められ、私たちはそうした彼らに親しみの情を心に抱くことができる。これは、優越の理論を逆手にとった技巧的なコミュニケーション方法である。

またそうすることで、自分を一旦劣位にあるものへと b貶めた「笑わせる者」＝「笑われる者」は、むしろ⑤自分の中の「不恰好なもの」との距離がきちんととれている魅力的な人間として評価されるのである。すなわち、そのようなひとは、人間というものは本来、自分を実像よりも優れた者に見せたがるものであるにもかかわらず、そうした自己顕示欲から自由であり、承認欲求に囚われすぎておらず、自分のネガティヴな部分を笑われても傷つかない、強い心の持ち主とみなされる（例えば、ハゲの男性はそうした「強い男性」か否かのテストを受ける羽目に陥りがちであり、自虐的な振る舞いを期待されがちである）。また自分の優秀さで周囲のものを萎縮させない、控えめで慎ましい、Ⅲ謙ソンの意識のあらわれとみなされる。要するに、自虐の笑いは、「笑われる者」の価値を低めるかに見えて、多くの場合、その低める振る舞いによってむしろその者の価値を高め、承認を獲得しやすくするのである。

「被害者意識の文化」が強い社会では、「笑う者」を相対的に高みへ押し上げてくれる自虐の笑いは、「笑う者」に都合が良く、大いにもてはやされている。その一方で、大学院生時代の筆者のように、尊敬する教授を笑いたくないという気持ちでいる者には、自虐の笑いは笑わねばならない圧力として迫ってくる厄カイな対象である。

誰かがすっ転んだ。誰かが自分の何かの特徴で笑いの対象になった。こうした出来事が生じたとき、それがどうして笑えるのか（笑えないのか）を問おうとしたら、単に「笑う者」の中で起こっていることだけでは、また単に「笑われる者」の中で起こっていることだけでは、うまく問えない。ここまで進んできてわかったように、うまく問うには、どのような空間がそこに成立しているか、あるいはどのような空間がそこに成立し得ないでいるのか、そこにフォーカスしないといけない。笑いが生じた、だからそこには「笑いの空間」が成立しているのだ、という簡単な話ではない、という点が重要である。

⑥優越の笑いは、社会のデリケートな部分を刺激する危うい笑いである。そこに成立したのは「笑いの空間」か、あるいは「差別の空間」か。笑われることで誰かが苦しんでいるとしたら「安全な空間」が必要になるのか。そうであるとしたら「笑いの空間」は不必要なのか。笑われることは、すべて悪しきことなのか。もしそうでないとしたら、「快適空間」はどうすれば生まれるのか。

優越の笑いが危ういのは、一つにそれがⅣカ空の優劣の比較に基づいているからであり、また一つに「出来合いの枠」（ステレオタイプ、レッテル）を用いた笑いだからである。「出来合いの枠」のおかしさは、それを充てがわれたひとに劣った存在というc烙印を押す。たいていの場合、「出来合いの枠」には社会的な*コノテーションが纏わりついてしまい、私たちはそのことにしばしば囚われてしまう。⑦「笑われる者」が烙印を押されることとどう付き合うかで、その囚われから自由になるかどうかで、そこがどんな空間になるのかも決まってくる。優越の笑いの勘所は、「笑われる者」が自分と「出来合いの枠」との距離を「認知の歪み」に陥ることなくいかに設定するかという点にある。とはいえ、いじめを克服するのにいじめられる側のメンタルにその原因を求めるだけでは不充分であるように、この責任を「笑われる者」の心のあり方に押し付けるだけでは不充分であるだろう。芸人たちは経験と技量で、この距離をうまくコーディネートして、「笑われる者」が同時に「笑う者」にもなるような空間を作り上げるのである。また、下町のコミュニケーションのように、「人情」と呼ばれるものに接してきた［d］市井の人々の中にも、そうした経験や技量を有している者がいる。

いずれにしても、⑧優越の笑いの限界とは、社会的コノテーションがべったりとこびり付いた「出来合いの枠」をそのまま用いているところにある。笑いは、社会的通念を利用しながら、（「笑わせる者」がそう狙ってはいないとしても、しばしば）社会的通念が流通するように利用されている。その限界に閉じ込められているとしたら、笑いとは、社会的通念から自由なものではないということになるだろう。

（木村覚『笑いの哲学』より）

（注）＊コノテーション…言外の意味。

問一　二重傍線部Ⅰ～Ⅳのカタカナの部分を漢字で書いたとき、傍線部に同一の漢字を使うものを次のイ～ホからそれぞれ一つずつ選び、その符号をマークしなさい。

Ⅰ　ヒ下
イ　現実逃ヒ
ロ　ヒ躍的な進歩
ハ　ヒ密の漏洩
ニ　ヒ喜こもごも
ホ　ヒ近な例

Ⅱ　厄カイ
イ　朝令暮カイ
ロ　カイ勤賞の授与
ハ　一罰百カイ
ニ　知人の紹カイ
ホ　奇々カイ々

Ⅲ　謙ソン

イ　子ソンの繁栄
ロ　ソン色のない出来
ハ　器物の欠ソン
ニ　ソン落共同体
ホ　天上天下唯我独ソン

Ⅳ　カ空

イ　高カ橋を渡る
ロ　カ川の氾濫
ハ　カ鳥風月
ニ　カ福を占う
ホ　カ報は寝て待て

問二　波線部a「披瀝」、b「貶めた」、c「烙印」、d「市井」の読みを、送り仮名も含めてそれぞれひらがなで記しなさい。

問三　傍線部①「常日頃お金に困っているひとが「私お金なくて」と言っても誰も笑わない」とあるが、それはなぜだと考えられるか。その説明として最も適当なものを次のイ～ホから一つ選び、その符号をマークしなさい。

イ　貧困という社会的問題を笑いの対象とするのは道徳的に許されないことだから
ロ　ひとを笑わせるには自分を下げて相手を高めなければならないから
ハ　ありのままの事実を述べても決して笑いには繋がらないから
ニ　笑わせる者の自虐のからくりが見え透いていると笑えないから
ホ　ひとは他人の愚かさを笑うのであり他人の不幸を笑うのではないから

問四　二箇所の空欄甲に入る漢字一字を書きなさい。

問五　傍線部②「優越の笑いの比較構造」とあるが、「優越の笑い」と「自虐の笑い」の関係はどのようなものだと考えられるか。最も適当なものを次のイ～ホから一つ選び、その符号をマークしなさい。

イ　優越の笑いでは優位に立つ者が劣位に立つ者を笑うが、自虐の笑いは優位に立つ者がわざと劣位に立って他人を笑わせることで成り立つ。
ロ　優越の笑いでは優劣の関係は誰の目にも明らかだが、自虐の笑いは優劣の関係をわざと無視するところから生まれる。

ハ　優越の笑いでは優位に立つ者が劣位に立つ者を笑うが、自虐の笑いでは劣位に立つ者が優位に立つ者を笑うという構造になっている。

ニ　優越の笑いは笑われる者を劣った者とするが、自虐の笑いは最終的に笑う者を劣った者としているという点で、二つの笑いは対立している。

ホ　優越の笑いはありのままの現実を誇張して笑わせるものだが、自虐の笑いはありもしないことを語って笑わせるものである。

問六　傍線部③「地位の高いひとが自分の懐の深さを示すために行うパフォーマンスという側面がある」とはどういうことか。最も適当なものを次のイ～ホから一つ選び、その符号をマークしなさい。

イ　あえて貧しいふりをして自分の裕福さをひけらかしているということ

ロ　あえて自分の欠点を見せることで対人関係を円滑にしようとしているということ

ハ　あえて自分を愚かに見せて自分の賢さをより際立たせようとしているということ

ニ　あえて笑われてみせることで度量の広さを見せつけようとしているということ

ホ　あえて愚か者を演じることで笑う者がどんな人間かを見極めようとしているということ

問七　傍線部④「笑うという選択肢以外、筆者には用意されていなかった」とあるが、それはなぜだと考えられるか。その説明として最も適当なものを次のイ～ホから一つ選び、その符号をマークしなさい。

イ　みんなが笑っているのに自分だけ笑わないと孤立する恐れがあると思ったから

ロ　せっかく教授が自虐の笑いを取ろうとしているのに笑わないと悪いと思ったから

ハ　笑わないと教授の頭髪が薄いと認めたことになり教授を傷つけかねないと思ったから

ニ　笑わなければならないという無言の圧力を教授が発していたから

ホ　教授は頭髪が薄いことを全く気にしていないとわかったから

問八　空欄乙に入る漢字一字を次のイ～ホから一つ選び、その符号をマークしなさい。

イ　釈　ロ　泰　ハ　憤　ニ　判　ホ　公

問九　傍線部⑤「自分の中の「不恰好なもの」との距離がきちんととれている」とはどういうことか。その説明として最も適当なものを次のイ～ホから一つ選び、その符号をマークしなさい。

イ　自分に自信を持っているので、欠点を笑われても気にならないということ

ロ　他人の言うことに左右されず、確固とした信念を持っているということ

ハ　他人の言葉をしっかりと受け止めて、自分の欠点を矯正できるということ

ニ　他人を笑わせて親しみを持たせるために、自分の欠点をさらけ出せるということ

ホ　自分自身を客観視し、等身大の自分を受け入れられているということ

問十　傍線部⑥「優越の笑いは、社会のデリケートな部分を刺激する危うい笑いである」とはどういうことか。最も適当なものを次のイ～ホから一つ選び、その符号をマークしなさい。

イ　優越の笑いは、万人は平等だという原則が建前にすぎないことを示しているということ

ロ　優越の笑いは、人々に優劣をつけ社会を混乱させる危険を孕んでいるということ

ハ　優越の笑いは、いじめと同じで目立ちはしないが深く社会を蝕んでいるということ

ニ　優越の笑いは、優劣関係や上下関係という社会の基盤を危うくするものだということ

ホ　優越の笑いは、差別や人権侵害を助長しかねないものだということ

問十一　傍線部⑦「「笑われる者」が烙印を押されることとどう付き合うかで、その囚われから自由になるかどうかで、そこがどんな空間になるのかも決まってくる」とあるが、どのような場合に「笑いの空間」が成立し、どのような場合に「差別の空間」が成立すると考えられるか。それぞれ五字以内で次の空欄A、Bを補いなさい。

「笑われる者」が［A］なら「笑いの空間」が成立し、［B］なら「差別の空間」が成立する。

問十二　傍線部⑧「優越の笑いの限界」とはどのようなものか。最も適当なものを次のイ～ホから一つ選び、その符号をマークしなさい。

イ　優越の笑いは社会的通念が生み出した優劣の関係を逆転させたものにすぎないということ
ロ　優越の笑いは社会的通念に依存したものであり、「出来合いの枠」を強化するものでしかないということ
ハ　優越の笑いは社会的通念を利用して一生剝がれないようなレッテルを貼り付けるものでしかないということ
ニ　優越の笑いは社会的通念を熟知した人間の経験と技量によってしか生み出せないということ
ホ　優越の笑いは一見社会的通念を利用しているようだが、実は「出来合いの枠」に利用されているだけだということ

二

次の文章は、西園寺大納言が謀反人として処刑された後の遺族の様子を描いたものである。これを読んで、後の問に答えなさい。

西園寺の一跡をば、竹林院中納言公重卿賜りたりとて、*青侍どもあまた来て取りまかなへば、①これさへ別れのうき数になりて、北の御方は仁和寺なる所にかすかなる住み所を尋ね出だし、移り住ませ給ひて、*七日七日の御善根、志を尽くされける。その悲しみの涙もいまだ乾かざる折節こそあれ、故大納言殿の百箇日に当たりける日、御産事故《ことゆゑ》なく若君誕生ならせ給ひにけり。あはれその昔ならば、②御祈りの貴僧高僧たち歓喜の眉を開き、*弄璋《ろうしやう》の御慶《ぎよけい》天下に聞こえ、門前には③車馬争ふべきところに、移りかはる世のならひとて、*桑の弓を引く人も、蓬の矢を射る所もなきあばら屋に、隙間の風も④すさまじけれども、防きし陰もかれはてぬれば、御乳母を付けらるるまでも叶はず、ただ母上のみづから抱き育て給ふに、⑤やうやく故大納言殿に少し似給へる御顔つきを御覧ずるにも、「形見こそ今は⑥あたなれこれなくは［Ｉ］」と、古人の言ひおきしも、げにやと思ひ出だされて、今の涙となりにけり。

乾く間もなき袖の上、引敷物《ひじきもの》さへ朽ち果てて、嘆き加ふるころなるに、中院中将定平のもとより使ひをもつて、「御産の事について、内裏より尋ね仰せらるる事候ふ。若君にておはし候はば、御乳母に抱かせ、まづこれへ入り参らせられ候へ」とぞ申されける。母上これを聞き給ひて、「あな心憂や。故大納言殿の公達をば、腹の中までも探すべしなど聞こえしかば、安心もなかりしに、はや若君出で来させ給ひAぬと、漏れ聞こえけるにこそありけれ。嘆きながらもこの子を育ててこそ、忘れ形見とも見、また人とならば僧にもなして、かの菩提をも訪《と》はせ、⑦わが身もかくてながらへば、これに頼みをかけつるに、いまだ乳房をも離れBぬ⑧嬰児を、武士の手にかけて失はれCぬと聞きなば、ありし人の別れ、今の悲しみに消えわびば、露の命を何にかけてか堪へ忍ぶべき。あるを恨みの命だに心に叶ふものならば、かかるうき事をば見聞かじものを」と、声も惜しまず泣き悲しみ給へば、げにもさこそと覚えつつ、聞く人も袖をぞ絞りける。

されば、母上は惘然《ばうぜん》として何の返事を申し給ふべき心地もなかりけるを、御介錯の春日局、泣く泣く御使ひに出で会ひて申さDれけるは、「故大納言殿の忘れ形見出で来させE給ひ候ひしが、母上ただならず*おはしし折節、限りなき物思ひに沈ませ給ひしゆゑにか、生み落としF参らせられし後、いくほどなく⑨はかなくならせ給ひぬ。これもし咎《とが》ある人の行末なれば、いかなる御沙汰にか候はんずらんと、上の御咎めを恐れて隠し申すなど思し召さるる事も候ふべければ、偽らざるしるしの一言を、仏神にかけて申し入れG候ふべし」とて、泣く泣く消息書き給ひけるその奥に、

偽りを*ただすの森に置く露の消えしにつけて濡るる袖かな

御使ひこの文を持つて帰り給ひければ、定平朝臣これを見て、涙を押さへて奏覧にぞ備へける。主上もこの詠吟をあはれとや思し召されけん、その後はつやつや御尋ねもなければ、⑩母上うれしき中に思ひあつて、焼野の雉子《きぎす》の残る草むらを⑪命にて、雛《ひな》をはぐくむ風情して、乳母をだにも付けられず、みづからこれを抱きかかへ、⑫泣く声をだに人に聞かせじと、口を押さへ乳を含めて、同じ枕の忍び音に泣き明かし泣き暮らして、年月を送らせ給ひける心のうち、推し量られてあはれなり。

（『太平記』より）

（注）＊青侍…公家の家に仕える若い侍。
＊七日七日の御善根…四十九日までの七日ごとの追善供養。
＊弄璋…男子が誕生すること。
＊桑の弓を引く人も、蓬の矢を射る所も…「桑の弓」と「蓬の矢」は男子誕生時に息災と栄達を祈る儀礼のための道具。
＊おはしし…動詞「おはす」に助動詞がついたもの。
＊ただすの森…下鴨神社の参道にある「糺《ただす》の森」に「問いただす」を掛けた表現。

問一　傍線部①「これさへ別れのうき数になりて」とはどういうことを表しているか。最も適当なものを次のイ〜ホから一つ選び、その符号をマークしなさい。
イ　中納言公重までもが大納言との死別を嘆き悲しむ者の一人として加わったということ
ロ　青侍たちすら西園寺家を見限って、無情にも次々と立ち去っていったということ
ハ　相手が青侍のような使用人であっても、いざとなると別れがつらく感じられるということ
ニ　謀反人の遺族という立場では、自分の屋敷でさえも安らげる場所ではなかったということ
ホ　大納言を失った悲しみのうえに、屋敷を奪われるつらさも重なったということ

問二　傍線部②「御祈りの貴僧高僧たち歓喜の眉を開き」とあるが、このときの僧たちを形容する言葉として最も適当なものを次のイ〜ホから一つ選び、その符号をマークしなさい。
イ　無我夢中　ロ　捲土重来　ハ　才色兼備　ニ　傍若無人　ホ　得意満面

問三　傍線部③「車馬争ふべきところ」とあるが、「車馬争ふ」とはどういうことを表しているか。「車」「馬」という語を用いずに、十字以内で言い換えなさい（句読点等も字数に含むものとする）。

問四　傍線部④・⑤・⑥・⑪の意味として最も適当なものを次のイ〜ホからそれぞれ一つずつ選び、その符号をマークしなさい。

④ すさまじけれども
イ 騒がしいけれど
ロ 気味が悪いけれど
ハ 頼りないけれど
ニ 冷たいけれど
ホ 止まないけれど

⑤ やうやく
イ いつのまにか
ロ 徐々に
ハ はやばやと
ニ ますます
ホ やっとのことで

⑥ あた
イ 恨みの種
ロ はかない思い出
ハ 一時的な慰め
ニ 身近な存在
ホ 大切な宝物

⑪ 命にて
イ 頼みの綱として
ロ よき手本として
ハ 幸運の印として
ニ 生き甲斐として
ホ 死に場所として

問五 空欄Ⅰは和歌の下の句に当たるが、これに入る言葉として最も適当なものを次のイ～ホから一つ選び、その符号をマークしなさい。

イ 忘るる時もあらましものを
ロ ありし昔を思ひ出でつつ
ハ 影だになどかとまらざりけむ
ニ ともにありつることぞ悲しき
ホ 恋しき人のうへ語らなむ

問六 傍線部⑦「わが身もかくてながらへば、これに頼みをかけつるに」の解釈として最も適当なものを次のイ～ヘから一つ選び、その符号をマークしなさい。

イ 私もこうして供養を続けているので、亡き夫は成仏できるだろうと期待していたのに

ロ　私もこのまま子育てをやりとげたら、出家して仏道修行に専念するつもりだったのに
ハ　私もこのまま生き続けたなら、この子の世話になるだろうと頼りにしていたのに
ニ　この子自身もこうして生まれてきたからには、母である私に頼りきっているのに
ホ　この子自身もこうして父親に似てきたので、成長していく姿を期待されていたのに
ヘ　この子自身もこのまま生きのびたなら、仏道修行を生き甲斐にしたはずなのに

問七　傍線部⑧「嬰児」の読みとして最も適当なものを次のイ～ホから一つ選び、その符号をマークしなさい。

イ　おさなご　ロ　ひとりご　ハ　ひわりご　ニ　みどりご　ホ　もうしご

問八　傍線部A・B・Cの助動詞「ぬ」についての説明として最も適当なものを次のイ～ホから一つ選び、その符号をマークしなさい。

イ　すべて同じ意味である
ロ　AとBが同じ意味で、Cは違う意味である
ハ　AとCが同じ意味で、Bは違う意味である
ニ　BとCが同じ意味で、Aは違う意味である
ホ　それぞれ違う意味である

問九　傍線部D「れ」と文法上の分類や用法が最も近いものを次のイ～ホの傍線部から一つ選び、その符号をマークしなさい。

イ　「露は別れの涙なるべし」といふことを頭中将のうち出だし給へれば、源中将ももろともに、いとをかしく誦じたるに、（『枕草子』）
ロ　時忠卿、「しばらく静まられ候へ。衆徒の御中へ申すべき事あり」とて、懐より小硯、たたう紙を取り出だし、一筆書いて大衆の中へつかはす。（『平家物語』）

ハ　ゆゆしかりける力かな。このやうにては、ただ今の間に我は取りくだかれぬべし。無益なり。逃げなん。

（『宇治拾遺物語』）

ニ　つとめてそこを立ちて、東大寺によりて拝み奉る。石上もまことに古りにけること、思ひやられて、むげに荒れはてにけり。

（『更級日記』）

ホ　あやしと思ふ思ふ、寝て聞けば、夜中ばかりに火の騒ぎするところあり。「近し」と聞けど、ものうくて起きもあがられぬを、

（『蜻蛉日記』）

問十　傍線部Ｅ「給ひ」、Ｆ「参らせ」、Ｇ「候ふ」は誰に対する敬意を表しているか。最も適当なものを次のイ～ヘからそれぞれ一つずつ選び、その符号をマークしなさい（同じ符号を何回用いてもよい）。

イ　故大納言殿　　ロ　母上（北の御方）　　ハ　若君

ニ　御使ひ　　ホ　上（主上）　　ヘ　仏神

問十一　傍線部⑨「はかなくならせ給ひぬ」とあるが、これより後の問題文の中から同じ事柄を表す言葉を三字で抜き出しなさい。

問十二　傍線部⑩「母上うれしき中に思ひあつて」とあるが、このときの母の心情を説明した文として最も適当なものを次のイ～ホから一つ選び、その符号をマークしなさい。

イ　わが子を守りたいという親心が理解されたことを喜びつつ、情けをかけてくれた帝に感謝している。

ロ　謀反人の遺児の捜索が打ち切られたことに安堵しつつ、まだまだ油断はできないと警戒している。

ハ　危機を脱したことに安堵しながらも、今後わが子をどうすればよいかわからず途方に暮れている。

ニ　仏神の加護に感謝し、せっかく助かった命なのだから強く生き抜こうと決意している。

ホ　嘘が見破られなかったことを喜びながらも、仏神に偽りの誓いをしてしまったことを後悔している。

問十三　傍線部⑫「泣く声をだに人に聞かせじ」を現代語訳しなさい。

二月七日実施分

解答

一

出典　木村覚『笑いの哲学』（講談社選書メチエ）

解答

問一　Ⅰ－ホ　Ⅱ－ニ　Ⅲ－ロ　Ⅳ－イ
問二　a－ひれき　b－おとしめた　c－らくいん　d－しせい
問三　ハ
問四　自
問五　イ
問六　ニ
問七　ロ
問八　イ
問九　ホ
問十　ホ
問十一　A－苦痛でない　B－苦痛である（各五字以内）
問十二　ロ

◆要　旨◆

「自虐の笑い」は優位の者が劣位の者を前に、自ら優劣を一時的に逆転させて笑いを得るものである。これは「笑う者」

が「笑われる者」を笑ってあげているという側面をもち、そこに不快感をもつ者もいるが一般には好意的なものとして受容されている。一方で「優越の笑い」は優位の者が劣位の者を蔑み笑うものであり、笑われる側が苦痛だと感じるか否かによってその空間が「笑いの空間」となるか「差別の空間」となるかが分かれる。「優越の笑い」は社会的な通念をもとに対象にレッテルを貼るが、結果的にそれはレッテルの流通を助長し社会的通念からの自由を阻害するという限界をもっている。

◀解　説▶

問三　一文目に、「比較的地位の高い者が、比較的地位の低い者を前に…優劣を一時的に逆転させて」とあるので、「自虐の笑い」においては本来地位の高い者が自らを低めて相手の地位を相対的に高めることが必須の条件であることがわかる。傍線部①では、「常日頃お金に困っているひと」が「私お金なくて」と言っているので、単なる事実であり、自らを低めているとしても「自己卑下に映るし、不憫で笑えない」のである。よって正解はハ。

問四　「自暴自棄」とは〝自分の身を粗末に扱い、やけくそになること〟という意味。

問五　「優越」とは〝ほかより優れている〟といった意味である。「優越の笑い」については、傍線部⑥以降に詳しく説明されている。傍線部⑦の『笑われる者』が烙印を押される」という表現からも推測できるように、優位の者が劣位の者に対して笑いを向けることである。一方で、傍線部②を含む段落の一文目によると、「自虐の笑い」とは、「笑わせる者」が自ら「笑われる者」になって「笑う者」の笑いを誘うことである。一文目にも、「優劣を一時的に逆転させて」とある。これらを踏まえたイが正解。ロは「優劣の関係をわざと無視する」、ハは「劣位に立つ者が優位に立つ者を笑う」、ニは「最終的に笑う者を劣った者としている」、ホは「ありもしないことを語って」がそれぞれ本文中に言及がないため誤り。「自虐」という言葉の意味からもわかるように、劣位の者が優位の者を笑うことに主眼があるのではなく、優位の者が自ら劣位を演じているというように、自発的に優劣を逆転させているという意味を踏まえた選択肢を選びたい。

問六　傍線部③は、一文の一部のみに引かれたものであるため、一文全体に着目する。すると、「したがってこれには」という順接の接続語と指示語が含まれるため、直前の一文も解答根拠になることに気づく。筆者によると「自虐の笑い」は「あえて『笑われる者』になることで、『笑う者』を笑わせてあげる」のであり、それは地位の高いひとが「懐の深さ」を示すために行うパフォーマンスである。「懐の深さ」とは、〝包容力がある〟〝度量が広い〟といった意味である。これらを踏まえた、ニが正解。

問七　筆者が頭髪の薄い教授の自虐に対して笑うエピソードは、傍線部④を含む段落の冒頭「自虐の笑いは…『笑う者』が『笑われる者』を笑ってあげている」ということの具体例である。すなわち、教授の自虐に対して、「笑う者」である筆者が笑ってあげなければ、「自虐の笑い」は成立しないことになってしまう。「筆者はその教授を尊敬していた」という表現からも、筆者は教授のことを思ってあえて笑ってあげたのである。これらを踏まえて、正解はロ。

問八　「釈然」とは〝疑念・恨みなどが消えて心が晴れ晴れするさま〟といった意味であり、「釈然としない」とは逆に疑念や恨みが晴れないことをいう。空欄乙を含む文の二文後で、「自虐の笑いで笑うことの不快感」とあり、これが同じ内容の表現である。

問九　傍線部⑤を含む文の次の文に「すなわち」とあることからここで傍線部⑤の内容が換言されていることがわかる。「そうした自己顕示欲から自由であり、承認欲求に囚われすぎておらず、自分のネガティヴな部分を笑われても傷つかない」とあるため、これを言い換えたホが正解。自己を実像よりも優れた者に見せたがるようなことをしないということは、言い換えると自己を客観視して等身大の自己を表現しているということである。

問十　傍線部ⓑの直後に、「そこに成立したのは」という指示語を含んだ表現があることから、この一文に着目する。「優越の笑い」においては、「笑いの空間」か「差別の空間」のいずれがそこに成立しているのかと筆者は問いかけているのである。さらに次の文には「笑われることで誰かが苦しんでいる」ともあるので、「優越の笑い」の危うさとは、そのような「差別」や「誰かが苦しんでいる」ことにつながってしまうことにあるのだとわかる。よって、正解はホ。

ロは「社会を混乱させる」が本文中に言及がないため誤り。

問十一　筆者は、「笑いの空間」と「差別の空間」とを対比的に捉えている。このため、設問のAとBにも対比的な内容を補充すればよい。問十でも触れたように、「優越の笑い」に対してそれが「差別の空間」になるときは、「笑われることで誰かが苦しんでいる」というときであり、すなわち笑われる側がそれを苦痛だと感じるときである。逆に、「笑いの空間」になるときは、「笑われることで誰かが苦しんでいる」わけではないときであり、すなわち笑われる側がそれを苦痛だと感じないときである。

問十二　傍線部⑧を含む一文に着目すると、「社会的コノテーションが…『出来合いの枠』をそのまま用いているところにある」とあり、また次の文には「社会的通念を利用しながら…社会的通念が流通するように利用されている」、さらに次の文に「社会的通念から自由なものではない」とある。すなわち、「優越の笑い」とは、社会的通念をそのまま利用している以上、社会的通念に依存しており、そこで貼られたレッテルがさらに流通するように利用されているということである。これに触れたロが正解。ハは「一生剝がれない」という表現が言い過ぎ。筆者によれば「出来合いの枠」(＝レッテル)は、ある社会的集団において作られるものであり、例えばある集団で劣位に置かれた人であっても、別の価値観や通念をもった集団においては劣位でなくなることもありうる。

二

出典　『太平記』〈巻第十三〉

解答

問一　ホ

問二　ホ

問三　祝賀の客の殺到。(十字以内)

問四　④―ニ　⑤―ロ　⑥―イ　⑪―イ

問五　イ
問六　ハ
問七　ニ
問八　ハ
問九　ロ
問十　E―ハ　F―ハ　G―ニ
問十一　消えし
問十二　ロ
問十三　泣く声をさえ人に聞かせまい

◆全　訳◆

西園寺の家督を、竹林院中納言公重卿が（朝廷から）賜ったといって、若い侍たちが大勢来て処理をするので、これ（＝住む場を奪われる悲しみ）までもが（西園寺大納言との）別離の悲しみに加わって、北の御方は仁和《にんな》寺のところにちょっとした住む場所を見出して、移り住みなさって、四十九日までの御供養を、心を込めておつとめになった。その（＝離別や転居の）悲しみの涙もまだ乾かないときこそあるが、故大納言（＝西園寺大納言）殿の百箇日（＝死後百日目の法要）に当たった日、（北の御方の）お産は無事に（済み）若君が誕生なさったのだった。ああ世が世なら、（ご安産を）祈る貴僧高僧たちは歓喜し、男子誕生の喜ばしい話が天下に伝わり、門前には（慶賀に訪れた）車や馬が（場所を）争う（ように押しかける）はずのところであるのに、移りかわる世のさだめで、（息災と栄達を祈って）桑の弓を引く人も、蓬の矢を射る所もないあばら屋に、隙間風も冷たいけれど、（寒風を）防いでいた（西園寺大納言の）姿もなくなってしまったので、御乳母をつけなさることもできず、ただ母上（＝北の御方）が自分で抱いて育てなさるので、だんだんと故大納言（＝西園寺大納言）殿に少し似なさっているお顔つきを（北の御方が）ご覧になるにつけても、「（男が残していった）形見があるのは今となっては恨みの種だ。これがなければ（あの男を）忘れるときもあるだろうに」と、古人がかつて言ったのも、本当だと思い出されて、今の涙となったのだった。

（涙で）袖は乾く間もなく、敷物までも朽ち果てて、いっそう悲しみが増すころだというのに、中院中将定平のもとから使いの者を通して、「ご出産のことについて、宮中からおたずねとしておっしゃることがございます。若君（＝男の子）でいらっしゃりましたら、御乳母に抱かせて、まずはこちら（＝宮中）へ参内なさってください」と申し上げなさった。母上（＝北の御方）はこれを聞きなさって、「ああつらいなあ。故大納言（＝西園寺大納言）殿の子どもたちを、（母親の）腹の中までも探せなどと（世間で）言われていたので、安心もできずに（いたが）、はやくも若君が誕生なさったと、（宮中に）漏れ聞こえたのだなあ。嘆きつつもこの子（＝若君）を育ててこそ、（西園寺大納言の）忘れ形見と思って、また成人したら僧にして、あの（＝西園寺大納言の）菩提を弔わせて、私（＝北の御方）の身もこのように生きながらえるならば、これ（＝成長した若君）を頼みにしたのに、まだ乳房を離れてもいない幼子を、武士が手にかけて殺してしまうと聞いてしまっては、昔の人（＝西園寺大納言）との離別（に加え）、今からの（若君を失う）悲しみに（生きる気力が）消えてしまうならば、露の（ようにはかない私の）命は何を頼りにして耐え忍ぶことができようか、いや、できない。あること（＝生きること）が恨めしいこの命がせめて思い通りになるものならば、このようなつらいことを見聞きしないだろうものを」と、（北の御方は）声も惜しまず泣き悲しみなさるので、（その声を聞く人は）ほんとうにそうだと思いつつ、（北の御方に加えて）聞く人も（涙で濡れた）袖を絞った。

そこで、母上（＝北の御方）は呆然としてどんな返事も申し上げなさることができる気もしなかったところ、ご介錯の春日局（＝北の御方の後見役）が、泣く泣く（中院中将定平の）お使いの者に会って申しなさったことには、「故大納言（＝西園寺大納言）殿の忘れ形見（＝若君）が誕生なさいましたが、母上（＝北の御方）は懐妊中でいらっしゃったときに、この上ない物思いに沈んでいらっしゃったためであろうか、生み落とし申し上げなさった後、いくばくもなく（若君は）お亡くなりになった。これ（＝若君）がもし（生きていたとして、）罪のある人（＝西園寺大納言）の跡取りであるので、どのようなご判断が下されるのでございましょうかと、帝のお咎めを恐れて（私たちが若君を）隠し申し上げることと（もあるだろう）などと（帝が）お思いになることもございましょうから、（若君が亡くなったというのが）偽りではない証拠となる一言を、神仏に誓って申し入れましょう」といって、泣く泣く手紙を書きなさったその奥に、
偽りを問いただすという糺《ただす》の森に置く露（のようなはかない若君の命）が消えたのにつけて（悲しみの涙で）濡れる袖であることよ。

お使いの者は（中院中将定平のもとへ）この手紙を持って帰りなさったところ、定平殿はこれ（＝手紙）を見て、涙を抑えて帝にご覧に入れた。帝もこの吟詠を（聞いて）哀れだとお思いになったのだろうか、その後は少しも（若君に関する）お尋ねをすることもなかったので、母上（＝北の御方）はうれしい気持ちの中にも（若君が亡くなったという嘘が露見しないかと心配な）思いもあって、焼け野の雉《きじ》が焼け残る草むらを頼りにして、雛を育てるような様子で、（露見する不安ゆえに）乳母をさえも付けることができず、自らこれ（＝若君）を抱きかかえ、（若君が）泣く声をさえ人に聞かせまいと、（若君の）口を押さえて乳を口に含ませて、（若君と）同じ枕で（北の御方は）こっそりとした泣き声で泣き明かし泣き暮らして、年月をお送りになった心の内が、推し量られて哀れである。

▲解　説▼

問一　冒頭の「一跡」は〝家督・全財産〟といった意味。それを竹林院中納言公重卿が賜ったということは、傍線部①の直後にもあるように、遺族から住む場を奪ったことを意味する。傍線部①の「これ」とは、そのように住む場を奪われたことを指す。「さへ」は添加の副助詞。〝～までも〟と訳す。ここでは、リード文にあるように夫である西園寺大納言と離別した悲しみに加えて、住む場を奪われた悲しみをも「北の御方」が感じているということを意味する。これらより正解はホ。イは主語を「北の御方」としていない点でも不適当。一般に傍線部①の末尾「て」は主語が継続する接続である。

問二　安産祈願の貴僧高僧を雇うことができることや、男子誕生の御慶が天下に伝わること、門前に慶賀の車列ができる

ことから、これは西園寺家が栄えていたときを想起している描写であるとわかる。貴僧高僧からすると、自らの安産祈願によって実際に男子が無事に誕生したのだから、ホ「得意満面」が適切。ロ「捲土重来」は、〝一度戦いに敗れた者が勢いを盛り返して、ふたたび攻めてくること〟。転じて、物事に一度失敗した者が、勢いを盛り返すこと〟といった意味。ここでは西園寺家が落ちぶれた現在の様子と対比的に描かれた過去の栄光の部分が傍線部②であるため、「捲土重来」の意味には合わない。

問三　男子誕生に際して西園寺家の門前に「車馬」の列ができるとは、誕生を祝う貴族が多く訪れていることを示している。つまり、①男子誕生への祝いであること、②車馬を停める場所を争わなくてはならないほど多くの訪問があることの二点を解答要素としてまとめ、かつ「どういうことを表しているか」という問いなので、「…ということ。」とまとめたいが、字数制限がかなり厳しいため、各要素を名詞化するなどして解答を端的に換言する。

問四　④「すさまじ」は〝興覚めだ〟〝殺風景だ〟の意味が有名だが、それ以外にも〝冷たい〟といった意味もある。ここでは「隙間の風」が主部であるため、「冷たい」の意。

⑤「やうやく」は〝だんだん〟といった意。「やうやう」に同じ。

⑥「あた」は〝敵〟〝恨みの種〟といった意。

⑪「命」は〝命〟〝生涯〟〝死〟〝唯一のよりどころ〟といった意。ここでは、焼け野にいる雉の親が焼け残ったわずかな草むらで子育てをする様子を言っているので、〝唯一のよりどころ〟の意味で解釈するとよい。

問五　選択肢の中で、イのみが（男を）「忘れる」という文脈であり、そのほかはむしろ（男に対して）思いを寄せているという内容になっている。いま、空欄Ⅰを含む、引用された和歌の第三句に「これなくは」とあることから、〝形見がなければ〟という事実に反することを想定しようとする表現であることがわかる。このことから、（男の）形見がなければ（男のことを）忘れられると言っているイが正解。

問六　「わが身」は〝私の身〟という意味なので、発言主である「北の御方」のことを指す。「ながらふ」とは〝生きながらえる〟という意味なので、これらを踏まえたハが正解。なお、「頼む」は〝頼る〟〝頼りにさせる〟の意味だが、ここでは「頼みをかける」の形なので、〝頼りにする〟の意味。

問七　「嬰児」は「みどりご」と読み、〝生まれたばかりの子ども〟という意味。イ「おさなご」も意味として近いが、「嬰児」は「おさなご」とは読まない。

問八　Aは、ハ行四段活用動詞「給ふ」の連用形に接続しているため、完了・強意の助動詞「ぬ」の終止形。Bは、「嬰児」という体言が接続していることから、連体形であり、連体形が「ぬ」になるのは打消の助動詞「ず」。Cは、引用の助詞「と」に接続していることから、終止形であり、終止形が「ぬ」になるのは完了・強意の助動詞「ぬ」。なおA〜Cを含むいずれの文にも係助詞は存在しないため、係り結びの法則は成立しないことを確認したうえで、これらを踏まえて正解はハ。

問九　傍線部Dの「れ」は、未然形に接続していることから、尊敬・自発・受身・可能の助動詞「る」の連用形であることがわかる。和歌の直前で「消息書き給ひける」というように、発言主である春日局に対して尊敬語が用いられていることから、傍線部Dについても尊敬の用法であることがわかる。イは完了の助動詞「り」の已然形、ロは尊敬の助動詞「る」の連用形。ハは受身の助動詞「る」の連用形。ニは自発の助動詞「る」の連用形。ホは可能の助動詞「る」の未然形。よって正解はロ。

問十　E、「させ給ふ」の形は二重敬語であり、「させ」も「給ふ」も尊敬語になる。よって動作の主体が敬意の対象である。ここでは「出で来」という行為をした「若君」に対する敬意を表している。

F、「参らす」は謙譲語であるため、動作の客体（＝対象）が敬意の対象である。ここでは「生み落とし」という行為をされた「若君」に対する敬意を表している。

G、「候ふ」は本動詞と補助動詞の場合が存在するが、ここでは「申し入れ」という動詞に接続していることから補助動詞であることがわかる。補助動詞の「候ふ」は丁寧語であるため、会話文においては聞き手が敬意の対象である。

いま、聞き手は中院中将定平のお使いの者である。

問十一　「はかなくなる」は〝死ぬ〟という意味。後の和歌中の「露の消えし」は、文字通り露が消えることと、比喩的に若君の命が消えることを暗示している。「露」は〝露の命〟といった表現からもわかるように、はかないもの、特に命を象徴して用いられることが多い。

問十二　傍線部⑩は一文の一部に引かれたものであるため、一文全体に着目する。すると、「その後はつやつや御尋ねもなければ」という理由表現に気づく。すなわち、春日局の機転による嘘を、帝が信じ込み、すぐさま「若君」に危害が及ぶことは考えにくくなったことに対して母上（＝北の御方）は嬉しく感じているとわかる。また、続けて「乳母をだにも…人に聞かせじ」とあるように、若君の存在を隠そうとしていることから、いつその嘘が露見するかわからないため油断はできずにいるということがわかる。よって正解はロ。

問十三　「だに」は多くが下に打消を伴って、〝～さえ〟〝～すら〟と訳す、類推の副助詞である。程度の軽いもの（ここでは若君が泣く声）を取り上げて、他にもっと程度の重いもの（ここでは若君が生きていることそのもの）があることを類推させる用法である。春日局の機転によって若君に危害が及ぶことは避けられたものの、偽りが露見してしまえば再び危険にさらされるため、若君の生存を誰にも知られてはならないという場面である。そこでは、若君が泣く声をすら他人に聞かれることのないように、北の方は気を配っている。なお、「じ」は打消意志。

❖講　評

例年通り現代文一題と古文一題の出題でマークセンス方式・記述式の併用であった。

一の現代文は、木村覚の評論『笑いの哲学』からの出題。身近なテーマに関する文章であり、論展開も一貫しているため読みやすかっただろう。例年通り、漢字の書き取りをはじめ知識問題の比率が比較的高い。問三は「自虐の笑い」に関する定義を本文中から丁寧に探っていくとよい。「優劣を一時的に逆転させ」ることが中核的な解答要素であることに気づきたい。問五は問三を踏まえた問題。問三で見た「自虐の笑い」に対して、「優越の笑い」は優位の者が劣位の者に向けるものである点を踏まえて選択する。問六は一文の一部にのみ引かれている傍線部の処理について確認しておきたい。一文全体に着目すると、解答の根拠が見えてくる。問九は傍線部の直後の換言に着目したうえで、当該箇所と選択肢とを見比べて逐語的に換言できるものが正解。問十は傍線部直後の指示語に注目するとよい。問十一は空欄A・Bが対比的な内容になることがわかれば平易。「笑われる者」が烙印から自由になるとは、それを苦痛だと見なさないということである。問十二は「社会的通念」を利用しつつもその流通に利用されているという相互関係を読み取ることができるかが鍵。また極端な表現の選択肢はよく吟味し正誤を判定したい。

二の古文は、『太平記』からの出題。登場人物は少ないが、謀反人の妻という複雑な立場に留意していなければ難解に感じられただろう。問一は「さへ」が添加の副助詞であることを根拠に二つの〝憂き〟ことを推測したい。問二は「捲土重来」がやや難解な四字熟語である。若君の誕生が、御祈りを任された貴僧高僧たちにとってどのような意味を持つものであったかを考えるとよい。問三は西園寺家が零落したのちの現在と対比されていることに気づきたい。問四は語意の問題。いずれも基本的な古語とは言えないものや、一般的ではない意味で用いられているため、文脈把握能力が問われている。問五は和歌の下の句を選択させる問い。反実仮想の典型的な出現パターンが理解できていれば気づけたか。問六は「ながらふ」「頼み」といった基本的な古語が理解できれば平易。問八・問九は基本的な助動詞の識別問題。問十は敬語の種類の知識を前提にして、敬意の対象を特定する。本動詞と補助動詞を共にもつ敬語については見分け方を復習しておくとよい。問十二は「思ひ」の具体的な内容を、「北の御方」の現状を踏まえて推測する。春日局の機転によって一時的に難を逃れながらも、永劫の安全は保障されていないことを捉えたい。問十三は頻出の、類推の副助詞「だに」の訳出が鍵。若君の「泣く声」という、程度の軽いものを挙げて、さらに程度の重い若君の生存そのものを類推させる用法である。

大学赤本シリーズ

赤本 ウェブサイト

過去問の代名詞として、70年以上の伝統と実績。

新刊案内・特集ページも充実！
受験生の「知りたい」に答える

akahon.net でチェック！

志望大学の赤本の刊行状況を確認できる！

「赤本取扱い書店検索」で赤本を置いている書店を見つけられる！

赤本チャンネル & 赤本ブログ

赤本チャンネル

人気講師の大学別講座や
共通テスト対策など、
受験に役立つ動画 を公開中！

YouTube

TikTok

赤本ブログ

受験のメンタルケア、合格者の声など、
受験に役立つ記事 が充実。

詳しくはこちら

いつも受験生のそばに──赤本

大学入試シリーズ＋α
入試対策も共通テスト対策も赤本で

入試対策

赤本プラス

赤 PLUS＋ 本

赤本プラスとは，**過去問演習の効果を最大にする**ためのシリーズです。「赤本」であぶり出された弱点を，赤本プラスで克服しましょう。

- 大学入試 すぐわかる英文法 DL
- 大学入試 ひと目でわかる英文読解
- 大学入試 絶対できる英語リスニング DL
- 大学入試 すぐ書ける自由英作文
- 大学入試 ぐんぐん読める 英語長文〔BASIC〕 DL
- 大学入試 ぐんぐん読める 英語長文〔STANDARD〕 DL
- 大学入試 ぐんぐん読める 英語長文〔ADVANCED〕 DL
- 大学入試 正しく書ける英作文
- 大学入試 最短でマスターする 数学Ⅰ・Ⅱ・Ⅲ・A・B・C
- 大学入試 突破力を鍛える最難関の数学
- 大学入試 知らなきゃ解けない 古文常識・和歌
- 大学入試 ちゃんと身につく物理
- 大学入試 もっと身につく 物理問題集（①力学・波動）
- 大学入試 もっと身につく 物理問題集（②熱力学・電磁気・原子）

入試対策

英検®赤本シリーズ

英検®（実用英語技能検定）の対策書。
過去問集と参考書で万全の対策ができます。

▶**過去問集（2024年度版）**
- 英検®準1級過去問集 DL
- 英検®2級過去問集 DL
- 英検®準2級過去問集 DL
- 英検®3級過去問集 DL

▶**参考書**
- 竹岡の英検®準1級マスター DL
- 竹岡の英検®2級マスター CD DL
- 竹岡の英検®準2級マスター CD DL
- 竹岡の英検®3級マスター CD DL

CD リスニングCDつき　DL 音声無料配信
新 2024年新刊・改訂

入試対策

赤本プレミアム

赤本の教学社だからこそ作れた、過去問ベストセレクション

- 東大数学プレミアム
- 東大現代文プレミアム
- 京大数学プレミアム［改訂版］
- 京大古典プレミアム

入試対策

赤本メディカルシリーズ

過去問を徹底的に研究し，独自の出題傾向をもつメディカル系の入試に役立つ内容を精選した実戦的なシリーズ。

- 〔国公立大〕医学部の英語［3訂版］
- 私立医大の英語〔長文読解編〕［3訂版］
- 私立医大の英語〔文法・語法編〕［改訂版］
- 医学部の実戦小論文［3訂版］
- 医歯薬系の英単語［4訂版］
- 医系小論文 最頻出論点20［4訂版］
- 医学部の面接［4訂版］

入試対策

体系シリーズ

国公立大二次・難関私大突破へ，自学自習に適したハイレベル問題集。

- 体系英語長文
- 体系英作文
- 体系現代文
- 体系世界史
- 体系物理［第7版］

入試対策

単行本

▶**英語**
- Q&A即決英語勉強法
- TEAP攻略問題集 CD
- 東大の英単語［新装版］
- 早慶上智の英単語［改訂版］

▶**国語・小論文**
- 著者に注目! 現代文問題集
- ブレない小論文の書き方 樋口式ワークノート

▶**レシピ集**
- 奥薗壽子の赤本合格レシピ

入試対策　共通テスト対策

赤本手帳

- 赤本手帳（2025年度受験用） プラムレッド
- 赤本手帳（2025年度受験用） インディゴブルー
- 赤本手帳（2025年度受験用） ナチュラルホワイト

入試対策

風呂で覚えるシリーズ

水をはじく特殊な紙を使用。いつでもどこでも読めるから，ちょっとした時間を有効に使える！

- 風呂で覚える英単語［4訂新装版］
- 風呂で覚える英熟語［改訂新装版］
- 風呂で覚える古文単語［改訂新装版］
- 風呂で覚える古文文法［改訂新装版］
- 風呂で覚える漢文［改訂新装版］
- 風呂で覚える日本史〔年代〕［改訂新装版］
- 風呂で覚える世界史〔年代〕［改訂新装版］
- 風呂で覚える倫理［改訂版］
- 風呂で覚える百人一首［改訂版］

共通テスト対策

満点のコツシリーズ

共通テストで満点を狙うための実戦的参考書。
重要度の増したリスニング対策は
「カリスマ講師」竹岡広信が一回読みにも
対応できるコツを伝授！

- 共通テスト英語〔リスニング〕 満点のコツ［改訂版］ 新 DL
- 共通テスト古文 満点のコツ［改訂版］ 新
- 共通テスト漢文 満点のコツ［改訂版］ 新

入試対策　共通テスト対策

赤本ポケットシリーズ

▶**共通テスト対策**
- 共通テスト日本史〔文化史〕

▶**系統別進路ガイド**
- デザイン系学科をめざすあなたへ

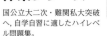

共通テスト対策関連書籍

共通テスト対策 も 赤本で

① 過去問演習

2025年版

共通テスト赤本シリーズ

全12点

A5判／定価1,320円
（本体1,200円）

- 英国数には新課程対応オリジナル実戦模試 掲載！
- 公表された新課程試作問題はすべて掲載！
- くわしい対策講座で得点力UP
- 英語はリスニングを10回分掲載！ 赤本の音声サイトで本番さながらの対策！

- 英語 リーディング／リスニング DL
- 数学Ⅰ, A／Ⅱ, B, C
- 国語
- 歴史総合, 日本史探究
- 歴史総合, 世界史探究
- 地理総合, 地理探究
- 公共, 倫理
- 公共, 政治・経済
- 物理
- 化学
- 生物
- 物理基礎／化学基礎／生物基礎／地学基礎

DL 音声無料配信

② 自己分析

赤本ノートシリーズ 過去問演習の効果を最大化

▶共通テスト対策には

赤本ノート（共通テスト用）　赤本ルーズリーフ（共通テスト用）

共通テスト赤本シリーズ
新課程攻略問題集
全26点に対応!!

▶二次・私大対策には

大学赤本シリーズ
全556点に対応!!

赤本ノート（二次・私大用）

③ 重点対策

共通テスト赤本プラス

新課程攻略問題集

基礎固め&苦手克服のための分野別対策問題集!!
厳選された問題でかしこく対策

- 英語リーディング
- 英語リスニング DL
- 数学Ⅰ, A
- 数学Ⅱ, B, C
- 国語（現代文）
- 国語（古文, 漢文）
- 歴史総合, 日本史探究
- 歴史総合, 世界史探究
- 地理総合, 地理探究
- 公共, 政治・経済
- 物理
- 化学
- 生物
- 情報Ⅰ

DL 音声無料配信

全14点 好評発売中！

A5判／定価1,320円（本体1,200円）

手軽なサイズの実戦的参考書

目からウロコのコツが満載！
直前期にも！

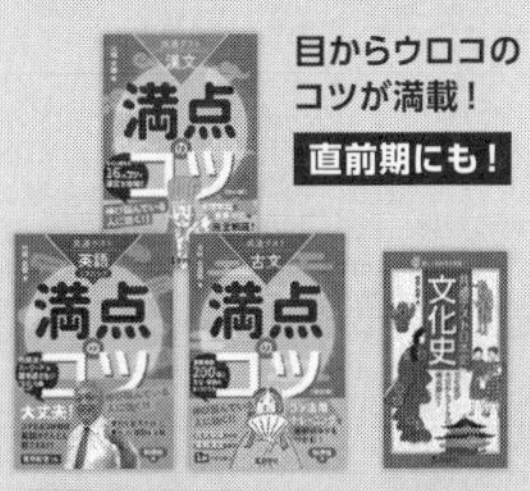

満点のコツシリーズ　赤本ポケット

2025年版　大学赤本シリーズ

私立大学③

529 同志社大学（文・経済学部－学部個別日程）
530 同志社大学（神・商・心理・グローバル地域文化学部－学部個別日程）
531 同志社大学（社会学部－学部個別日程）
532 同志社大学（政策・文化情報〈文系型〉・スポーツ健康科〈文系型〉学部－学部個別日程）
533 同志社大学（理工・生命医科・文化情報〈理系型〉・スポーツ健康科〈理系型〉学部－学部個別日程）
534 同志社大学（全学部日程）
535 同志社女子大学 総推
536 奈良大学 総推
537 奈良学園大学 総推
538 阪南大学 総推
539 姫路獨協大学 総推
540 兵庫医科大学（医学部） 医
541 兵庫医科大学（薬・看護・リハビリテーション学部） 総推
542 佛教大学 総推
543 武庫川女子大学 総推
544 桃山学院大学 総推
545 大和大学・大和大学白鳳短期大学部 総推
546 立命館大学（文系－全学統一方式・学部個別配点方式）／立命館アジア太平洋大学（前期方式・英語重視方式）
547 立命館大学（理系－全学統一方式・学部個別配点方式・理系型3教科方式・薬学方式）
548 立命館大学（英語〈全学統一方式3日程×3カ年〉）
549 立命館大学（国語〈全学統一方式3日程×3カ年〉）
550 立命館大学（文系選択科目〈全学統一方式2日程×3カ年〉）
551 立命館大学（IR方式〈英語資格試験利用型〉・共通テスト併用方式）／立命館アジア太平洋大学（共通テスト併用方式）
552 立命館大学（後期分割方式・「経営学部で学ぶ感性＋共通テスト」方式）／立命館アジア太平洋大学（後期方式）
553 龍谷大学（公募推薦入試） 総推
554 龍谷大学（一般選抜入試）

中国の大学（50音順）

555 岡山商科大学 総推
556 岡山理科大学 総推
557 川崎医科大学 医
558 吉備国際大学 総推
559 就実大学 総推
560 広島経済大学
561 広島国際大学 総推
562 広島修道大学
563 広島文教大学 総推
564 福山大学／福山平成大学
565 安田女子大学 総推

四国の大学（50音順）

567 松山大学

九州の大学（50音順）

568 九州医療科学大学
569 九州産業大学
570 熊本学園大学
571 久留米大学（文・人間健康・法・経済・商学部）
572 久留米大学（医学部〈医学科〉） 医
573 産業医科大学（医学部） 医
574 西南学院大学（商・経済・法・人間科学部－A日程）
575 西南学院大学（神・外国語・国際文化学部－A日程／全学部－F日程）
576 福岡大学（医学部医学科を除く－学校推薦型選抜・一般選抜系統別日程） 総推
577 福岡大学（医学部医学科を除く－一般選抜前期日程）
578 福岡大学（医学部〈医学科〉－学校推薦型選抜・一般選抜系統別日程） 医 総推
579 福岡工業大学
580 令和健康科学大学 総推

医 医学部医学科を含む
総推 総合型選抜または学校推薦型選抜を含む
DL リスニング音声配信　新 2024年 新刊・復刊

掲載している入試の種類や試験科目，収載年数などはそれぞれ異なります。詳細については，それぞれの本の目次や赤本ウェブサイトでご確認ください。

akahon.net
赤本｜ 検索

難関校過去問シリーズ

出題形式別・分野別に収録した
「入試問題事典」
20大学 73点
定価2,310～2,640円（本体2,100～2,400円）

先輩合格者はこう使った！
「難関校過去問シリーズの使い方」

61年，全部載せ！
要約演習で，総合力を鍛える
東大の英語
要約問題 UNLIMITED

国公立大学

東大の英語25カ年［第12版］ 改
東大の英語リスニング20カ年［第9版］ DL 改
東大の英語 要約問題 UNLIMITED
東大の文系数学25カ年［第12版］ 改
東大の理系数学25カ年［第12版］ 改
東大の現代文25カ年［第12版］ 改
東大の古典25カ年［第12版］ 改
東大の日本史25カ年［第9版］ 改
東大の世界史25カ年［第9版］ 改
東大の地理25カ年［第9版］ 改
東大の物理25カ年［第9版］ 改
東大の化学25カ年［第9版］ 改
東大の生物25カ年［第9版］ 改
東工大の英語20カ年［第8版］ 改
東工大の数学20カ年［第9版］ 改
東工大の物理20カ年［第5版］ 改
東工大の化学20カ年［第5版］ 改
一橋大の英語20カ年［第9版］ 改
一橋大の数学20カ年［第9版］ 改
一橋大の国語20カ年［第6版］ 改
一橋大の日本史20カ年［第6版］ 改
一橋大の世界史20カ年［第6版］ 改
筑波大の英語15カ年 新
筑波大の数学15カ年 新
京大の英語25カ年［第12版］
京大の文系数学25カ年［第12版］
京大の理系数学25カ年［第12版］
京大の現代文25カ年［第2版］
京大の古典25カ年［第2版］
京大の日本史20カ年［第3版］
京大の世界史20カ年［第3版］
京大の物理25カ年［第9版］
京大の化学25カ年［第9版］
北大の英語15カ年［第8版］
北大の理系数学15カ年［第8版］
北大の物理15カ年［第2版］
北大の化学15カ年［第2版］
東北大の英語15カ年［第8版］
東北大の理系数学15カ年［第8版］
東北大の物理15カ年［第2版］
東北大の化学15カ年［第2版］
名古屋大の英語15カ年［第8版］
名古屋大の理系数学15カ年［第8版］
名古屋大の物理15カ年［第2版］
名古屋大の化学15カ年［第2版］
阪大の英語20カ年［第9版］
阪大の文系数学20カ年［第3版］
阪大の理系数学20カ年［第9版］
阪大の国語15カ年［第3版］
阪大の物理20カ年［第8版］
阪大の化学20カ年［第6版］
九大の英語15カ年［第8版］
九大の理系数学15カ年［第7版］
九大の物理15カ年［第2版］
九大の化学15カ年［第2版］
神戸大の英語15カ年［第9版］
神戸大の数学15カ年［第5版］
神戸大の国語15カ年［第3版］

私立大学

早稲田の英語［第11版］ 改
早稲田の国語［第9版］ 改
早稲田の日本史［第9版］ 改
早稲田の世界史［第2版］ 改
慶應の英語［第11版］ 改
慶應の小論文［第3版］ 改
明治大の英語［第9版］ 改
明治大の国語［第2版］ 改
明治大の日本史［第2版］ 改
中央大の英語［第9版］ 改
法政大の英語［第9版］ 改
同志社大の英語［第10版］
立命館大の英語［第10版］
関西大の英語［第10版］
関西学院大の英語［第10版］

DL リスニング音声配信
新 2024年 新刊
改 2024年 改訂

2025年版　大学赤本シリーズ

私立大学②

357 東邦大学（理・看護・健康科学部）
358 東洋大学（文・経済・経営・法・社会・国際・国際観光学部）
359 東洋大学（情報連携・福祉社会デザイン・健康スポーツ科・理工・総合情報・生命科・食環境科学部）
360 東洋大学（英語〈3日程×3カ年〉）
361 東洋大学（国語〈3日程×3カ年〉）
362 東洋大学（日本史・世界史〈2日程×3カ年〉）
363 東洋英和女学院大学
364 常磐大学・短期大学 総推
365 獨協大学
366 獨協医科大学（医学部） 医

な行（関東の大学）

367 二松学舎大学
368 日本大学（法学部）
369 日本大学（経済学部）
370 日本大学（商学部）
371 日本大学（文理学部〈文系〉）
372 日本大学（文理学部〈理系〉）
373 日本大学（芸術学部〈専門試験併用型〉）
374 日本大学（国際関係学部）
375 日本大学（危機管理・スポーツ科学部）
376 日本大学（理工学部）
377 日本大学（生産工・工学部）
378 日本大学（生物資源科学部）
379 日本大学（医学部） 医
380 日本大学（歯・松戸歯学部）
381 日本大学（薬学部）
382 日本大学（N全学統一方式－医・芸術〈専門試験併用型〉学部を除く）
383 日本医科大学 医
384 日本工業大学
385 日本歯科大学
386 日本社会事業大学 総推
387 日本獣医生命科学大学
388 日本女子大学
389 日本体育大学

は行（関東の大学）

390 白鷗大学（学業特待選抜・一般選抜）
391 フェリス女学院大学
392 文教大学
393 法政大学（法〈I日程〉・文〈II日程〉・経営〈II日程〉学部－A方式）
394 法政大学（法〈II日程〉・国際文化・キャリアデザイン学部－A方式）
395 法政大学（文〈I日程〉・経営〈I日程〉・人間環境・グローバル教養学部－A方式）
396 法政大学（経済〈I日程〉・社会〈I日程〉・現代福祉学部－A方式）
397 法政大学（経済〈II日程〉・社会〈II日程〉・スポーツ健康学部－A方式）
398 法政大学（情報科・デザイン工・理工・生命科学部－A方式）
399 法政大学（T日程〈統一日程〉・英語外部試験利用入試）
400 星薬科大学 総推

ま行（関東の大学）

401 武蔵大学
402 武蔵野大学
403 武蔵野美術大学
404 明海大学
405 明治大学（法学部－学部別入試）
406 明治大学（政治経済学部－学部別入試）
407 明治大学（商学部－学部別入試）
408 明治大学（経営学部－学部別入試）
409 明治大学（文学部－学部別入試）
410 明治大学（国際日本学部－学部別入試）
411 明治大学（情報コミュニケーション学部－学部別入試）
412 明治大学（理工学部－学部別入試）
413 明治大学（総合数理学部－学部別入試）
414 明治大学（農学部－学部別入試）
415 明治大学（全学部統一入試）
416 明治学院大学（A日程）
417 明治学院大学（全学部日程）
418 明治薬科大学 総推
419 明星大学
420 目白大学・短期大学部

ら・わ行（関東の大学）

421 立教大学（文系学部－一般入試〈大学独自の英語を課さない日程〉）
422 立教大学（国語〈3日程×3カ年〉）
423 立教大学（日本史・世界史〈2日程×3カ年〉）
424 立教大学（文学部－一般入試〈大学独自の英語を課す日程〉）
425 立教大学（理学部－一般入試）
426 立正大学
427 早稲田大学（法学部）
428 早稲田大学（政治経済学部）
429 早稲田大学（商学部）
430 早稲田大学（社会科学部）
431 早稲田大学（文学部）
432 早稲田大学（文化構想学部）
433 早稲田大学（教育学部〈文科系〉）
434 早稲田大学（教育学部〈理科系〉）
435 早稲田大学（人間科・スポーツ科学部）
436 早稲田大学（国際教養学部）
437 早稲田大学（基幹理工・創造理工・先進理工学部）
438 和洋女子大学 総推

中部の大学（50音順）

439 愛知大学
440 愛知医科大学（医学部） 医
441 愛知学院大学・短期大学部
442 愛知工業大学 総推
443 愛知淑徳大学
444 朝日大学 総推
445 金沢医科大学（医学部） 医
446 金沢工業大学
447 岐阜聖徳学園大学 総推
448 金城学院大学
449 至学館大学 総推
450 静岡理工科大学
451 椙山女学園大学
452 大同大学
453 中京大学
454 中部大学
455 名古屋外国語大学 総推
456 名古屋学院大学 総推
457 名古屋学芸大学 総推
458 名古屋女子大学 総推
459 南山大学（外国語〈英米〉・法・総合政策・国際教養学部）
460 南山大学（人文・外国語〈英米を除く〉・経済・経営・理工学部）
461 新潟国際情報大学
462 日本福祉大学
463 福井工業大学
464 藤田医科大学（医学部） 医
465 藤田医科大学（医療科・保健衛生学部）
466 名城大学（法・経営・経済・外国語・人間・都市情報学部）
467 名城大学（情報工・理工・農・薬学部）
468 山梨学院大学

近畿の大学（50音順）

469 追手門学院大学 総推
470 大阪医科薬科大学（医学部） 医
471 大阪医科薬科大学（薬学部） 総推
472 大阪学院大学 総推
473 大阪経済大学 総推
474 大阪経済法科大学 総推
475 大阪工業大学 総推
476 大阪国際大学・短期大学部 総推
477 大阪産業大学 総推
478 大阪歯科大学（歯学部）
479 大阪商業大学 総推
480 大阪成蹊大学・短期大学 総推
481 大谷大学 総推
482 大手前大学・短期大学 総推
483 関西大学（文系）
484 関西大学（理系）
485 関西大学（英語〈3日程×3カ年〉）
486 関西大学（国語〈3日程×3カ年〉）
487 関西大学（日本史・世界史・文系数学〈3日程×3カ年〉）
488 関西医科大学（医学部） 医
489 関西医療大学 総推
490 関西外国語大学・短期大学部 総推
491 関西学院大学（文・法・商・人間福祉・総合政策学部－学部個別日程）
492 関西学院大学（神・社会・経済・国際・教育学部－学部個別日程）
493 関西学院大学（全学部日程〈文系型〉）
494 関西学院大学（全学部日程〈理系型〉）
495 関西学院大学（共通テスト併用日程〈数学〉・英数日程）
496 関西学院大学（英語〈3日程×3カ年〉） 新
497 関西学院大学（国語〈3日程×3カ年〉） 新
498 関西学院大学（日本史・世界史・文系数学〈3日程×3カ年〉） 新
499 畿央大学 総推
500 京都外国語大学・短期大学 総推
502 京都産業大学（公募推薦入試） 総推
503 京都産業大学（一般選抜入試〈前期日程〉）
504 京都女子大学 総推
505 京都先端科学大学 総推
506 京都橘大学 総推
507 京都ノートルダム女子大学 総推
508 京都薬科大学 総推
509 近畿大学・短期大学部（医学部を除く－推薦入試） 総推
510 近畿大学・短期大学部（医学部を除く－一般入試前期）
511 近畿大学（英語〈医学部を除く3日程×3カ年〉）
512 近畿大学（理系数学〈医学部を除く3日程×3カ年〉）
513 近畿大学（国語〈医学部を除く3日程×3カ年〉）
514 近畿大学（医学部－推薦入試・一般入試前期） 医 総推
515 近畿大学・短期大学部（一般入試後期） 医
516 皇學館大学 総推
517 甲南大学 総推
518 甲南女子大学（学校推薦型選抜） 新 総推
519 神戸学院大学 総推
520 神戸国際大学 総推
521 神戸女学院大学 総推
522 神戸女子大学・短期大学 総推
523 神戸薬科大学 総推
524 四天王寺大学・短期大学部 総推
525 摂南大学（公募制推薦入試） 総推
526 摂南大学（一般選抜前期日程）
527 帝塚山学院大学 総推
528 同志社大学（法、グローバル・コミュニケーション学部－学部個別日程）

2025年版　大学赤本シリーズ

国公立大学 その他

171 〔国公立大〕医学部医学科 総合型選抜・学校推薦型選抜※ 医 総推
172 看護・医療系大学〈国公立 東日本〉※
173 看護・医療系大学〈国公立 中日本〉※
174 看護・医療系大学〈国公立 西日本〉※
175 海上保安大学校／気象大学校
176 航空保安大学校
177 国立看護大学校
178 防衛大学校 総推
179 防衛医科大学校(医学科) 医
180 防衛医科大学校(看護学科)

※No.171～174の収載大学は赤本ウェブサイト(http://akahon.net/)でご確認ください。

私立大学①

北海道の大学(50音順)
201 札幌大学
202 札幌学院大学
203 北星学園大学
204 北海学園大学
205 北海道医療大学
206 北海道科学大学
207 北海道武蔵女子大学・短期大学
208 酪農学園大学(獣医学群〈獣医学類〉)

東北の大学(50音順)
209 岩手医科大学(医・歯・薬学部) 医
210 仙台大学 総推
211 東北医科薬科大学(医・薬学部) 医
212 東北学院大学
213 東北工業大学
214 東北福祉大学
215 宮城学院女子大学 総推

関東の大学(50音順)
あ行(関東の大学)
216 青山学院大学(法・国際政治経済学部一個別学部日程)
217 青山学院大学(経済学部一個別学部日程)
218 青山学院大学(経営学部一個別学部日程)
219 青山学院大学(文・教育人間科学部一個別学部日程)
220 青山学院大学(総合文化政策・社会情報・地球社会共生・コミュニティ人間科学部一個別学部日程)
221 青山学院大学(理工学部一個別学部日程)
222 青山学院大学(全学部日程)
223 麻布大学(獣医、生命・環境科学部)
224 亜細亜大学
226 桜美林大学
227 大妻女子大学・短期大学部

か行(関東の大学)
228 学習院大学(法学部ーコア試験)
229 学習院大学(経済学部ーコア試験)
230 学習院大学(文学部ーコア試験)
231 学習院大学(国際社会科学部ーコア試験)
232 学習院大学(理学部ーコア試験)
233 学習院女子大学
234 神奈川大学(給費生試験)
235 神奈川大学(一般入試)
236 神奈川工科大学
237 鎌倉女子大学・短期大学部
238 川村学園女子大学
239 神田外語大学
240 関東学院大学
241 北里大学(理学部)
242 北里大学(医学部) 医
243 北里大学(薬学部)
244 北里大学(看護・医療衛生学部)
245 北里大学(未来工・獣医・海洋生命科学部)
246 共立女子大学・短期大学
247 杏林大学(医学部) 医
248 杏林大学(保健学部)
249 群馬医療福祉大学・短期大学部
250 群馬パース大学 総推
251 慶應義塾大学(法学部)
252 慶應義塾大学(経済学部)
253 慶應義塾大学(商学部)
254 慶應義塾大学(文学部) 総推
255 慶應義塾大学(総合政策学部)
256 慶應義塾大学(環境情報学部)
257 慶應義塾大学(理工学部)
258 慶應義塾大学(医学部) 医
259 慶應義塾大学(薬学部)
260 慶應義塾大学(看護医療学部)
261 工学院大学
262 國學院大學
263 国際医療福祉大学 医
264 国際基督教大学
265 国士舘大学
266 駒澤大学(一般選抜T方式・S方式)
267 駒澤大学(全学部統一日程選抜)

さ行(関東の大学)
268 埼玉医科大学(医学部) 医
269 相模女子大学・短期大学部
270 産業能率大学
271 自治医科大学(医学部) 医
272 自治医科大学(看護学部)／東京慈恵会医科大学(医学部〈看護学科〉)
273 実践女子大学 総推
274 芝浦工業大学(前期日程)
275 芝浦工業大学(全学統一日程・後期日程)
276 十文字学園女子大学
277 淑徳大学
278 順天堂大学(医学部) 医
279 順天堂大学(スポーツ健康科・医療看護・保健看護・国際教養・保健医療・医療科・健康データサイエンス・薬学部) 総推
280 上智大学(神・文・総合人間科学部)
281 上智大学(法・経済学部)
282 上智大学(外国語・総合グローバル学部)
283 上智大学(理工学部)
284 上智大学(TEAPスコア利用方式)
285 湘南工科大学
286 昭和大学(医学部) 医
287 昭和大学(歯・薬・保健医療学部)
288 昭和女子大学
289 昭和薬科大学
290 女子栄養大学・短期大学部 総推
291 白百合女子大学
292 成蹊大学(法学部ーA方式)
293 成蹊大学(経済・経営学部ーA方式)
294 成蹊大学(文学部ーA方式)
295 成蹊大学(理工学部ーA方式)
296 成蹊大学(E方式・G方式・P方式)
297 成城大学(経済・社会イノベーション学部ーA方式)
298 成城大学(文芸・法学部ーA方式)
299 成城大学(S方式〈全学部統一選抜〉)
300 聖心女子大学
301 清泉女子大学
303 聖マリアンナ医科大学 医
304 聖路加国際大学(看護学部)
305 専修大学(スカラシップ・全国入試)
306 専修大学(前期入試〈学部個別入試〉)
307 専修大学(前期入試〈全学部入試・スカラシップ入試〉)

た行(関東の大学)
308 大正大学
309 大東文化大学
310 高崎健康福祉大学
311 拓殖大学
312 玉川大学
313 多摩美術大学
314 千葉工業大学
315 中央大学(法学部ー学部別選抜)
316 中央大学(経済学部ー学部別選抜)
317 中央大学(商学部ー学部別選抜)
318 中央大学(文学部ー学部別選抜)
319 中央大学(総合政策学部ー学部別選抜)
320 中央大学(国際経営・国際情報学部ー学部別選抜)
321 中央大学(理工学部ー学部別選抜)
322 中央大学(5学部共通選抜)
323 中央学院大学
324 津田塾大学
325 帝京大学(薬・経済・法・文・外国語・教育・理工・医療技術・福岡医療技術学部)
326 帝京大学(医学部) 医
327 帝京科学大学 総推
328 帝京平成大学 総推
329 東海大学(医〈医〉学部を除くー一般選抜)
330 東海大学(文系・理系学部統一選抜)
331 東海大学(医学部〈医学科〉) 医
332 東京医科大学(医学部〈医学科〉) 医
333 東京家政大学・短期大学部 総推
334 東京経済大学
335 東京工科大学
336 東京工芸大学
337 東京国際大学
338 東京歯科大学
339 東京慈恵会医科大学(医学部〈医学科〉) 医
340 東京情報大学
341 東京女子大学
342 東京女子医科大学(医学部) 医
343 東京電機大学
344 東京都市大学
345 東京農業大学
346 東京薬科大学(薬学部) 総推
347 東京薬科大学(生命科学部) 総推
348 東京理科大学(理学部〈第一部〉ーB方式)
349 東京理科大学(創域理工学部ーB方式・S方式)
350 東京理科大学(工学部ーB方式)
351 東京理科大学(先進工学部ーB方式)
352 東京理科大学(薬学部ーB方式)
353 東京理科大学(経営学部ーB方式)
354 東京理科大学(C方式、グローバル方式、理学部〈第二部〉ーB方式)
355 東邦大学(医学部) 医
356 東邦大学(薬学部)

教学社 刊行一覧

2025年版　大学赤本シリーズ

374大学556点
全都道府県を網羅

国公立大学（都道府県順）

全国の書店で取り扱っています。店頭にない場合は，お取り寄せができます。

1 北海道大学（文系－前期日程）
2 北海道大学（理系－前期日程） 医
3 北海道大学（後期日程）
4 旭川医科大学（医学部〈医学科〉） 医
5 小樽商科大学
6 帯広畜産大学
7 北海道教育大学
8 室蘭工業大学／北見工業大学
9 釧路公立大学
10 公立千歳科学技術大学
11 公立はこだて未来大学 総推
12 札幌医科大学（医学部） 医
13 弘前大学 医
14 岩手大学
15 岩手県立大学・盛岡短期大学部・宮古短期大学部
16 東北大学（文系－前期日程）
17 東北大学（理系－前期日程） 医
18 東北大学（後期日程）
19 宮城教育大学
20 宮城大学
21 秋田大学 医
22 秋田県立大学
23 国際教養大学 総推
24 山形大学 医
25 福島大学
26 会津大学
27 福島県立医科大学（医・保健科学部） 医
28 茨城大学（文系）
29 茨城大学（理系）
30 筑波大学（推薦入試） 医 総推
31 筑波大学（文系－前期日程）
32 筑波大学（理系－前期日程） 医
33 筑波大学（後期日程）
34 宇都宮大学
35 群馬大学 医
36 群馬県立女子大学
37 高崎経済大学
38 前橋工科大学
39 埼玉大学（文系）
40 埼玉大学（理系）
41 千葉大学（文系－前期日程）
42 千葉大学（理系－前期日程） 医
43 千葉大学（後期日程） 医
44 東京大学（文科） DL
45 東京大学（理科） DL 医
46 お茶の水女子大学
47 電気通信大学
48 東京外国語大学 DL
49 東京海洋大学
50 東京科学大学（旧 東京工業大学）
51 東京科学大学（旧 東京医科歯科大学） 医
52 東京学芸大学
53 東京藝術大学
54 東京農工大学
55 一橋大学（前期日程）
56 一橋大学（後期日程）
57 東京都立大学（文系）
58 東京都立大学（理系）
59 横浜国立大学（文系）
60 横浜国立大学（理系）
61 横浜市立大学（国際教養・国際商・理・データサイエンス・医〈看護〉学部）
62 横浜市立大学（医学部〈医学科〉） 医
63 新潟大学（人文・教育〈文系〉・法・経済科・医〈看護〉・創生学部）
64 新潟大学（教育〈理系〉・理・医〈看護を除く〉・歯・工・農学部） 医
65 新潟県立大学
66 富山大学（文系）
67 富山大学（理系） 医
68 富山県立大学
69 金沢大学（文系）
70 金沢大学（理系） 医
71 福井大学（教育・医〈看護〉・工・国際地域学部）
72 福井大学（医学部〈医学科〉） 医
73 福井県立大学
74 山梨大学（教育・医〈看護〉・工・生命環境学部）
75 山梨大学（医学部〈医学科〉） 医
76 都留文科大学
77 信州大学（文系－前期日程）
78 信州大学（理系－前期日程） 医
79 信州大学（後期日程）
80 公立諏訪東京理科大学 総推
81 岐阜大学（前期日程） 医
82 岐阜大学（後期日程）
83 岐阜薬科大学
84 静岡大学（前期日程）
85 静岡大学（後期日程）
86 浜松医科大学（医学部〈医学科〉） 医
87 静岡県立大学
88 静岡文化芸術大学
89 名古屋大学（文系）
90 名古屋大学（理系） 医
91 愛知教育大学
92 名古屋工業大学
93 愛知県立大学
94 名古屋市立大学（経済・人文社会・芸術工・看護・総合生命理・データサイエンス学部）
95 名古屋市立大学（医学部〈医学科〉） 医
96 名古屋市立大学（薬学部）
97 三重大学（人文・教育・医〈看護〉学部）
98 三重大学（医〈医〉・工・生物資源学部） 医
99 滋賀大学
100 滋賀医科大学（医学部〈医学科〉） 医
101 滋賀県立大学
102 京都大学（文系）
103 京都大学（理系） 医
104 京都教育大学
105 京都工芸繊維大学
106 京都府立大学
107 京都府立医科大学（医学部〈医学科〉） 医
108 大阪大学（文系） DL
109 大阪大学（理系） 医
110 大阪教育大学
111 大阪公立大学（現代システム科学域〈文系〉・文・法・経済・商・看護・生活科〈居住環境・人間福祉〉学部－前期日程）
112 大阪公立大学（現代システム科学域〈理系〉・理・工・農・獣医・医・生活科〈食栄養〉学部－前期日程） 医
113 大阪公立大学（中期日程）
114 大阪公立大学（後期日程）
115 神戸大学（文系－前期日程）
116 神戸大学（理系－前期日程） 医
117 神戸大学（後期日程）
118 神戸市外国語大学 DL
119 兵庫県立大学（国際商経・社会情報科・看護学部）
120 兵庫県立大学（工・理・環境人間学部）
121 奈良教育大学／奈良県立大学
122 奈良女子大学
123 奈良県立医科大学（医学部〈医学科〉） 医
124 和歌山大学
125 和歌山県立医科大学（医・薬学部） 医
126 鳥取大学 医
127 公立鳥取環境大学
128 島根大学 医
129 岡山大学（文系）
130 岡山大学（理系） 医
131 岡山県立大学
132 広島大学（文系－前期日程）
133 広島大学（理系－前期日程） 医
134 広島大学（後期日程）
135 尾道市立大学 総推
136 県立広島大学
137 広島市立大学
138 福山市立大学 総推
139 山口大学（人文・教育〈文系〉・経済・医〈看護〉・国際総合科学部）
140 山口大学（教育〈理系〉・理・医〈看護を除く〉・工・農・共同獣医学部） 医
141 山陽小野田市立山口東京理科大学 総推
142 下関市立大学／山口県立大学
143 周南公立大学 新 総推
144 徳島大学 医
145 香川大学 医
146 愛媛大学 医
147 高知大学 医
148 高知工科大学
149 九州大学（文系－前期日程）
150 九州大学（理系－前期日程） 医
151 九州大学（後期日程）
152 九州工業大学
153 福岡教育大学
154 北九州市立大学
155 九州歯科大学
156 福岡県立大学／福岡女子大学
157 佐賀大学 医
158 長崎大学（多文化社会・教育〈文系〉・経済・医〈保健〉・環境科〈文系〉学部）
159 長崎大学（教育〈理系〉・医〈医〉・歯・薬・情報データ科・工・環境科〈理系〉・水産学部） 医
160 長崎県立大学 総推
161 熊本大学（文・教育・法・医〈看護〉学部・情報融合学環〈文系型〉）
162 熊本大学（理・医〈看護を除く〉・薬・工学部・情報融合学環〈理系型〉） 医
163 熊本県立大学
164 大分大学（教育・経済・医〈看護〉・理工・福祉健康科学部）
165 大分大学（医学部〈医・先進医療科学科〉） 医
166 宮崎大学（教育・医〈看護〉・工・農・地域資源創成学部）
167 宮崎大学（医学部〈医学科〉） 医
168 鹿児島大学（文系）
169 鹿児島大学（理系） 医
170 琉球大学 医

2025年版　大学赤本シリーズ　No. 497
関西学院大学（国語〈3日程×3カ年〉）

編　集　教学社編集部
発行者　上原 寿明
発行所　教学社
〒606-0031
京都市左京区岩倉南桑原町56
電話　075-721-6500
振替　01020-1-15695
印　刷　太洋社

2024年7月10日　第1刷発行
ISBN978-4-325-26556-6
定価は裏表紙に表示しています

●乱丁・落丁等につきましてはお取替えいたします。
●本書に関する最新の情報（訂正を含む）は，赤本ウェブサイトhttp://akahon.net/の書籍の詳細ページでご確認いただけます。
●本書は当社編集部の責任のもと独自に作成したものです。本書の内容についてのお問い合わせは，赤本ウェブサイトの「お問い合わせ」より，必要事項をご記入の上ご連絡ください。電話でのお問い合わせは受け付けておりません。なお，受験指導など，本書掲載内容以外の事柄に関しては，お答えしかねます。また，ご質問の内容によってはお時間をいただく場合がありますので，あらかじめご了承ください。
●本書の無断複製は著作権法上の例外を除き禁じられています。本書を代行業者等の第三者に依頼してスキャンやデジタル化することは，たとえ個人や家庭内の利用でも著作権法違反です。
●本シリーズ掲載の入試問題等について，万一，掲載許可手続等に遺漏や不備があると思われるものがございましたら，当社編集部までお知らせください。